Birgit Kaltenböck

Cammino delle Piev.

AF126312

Impressum

Bibliografische Information der Deutschen Nationalbibliothek
Die Deutsche Nationalbibliothek verzeichnet diese Publikation
in der Deutschen Nationalbibliografie; detaillierte bibliografische
Daten sind im Internet über http://dnb.d-nb.de abrufbar.

© 2021 Verlag Anton Pustet
5020 Salzburg, Bergstraße 12
Sämtliche Rechte vorbehalten.

Lektorat: Martina Schneider
Grafik und Produktion: Nadine Kaschnig-Löbel
Kartenmaterial: OpenTopoMap (CC-BY-SA)
Fotos: Birgit Kaltenböck
Druck: PBtisk a.s., Pribram
gedruckt in der EU

ISBN 978-3-7025-1008-4

www.pustet.at

Birgit Kaltenböck

Cammino delle Pievi

Der Taufkirchenweg in Friaul

VERLAG ANTON PUSTET

Inhalt

Vorwort

Seit seiner Entstehung hat der Taufkirchenweg zahlreiche Pilgerinnen und Pilger spirituell, kulturell und auch in sportlicher Hinsicht bereichert. Viele sind ihn als Ganzes, viele nur ein paar Etappen weit gegangen. Auch wenn wir einen bereits abgesteckten Weg und andere Hilfsmittel wie Stock, Karte oder Wanderführer nutzen, wird dieser Cammino immer vom Glauben geleitet. Jede und jeder ist eingeladen, in der Stille und in der Meditation die eigene Lebenserfahrung zu überdenken.

Die Pievi (Taufkirchen) sind „Denkmäler des Glaubens", in denen Skulpturen und Werke der bildenden Kunst von immensem Wert auf die Pilger warten. Und dann ist da noch die Wiederentdeckung der Schöpfung – die Schönheit der Natur Karniens –, die diesen Weg so wertvoll macht. So erlaubt uns der Taufkirchenweg, uns bewusst zu werden, dass wir „Gottes Volk auf einer Reise" sind und eine Botschaft der Hoffnung nach Karnien bringen. Jeder Aufenthalt in den Dörfern oder Weilern und jede Begegnung mit den Menschen vor Ort bedeutet für sie soziale Wertschätzung wie auch wirtschaftliche Unterstützung, was viele der Dörfer am Weg dringend benötigen.

Mögen sie spüren, dass ein geistiger, kultureller und gesellschaftlicher Strom durch Karnien fließt. Und mögen die Pilgergruppen durch das Erbe der schönen Pievi ermutigt und bereichert werden. Ich wünsche ihnen auf dem Weg, die Spiritualität zu finden, die die Botschaft Christi, das Evangelium, seit über zweitausend Jahren in den Herzen der Gläubigen verbreitet hat. Möge dieser Weg „Gesundheit für den Körper und Heilung für die Seele" sein!

Monsignore Giordano Cracina

Einleitung

Inspiriert vom Jakobsweg gibt es den „Cammino delle Pievi in Carnia " seit 16 Jahren, doch nur wenige kennen ihn. Im Gegensatz zu seinem viel berühmteren „großen Bruder" haben den Taufkirchenweg seit seinem Bestehen nicht mehr als 1000 Pilgerinnen und Pilger abgeschlossen.

Nicht weit von der österreichischen Grenze entfernt bietet der Fernwanderweg in Friaul-Julisch Venetien – genauer gesagt in Karnien – auf etwa 270 Kilometern, gespickt mit 11 500 Höhenmetern, wunderschöne Landschaften, Orte voller Kultur, tolle Begegnungen und natürlich die geschichtsträchtigen Taufkirchen, die „Pievi".

Der Weg verbindet die zehn alten Taufkirchen, die meist anstelle alter Wehrtürme hoch über den Tälern Karniens stehen und einst mit Taufbecken und Friedhof versehen große Bedeutung für das Volk hatten. Zwei Wallfahrtskirchen und viele weitere antike Gotteshäuser laden entlang des Cammino delle Pievi zum Besuch ein. Die Route führt über Berge, durch Täler zwischen den Voralpen und den Karnischen Alpen sowie den Friulanischen Dolomiten. Meist auf alten Saumpfaden erreicht der Weg von Ost nach West die Region Venetien. Sein Ende ist Zuglio.

Ausgangspunkt für diesen Cammino ist die Cjase Emmaus in Imponzo nahe Tolmezzo, wo sich auch das Informationsbüro zum Pilgerweg befindet. Hier erhält man Wanderführer, Übersichtskarte und einen Pilgerausweis. Am besten meldet man sich bei Don Giordano Cracina an, weil das Büro nicht immer besetzt ist (Tel. 0039/345/913 06 72).

Erst bestand der Cammino delle Pievi aus 15, später 18 Etappen, seit 2013 sind es 20. Um den Weg perfekt als eine Rundtour abzuschließen, führt er nun über drei weitere Täler im Nordosten zurück zum Ausgangspunkt.

Hinter dem Taufkirchenweg steht ein Komitee innerhalb der Erzbruderschaft Pieres Vives („Arciconfraternità dello Spirito Santo San

Pietro in Carnia"), die dafür auf *www.camminodellepievi.it* wirbt. Ebenso gibt es vom Komitee bis dato zwei Führer in italienischer Sprache: einen Wander- und einen Kirchenführer.

Die 20 Etappen – sie sind durchschnittlich 14 Kilometer lang – können ohne Weiteres in 14 Tagen gegangen werden. Schöner ist jedoch, sich Zeit zu lassen, und so tiefer in die Region Karnien einzutauchen. Selbstverständlich ist es auch möglich, die Etappen aufzuteilen und beispielsweise an den Wochenenden zu gehen und per Bus wieder an den Ausgangsort zurückzufahren. Es gibt Busverbindungen in alle Ortschaften, es kann aber sein, dass die Öffis besonders an Sonn- und Feiertagen lediglich zwei Mal pro Tag fahren. Infos dazu findet man im Internet direkt beim Busunternehmen unter: *www.tplfvg.it*, auch auf Deutsch.

Die Route des Taufkirchenweges endet bei der Mutterkirche, der Pieve di San Pietro in Zuglio. Diese Kathedrale, die vom 4. bis zum 8. Jahrhundert Bischofssitz war, war nicht nur für das Bût-Tal, sondern auch für das Cadore- und das Gailtal zuständig, also für das gesamte „Iulium Carnicum". Auf dem gesamten Weg kann man sich immer wieder Stempel für den Pilgerpass holen. Nicht in jeder Kirche sind Stempel und Stempelkissen vorhanden. Pfarrer Don Giordano Cracina wird alle fehlenden Stempel in Imponzo am Ende des Weges nachtragen. Am besten, man vermerkt die Kirche, Etappe und das Datum in einem freien Feld.

Der Cammino delle Pievi ist abwechslungsreich, er kann bis auf die Wintermonate jederzeit gegangen werden. Lediglich für die Berg-Etappen (10 bis 13) ist der Sommer die einzig ratsame Jahreszeit, da die meisten Berghütten erst ab Mitte Juni geöffnet sind. Die Markierung des Taufkirchenweges kann dreierlei sein: Entweder ist das „Cammino delle Pievi"-Schild angebracht oder eine weiß-gelbe Markierung (Farben des Vatikans), ein gelber Pfeil oder aber – besonders in den Bergen – die rot-weiße CAI-Markierung.

Dieses Buch beschreibt meine persönlichen Erfahrungen entlang des Weges. Ich habe mich bei der Beschreibung der Kirchen und

Museen auf diejenigen konzentriert, die mich am meisten beeindruckt haben und die sich zeitlich am besten machen ließen. Dabei erhebe ich keinen Anspruch auf Vollständigkeit.

Die Taufkirchen – „Pievi"

Insgesamt gibt es in Karnien zehn geschichtlich dokumentierte historische Taufkirchen: San Floriano in Illegio, Santa Maria Oltre Bût in Tolmezzo, Santo Stefano in Cesclans, San Martino in Verzegnis, Santa Maria Maddalena in Invillino, Santa Maria del Rosario in Forni di Sotto, Santi Ilario e Taziano in Enemonzo, Santa Maria Annunziata in Socchieve, Santa Maria di Gorto in Ovaro und San Pietro in Zuglio.

Sie finden sich konzentriert im ersten Teil des Cammino delle Pievi, stehen meist ausgesetzt auf einem Hügel mit perfektem Überblick auf das darunterliegende Tal. Sie erfüllten so auch eine Rolle als Aussichts- und Kontrollpunkte über Alpenpässe und Täler. Es wurde früher mittels Feuer- und Rauchzeichen von Kirche zu Kirche bis nach Aquileia, das damals noch am Meer lag, kommuniziert.

Ab der Spätantike wurden die Pievi im Zuge der Evangelisierung unter dem Einfluss der Stadt Aquileia und ihres Patriarchats errichtet. Diese Kirchen hatten keinen Pfarrer, sondern einen „Pievano", der auch über zivile Gerichtsbarkeit und somit viel Macht verfügte. „Taufkirchen" nennt man sie, weil nur diese Hauptkirchen ein Taufbecken sowie einen Friedhof hatten. Der italienische Name „Pieve" jedoch leitet sich vom lateinischen „plebs" für „Volk" ab. Die Taufkirchen hatten also eine große Bedeutung für das Volk. Jeder Christ durfte damals nur die eigene Pieve besuchen.

Bereits in der zweiten Hälfte des 12. Jahrhunderts begannen die Pievi, ihre zentrale Rolle im christlichen Leben zu verlieren. Vom 14. bis zum 15. Jahrhundert beschleunigten der Bevölkerungszuwachs und die schwer zugängliche Lage mancher Regionen die Entstehung von Landpfarreien. Diese Pfarreien erhielten eine immer größere Zahl von Funktionen, die einst den Taufkirchen vorbehalten gewesen waren, wie zum Beispiel die Seelsorge, einen Pfarrer, einen Friedhof und ein eigenes Taufbecken, und übernahmen so nach und nach deren Aufgaben.

Doch bis heute fühlen sich alle Bewohner im Tal zusammengehörig in den Pievi, die bleibende Zeugnisse der Geschichte sind.

Die Macher des „Cammino delle Pievi in Carnia"

Don Giordano Cracina

Die Idee zum Cammino delle Pievi wurde im ökumenischen Zentrum „La Polse di Côugnes", was so viel bedeutet wie „Pause am Platz, wo viele Schnecken gefunden wurden", nahe der Pieve di San Pietro geboren. Eine kleine Gruppe von Leuten aus Udine, die den Jakobsweg gegangen waren, erzählten sich hier ihre Erfahrungen. Unter ihnen war Don Giordano Cracina, Präsident der Stiftung „La Polse di Côugnes". Fast wie aus einer Eingebung heraus entstand der Vorschlag, einen Rundweg zu errichten, der die verschiedenen Pievi in Carnia – wie Karnien auf italienisch heißt – miteinander verbindet und als Ziel die Pieve di San Pietro hat, die bereits seit Jahrhunderten Bischofssitz ist: Das geschah vor etwa 16 Jahren.

Don Giordano hat in seinem Pilgerbüro in der Cjase Emmaus den Überblick über Karten, Wander- und Kirchenführer, Landkarten, Stempel … Er händigt zu Beginn der Pilgerreise den „Pellegrini" einen Pilgerausweis aus.

Jedes Jahr im Oktober findet die offizielle Ehrung aller Pilger, die den gesamten Weg im selben Jahr gegangen sind, in der Pieve di San Pietro in Zuglio statt. Don Giordano Cracina hält die festliche Messe, übergibt eine Urkunde und eine Halskette mit einem Kreuz. Danach wird bei einem Pilgermenü im „La Polse" unter Freunden und Gleichgesinnten gefeiert.

Giacomo Bonanni

Er ist Präsident der 2007 gegründeten Erzbruderschaft Pieres Vives „Arciconfraternità dello Spirito Santo di San Pietro in Carnia". Viele Initiativen gehen von der Bruderschaft aus, um Karnien aufzuwerten. Ein Beispiel dafür ist der Cammino delle Pievi.

Giacomo Bonanni wohnt in Raveo und ist gemeinsam mit Bruno Mongiat vom CAI (Club Alpino Italiano) für die Beschilderung

Giacomo Bonanni (v. l.), Don Giordano Cracina und
Bruno Mongiat vor der Pieve di San Pietro in Zuglio.

und die Erhaltung des Taufkirchenweges zuständig. Beide führen
Pilger seit 2010 durch die Cammino-Etappen – ab Mitte Juni bis
Oktober jeden Samstag – zu den Taufkirchen beziehungsweise zum
Ziel der jeweiligen Etappe. Für das Gebet und die spirituelle Be-
gleitung ist Giacomo Bonanni zuständig, und für das körperliche
Wohl der Pilger Bruno Mongiat.

Giacomo Bonanni organisiert zudem seit fünf Jahren die Rosen-
kranz-Prozessionen, wobei eine Madonnenfigur zu den Pievi getragen wird. „Die Madonna ist uns hier in Karnien näher als Jesus
Christus", sagt er. „Bei den Prozessionen öffnen sich die Menschen,
das ist immer eine schöne Erfahrung."

Bruno Mongiat

Es ist nicht übertrieben zu sagen, dass Bruno Mongiat, pensionierter Schuldirektor, jeden Stein und jeden Baum entlang der gesamten Strecke des Taufkirchenweges kennt. Der Bergfex und Liebhaber der Natur und seiner Heimat – seit 1973 Mitglied beim italienischen Alpenverein CAI (Club Alpino Italiano) – hat wie kaum ein anderer die Region, die Berge, die Menschen und die Wege des Cammino delle Pievi in Karnien im Blick.

Er kommt aus dem Dorf Fusea nahe Tolmezzo und ist in den Bergen aufgewachsen. Diese sind seine große Liebe. So hat er sich in früheren Jahren aus Zeitmangel gegen sein zweites Hobby, das Fußballspielen, entschieden. Er machte Alpinkurse, wurde Bergführer.

Vor 13 Jahren wurde er mit der Recherche nach passenden Routen für den Taufkirchenweg betraut. So hat er einen ganzen Sommer lang nach Wegen, Wald- und Saumpfaden gesucht, um eine Strecke zwischen den Pievi und anderen wichtigen Gotteshäusern zu entwickeln. Wichtig war ihm bei der Wahl der Pfade, dass allzu große körperliche Anstrengungen vermieden werden und so die Etappen auch von Familien mit Kindern begangen werden können. Einen weiteren Sommer lang verbrachte er dann mit der Beschilderung.

Von Anfang an kümmerte er sich gemeinsam mit Giacomo Bonanni um die Wegerhaltung mit besonderem Augenmerk auf die Wegweiser. Für Bruno Mongiat ist der Weg eine Chance, seine Heimat wieder neu zu entdecken. „Es geht auch um die Gefühle, die man hat, wenn man diese alten Pfade geht", sagt er. Dem Naturmenschen sind die körperliche Gesundheit sowie die Sicherheit der Pilger das größte Anliegen. Dementsprechend gibt es keine gefährlichen Wegabschnitte, und er plädiert für gute Vorbereitung und die Mitnahme von Kartenmaterial.

Bei den geführten Tagestouren ist sein umfassendes Wissen über Land und Leute, Flora und Fauna eine Draufgabe, die von allen gerne angenommen wird.

Eine Liebeserklärung an Karnien – „Carnia"

Karnien liegt in der Region Friaul-Julisch Venetien südlich der Hauptkette der Karnischen Alpen nordwestlich von Udine und ist dünn besiedelt und geprägt von Landflucht und Emigration. Hier, wo sich die größten zusammenhängenden Waldgebiete Italiens befinden, ist der Tourismus noch nicht wirklich angekommen. Und gerade das macht diese Region im Norden Friauls so reizvoll.

Einem Handteller ähnlich wird Carnia vom Tagliamento-Fluss und seinen Wildbächen – Bût, Degano, Lumiei, Pesarina, Chiarsò, Valcalda – durchzogen, die sich den Weg in ihren Tälern Richtung Tagliamento bahnen. Es grenzt im Norden an Kärnten, im Westen an Venetien, im Süden an Pordenone. Und im Osten trennt der „Canal del Ferro", das Kanaltal, Karnien vom zentralen und südlichen Teil der Provinz Udine. Der Hauptort Karniens unter 27 Gemeinden ist Tolmezzo.

Eine wechselvolle Geschichte

Karnien wurde von den Römern „Carnorum Regio" genannt. Doch das Gebiet wurde bereits um 400 vor Christus von den Kelten – den „Carni" – bewohnt. Von den Römern besiegt (115 v. Chr.) vermischten sich die Karnier mit den Besatzern und nahmen deren Sprache, Religion und Sitten an. Iulium Carnicum (Zuglio) war nicht nur Kolonie zum Schutz der Straße ins Noricum, der Via Iulia Augusta, sondern auch einer der ältesten Bischofssitze.

Nach der Römerherrschaft kam die des langobardischen Herzogtums Friaul, das den Bischofssitz von Zuglio nach Cividale verlegte. Dann folgte die Gründung des Patriarchats Aquileia (1077), als selbstständiger Staat im Rahmen des Heiligen Römischen Reiches, das jedoch ab Ende des 13. Jahrhunderts unter den Einfluss Venedigs geriet.

Karnien wurde von den Osmanenkriegen nur gestreift, trotzdem wurden Ende des 15. Jahrhunderts Wachposten errichtet. Nicht zu Karnien gehörten Forni di Sotto und Forni di Sopra, die seit 1361 unter der Herrschaft der Familie Savorgnano standen.

1692 war ein schweres Jahr für ganz Karnien: Schreckliche Überschwemmungen zerstörten Straßen, Kirchen und Häuser und löschten ganze Dörfer aus. Einen bemerkenswerten Beitrag zur Verbesserung des wirtschaftlichen und gesellschaftlichen Wohlbefindens von Tolmezzo und von einem Großteil Karniens leistete einige Jahre darauf Jacopo Linussio aus Paularo (1691–1747). Mit den beiden Textilfabriken in Moggio und Tolmezzo stellte er um 1745 jährlich gut 21 000 Stoffballen her, die auf die wichtigsten europäischen Märkte exportiert wurden. Mit dem Vertrag von Campoformido vom 17. Oktober 1797 kam Karnien zum Habsburgerreich und verblieb dort bis 1805, als Napoleon Venetien einnahm und es ins Königreich Italien eingliederte. Ab 1815, nach dem Sturz Napoleons und dem Wiener Kongress, entstand unter direkter österreichischer Herrschaft das Königreich Lombardei-Venetien, zu dem auch Karnien gehörte, das ab 1866 Teil des Königreichs Italien wurde.

Beim Eintritt Italiens in den Ersten Weltkrieg am 24. Mai 1915 übertrug das italienische Oberkommando das ganze Gebiet, „Zona Carnia" genannt, an ein selbstständiges Armee-Korps. Am 1. Oktober 1917, infolge der Niederlage von Caporetto, mussten sich die italienischen Truppen wie auch die Zivilbevölkerung teils Richtung Cadore und teils ins Arzino-Tal zurückziehen. Dieses Opfer wurde ein Jahr danach mit der Rückkehr Karniens in die Heimat belohnt. Der Rest ist jüngere Geschichte: der Zweite Weltkrieg, die Teilung der Halbinsel in freies und besetztes Gebiet, der Widerstand, die Invasion der Kosaken und schließlich die Befreiung.

Auswanderung

Die Auswanderung war in Karnien und generell in ganz Friaul seit sehr fernen Jahren ein weit verbreitetes Phänomen; in den Jahren 1860 bis 1870 bemerkten die örtlichen Geschäftsleute in St. Petersburg und Sewastopol bei einigen friulanischen Arbeitern Fachwissen und Geschicklichkeit beim Bau von Brücken und Bauwerken. So beauftragte die russische Regierung einen gewissen Pietro Brovedan aus Clauzetto, der zu dieser Zeit im Kaukasus arbeitete, italienische Arbeiter nach Russland zu schicken, um sie beim Bau der Transsibirischen Eisenbahnlinie einzusetzen. Außerdem waren ab 1870 Maurer und Holzfäller in Rumänien gefragt, während einige Arbeiter aus Raveo sogar nach Indochina gelangten, um für eine französische Firma Steinarbeiten in den Marinehäfen durchzuführen.

Ein wichtiger Abschnitt in der Geschichte der Auswanderung betrifft ganze Familien, die seit 1860 in Massen nach Argentinien zogen. Noch heute kommen die Nachkommen dieser Familien zusammen und bewahren die Traditionen, indem sie sie von Generation zu Generation weitergeben. Es ist nicht genau bekannt, wann die Auswanderung in die anderen Länder Lateinamerikas begann, aber man weiß, dass die friulanische Bevölkerung um 1880 die Vereinigten Staaten von Amerika erreichte.

In den ersten Jahren des 20. Jahrhunderts begann die ausschließlich männliche Auswanderung in Richtung Schweiz, als die karnischen Maurer nach ihren Landsleuten aus dem Piemont und der Lombardei in dieses Land kamen. Die Familien waren über lange Zeiträume der Anwesenheit ihrer Männer beraubt, was das Leben der Daheimgebliebenen prägte. Die Auswanderung, meist saisonal, richtete sich zunächst auf die Länder jenseits der Grenze, Österreich, Deutschland, Bulgarien, Rumänien und Ungarn. Später verstärkte sie sich in Richtung Frankreich, Belgien und Luxemburg, wo sich viele mit ihren Familien niederließen, und auch in Übersee wie Kanada, den Vereinigten Staaten, Argentinien, Brasilien, Uruguay und Australien.

Erst nach dem Zweiten Weltkrieg wurde Karnien Zeuge des Phänomens der weiblichen Emigration; in den Fünfzigerjahren begannen auch viele karnische Frauen auszuwandern und arbeiteten meist in Fabriken oder als Dienstmädchen, um zum Familieneinkommen beizutragen. Dieses Phänomen war sicherlich eine Notwendigkeit der lokalen Bevölkerung, bestimmt sowohl durch die Sehnsucht nach der Fremde, als auch durch das knappe kultivierbare Land sowie durch die lange und harte Winterperiode, die wenig Beschäftigung in der Region zuließ.

Friulano: Hier spricht man mindestens zwei Sprachen

Die friulanische Sprache ist eine Sprache neulateinischen Ursprungs und geht etwa auf das Jahr 1000 zurück. Es wird angenommen, dass die Karnier nach ihrer Unterwerfung durch die Römer (115 v. Chr.) viele Wörter ihrer Muttersprache weiter verwendeten und so ein individuelles Latein mit eigenem Tonfall und Akzenten entwickelten. Einige Historiker glauben, dass gerade diese Tatsache dazu beigetragen hat, dass sich im Friulanischen Schriftzeichen herausgebildet haben, die sich von den anderen Idiomen Norditaliens deutlich unterscheiden. Auch wenn dieser Aspekt eher umstritten ist, steht fest, dass viele Wörter hier keltischen Ursprungs sind.

Sicher ist auch, dass Fortunaziano (Bischof von Aquileia von 342 bis 369) gezwungen war, die Kommentare des Evangeliums in einer rustikalen Sprache zu schreiben, um von seinem Volk verstanden zu werden.

Obwohl das „Friulano" oder „Furlan" die am weitesten verbreitete Sprache in diesem Gebiet ist, war es nie die einzige Sprache, die von den Bewohnern gesprochen wurde. Im Mittelalter war Friulanisch auf dem Land weit verbreitet, aber weniger in den Städten, wo die Aristokratie Deutsch zu sprechen pflegte. In der Mitte des 19. Jahrhunderts wurde die Amtssprache auf Italienisch umgestellt. Die erste Anerkennung der friulanischen Sprachminderheit erfolgte mit dem Regionalgesetz 15/96, das ausdrücklich die Möglichkeit vorsah, die Sprache für die Ortsnamen und im Umgang mit den Bürgern zu verwenden. Laut Unesco wurde das Friulanische 2009 zu den ernsthaft gefährdeten Sprachen gezählt.

Zum Schluss noch ein Beispiel: Karnien heißt auf Italienisch „Carnia" und auf Friulanisch „Cargnes".

Hier sagt man nicht „ciao", sondern „mandi"!

Es gibt Hypothesen, wie es zu der gebräuchlichen Abschiedsfloskel „mandi" kommt. So wird zum einen vermutet, dass es sich vom antiken „marcomandi" ableitet, was so viel heißt wie „ich empfehle mich". Es existieren einige Briefe und Gedichte aus dem 16. und

17. Jahrhundert, in denen der Begriff als Grußformel verwendet wurde. Im 19. Jahrhundert wurde das Wort „mandi" in ganz Friaul als vertrauliche und freundliche Begrüßung verwendet.

Zum anderen gibt es die Hypothese eines religiösen Ursprungs, so leitet es sich demnach vom lateinischen „manus dei" („Hand Gottes" oder „möge Gott dich beschützen") oder ähnlich „mane diu" („bleib' lang" oder „langes Leben") oder sogar von „mane in deo" (wörtlich „bleib' in Gott") ab.

Hinweise

Markierung

Die Markierung des Taufkirchenweges – das Cammino-Schild, die gelb-weiße oder rot-weiße Kennzeichnung – ist normalerweise ausreichend, den Wegverlauf zu finden. Wie bei jeder Wanderung empfiehlt sich aber, die topografischen Wanderkarten von Tabacco im Maßstab von 1:25 000 mitzuführen. Und als Lektüre natürlich vorliegendes Buch.

Etappen 1–5: Tabacco-Karte 013; Etappen 6–12: Tabacco-Karte 02; Etappe 8: Tabacco-Karten 02 und 013; Etappe 12: Tabacco-Karten 01 und 02; Etappen 13–14: Tabacco-Karte 01; Etappen 15–20: Tabacco-Karte 09. Ich habe mir für meinen Weg die jeweiligen Karten-Ausschnitte auf A4 kopiert, dann ist das Nachschauen nicht so mühsam und man spart sich das Hin- und Herfalten.

Öffnungszeiten der Taufkirchen

Die Pievi sind normalerweise von Mitte Juni bis Mitte September an den Wochenenden geöffnet. Wer auf Nummer sicher gehen möchte, fragt am besten bei Giacomo Bonnani unter Tel. 0039/345/913 0672 nach und bittet um Information.

Sprache

Es empfiehlt sich, ein paar Brocken Italienisch zu können, in eher touristischen Dörfern oder in Tolmezzo wird teilweise Englisch gesprochen. In den deutschen Sprachinseln Timau, Sappada und Sauris dürfte es sprachmäßig keine Probleme geben, hier wird von vielen noch deutscher Dialekt gesprochen.

Übernachtungen

Die Etappen sind so konzipiert, dass es am Ende jeder Tour zumindest eine (meist mehrere) Übernachtungsmöglichkeit gibt. In den Hütten in den Bergen zwischen Forni di Sopra und Sauris ist es in den Sommermonaten erforderlich, vorher zu reservieren: Etappe 10: Casera Tragonia: Reservierung bei Daniele Cedolin, Tel. 0039/333/273 29 24; Etappe 11: Rifugio Tenente Fabbro: Tel. 0039/0435/460 357 oder 0039/328/865 7326; Etappe 12: Rifugio Fratelli De Gasperi: Simone Gonani, Tel. 0039/366/174 5882. Weitere Informationen zu Übernachtungen und auch zu Museen erhält man direkt bei Carnia Welcome, Tel. 0039/0433/466220 oder per E-Mail unter info@carnia.it oder beim Tourismusbüro Friuli-Venezia Giulia (FVG), Tel. 0039/335/678 2070. Es ist ratsam, darauf hinzuweisen, dass man den Taufkirchenweg geht. Manche Beherbergungsbetriebe gewähren Pilgern einen Rabatt. Die, die ein besonderes Naturerlebnis wünschen, können selbstverständlich auch campen. Besonders entlang des Tagliamento oder auch in den Karnischen Alpen ist das sicherlich – bei trockenen Verhältnissen – eine besonders schöne Erfahrung.

Mit dem Bike
Teile des Cammino delle Pievi sind auch per Fahrrad zu bewältigen. Eine Karte liegt im Pilgerbüro der Cjase Emmaus auf. Mehr Infos unter www.carniabike.it.

Wenn's gefährlich wird
Wie bei allen Aufenthalten in der freien Natur ist mit Zecken und Schlangen zu rechnen. Die Mitnahme eines Erste-Hilfe-Kits ist jedenfalls empfehlenswert. In den Bergen sind – außer im Hochsommer – Schneefelder keine Seltenheit. Darüber geben Hüttenwirte Auskunft. Notruf-Nummer in den italienischen Bergen: Tel. 0039/118

Ausrüstung
Was alles in den Rucksack muss, weiß man selbst am besten. Mehr als 10 Kilogramm sollte das Gepäck jedoch nicht wiegen. Wichtig sind gute, bereits eingegangene Wander- oder Trekkingschuhe, Regen- sowie Sonnenschutz, ein kleines Handtuch, ein Taschenmesser, Nadel und Zwirn, je nach Bedarf Wanderstöcke, ein kleines Erste-Hilfe-Set, Pflaster und Blasenpflaster. Auch eine Bauchtasche, in der Geldbörse, Pass, Taschentücher, Landkarte immer griffbereit sind, leistet gute Dienste.

Wenn der Schuh drückt
Es hat sich bei meinen Fernwanderungen bewährt, dicke Wollsocken (auch im Hochsommer) zu tragen, Blasenpflaster einzupacken und Blasen pilgermäßig mit Nadel und Zwirn Herr zu werden.

Verpflegung

Ein ausreichender Wasservorrat ist das Um und Auf. Es liegen immer wieder Brunnen mit frischem Quellwasser am Weg, wo man mitgebrachte Gefäße wieder auffüllen kann. Gute Dienste leistet ein 1,5-l-Trinksack im Rucksack, da man so jederzeit trinken kann, ohne den Rucksack dabei immer abzunehmen. Eine kleine Jause, besonders in den Bergen oder wenn keine Ortschaft in Sicht ist, kann nie schaden. Etwas Obst, Müsliriegel, Nüsse, Brot und Hartwurst … auch Salzcracker sind eine willkommene Stärkung zwischendurch.

Pilgerausweis

Für den Cammino wurde ein Pilgerpass erstellt, der die Wanderin, den Wanderer als Pilger und nicht als einfachen Touristen ausweist. Er kann in der Cjase Emmaus in Imponzo beim Pilgerbüro abgeholt werden.

Wandern mit Hund

Das ist auf dem gesamten Weg kein Problem, auch die meisten Beherbergungsbetriebe sind darauf eingestellt. Auf jeden Fall gilt überall Leinenpflicht.

Geführte Wanderungen des Taufkirchenweges

Von Juni bis Oktober wird jeden Samstag eine von Bruno Mongiat und Giacomo Bonanni geführte Wanderung – es sind insgesamt 20 – beginnend mit Etappe 1 bis 20 des „Cammino delle Pievi" angeboten. Bei den Berg-Etappen ist auch eine Übernachtung auf einer Hütte mit eingeplant.

Die Homepage des Cammino delle Pievi *www.camminodellepievi.it* gibt Informationen zu den Etappen, den Taufkirchen und Kirchen, zu Flora und Fauna – auch in deutscher Sprache. Es lohnt sich immer, auch hier einen Blick hineinzuwerfen.

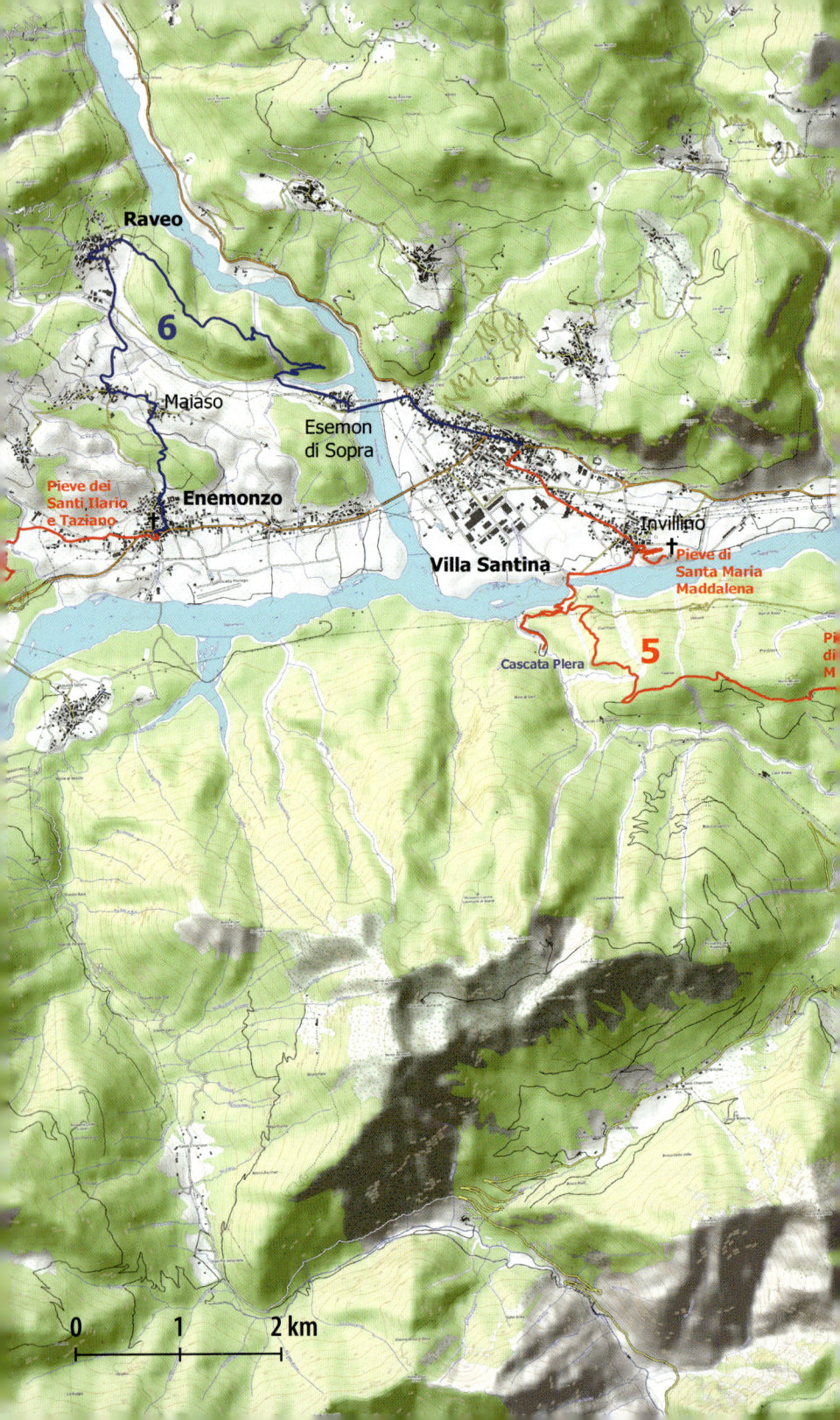

Raveo

6

Maiaso

Esemon
di Sopra

Pieve dei
Santi Ilario
e Taziano

Enemonzo

Villa Santina

Invillino

Pieve di
Santa Maria
Maddalena

Cascata Plera

5

Pi
di
M

0   1   2 km

1. Etappe

Imponzo → Pieve di San Floriano → Illegio

Kurz ist die erste Etappe von der Cjase Emmaus in Imponzo bis ins idyllische
Bergdorf Illegio. Anfangs geht es steil bergan auf dem antiken Verbindungs-
weg zwischen den beiden Dörfern. Den Höhepunkt bildet die Pieve di San
Floriano auf 734 Meter mit wunderbarem Ausblick auf die Flüsse Bût und
Tagliamento. Der Abstieg ist problemlos und führt wiederum durch dichten
Wald und Wiesen. Nach der Überquerung des Rio Frondizzon über eine römi-
sche Steinbrücke ist Illegio nur noch einige hundert Meter entfernt.
[Karte Seite 28–29]

3,5 km | 1 ½ Stunden | 355 hm bergauf, 184 hm bergab

In der Cjase Emmaus in Imponzo erwartet mich Don Giordano Cracina. Er hatte vor 16 Jahren die Idee, die Taufkirchen (Pievi) mit einem Wanderweg zu verbinden. Viele Menschen, die bei ihm landen, entschließen sich, nur einen Teil der 20 Etappen zu gehen. Nur etwa 1000 waren es bis Ende 2020. Die meisten kommen aus Italien, Deutschland und Österreich. Auch mir händigt Don Giordano mit viel Freude und Bedacht einen Pilgerpass aus und weist darauf hin, dass nicht in jeder Pieve ein Stempel mit Kissen vorhanden sei. Spätestens am Ende des Weges erhielte man jedoch alle fehlenden Eintragungen nachgestempelt – von ihm höchstpersönlich.

Ausgestattet mit Rucksack, Pilgerpass, italienischem Wanderführer, Kamera und Handy sowie dem kirchlichen Segen des Monsignore Giordano Cracina und einem herzlichen „Buon cammino!" geht es los. Lediglich den 1,50 Meter langen Pilgerstab mit hölzernem Kreuz an der Spitze lasse ich in meinem Auto zurück, das ich im Hof des Emmaus-Hauses geparkt habe. In der Hoffnung, dass das meinem Glück in den nächsten Tagen keinen Abbruch tun wird, wandere ich beschwingt und voller Motivation zur Kirche von Imponzo – der Chiesa di San Tommaso. Hier muss ich gleich zu Beginn des Cammino einen Abstecher zum Friedhof machen. Dort begegne ich Davide Larcher, einen 24-jährigen angehenden Priester aus Imponzo. Ohne Termin habe ich ein Riesenglück, den mitteilsamen jungen Mann hier anzutreffen.

Im alten Friedhof links neben der Kirche fallen mir das Denkmal und der Grabstein des Märtyrers Don Giuseppe Treppo ins Auge. Der ansässige Priester wurde am 9. Oktober 1944 von Kosaken erschossen. Diese waren in die Region um Tolmezzo eingefallen, weil ihnen die deutsche Reichsregierung neue Siedlungsgebiete – das „Kosakenland" – zugewiesen hatte. Hier waren sie bis Kriegsende hauptsächlich im Kampf gegen italienische Partisanen eingesetzt. Anfang Mai 1945 flüchteten sie, vor allem um der Gefangennahme durch die Rote Armee oder Tito-Partisanen zu entgehen, über den Plöckenpass nach Österreich. Zuvor jedoch plünderten und töteten sie auch in Imponzo. Besonders auf junge Frauen hatten sie es abgesehen. „Nehmt mich!", sagte der junge Pastor Giuseppe Treppo

31

unerschrocken. Und so geschah es auch. „Auch meine Oma hat das gesehen und den legendären Ausspruch ‚Pastor kaputt' gehört", sagt Davide Larcher aus Imponzo. Er war zweifellos tot, trotzdem habe es niemand im Dorf wahrhaben wollen, dass Don Giuseppe Treppo mit nur 42 Jahren gestorben war. Bei seiner Exhumierung zur Ehrenbeisetzung der menschlichen Überreste in die Kirche 2004 wurden lediglich seine Tunika, Haare, ein paar wenige Knochen und die Tabakdose des Priesters gefunden, die ihm mit ins Grab gelegt worden war. Das erzählt Davide.

Mit dieser Geschichte im Gepäck und dem Glockengeläut der Kirche geht's nun weiter. Noch bin ich nicht weit gekommen, aber die erste Etappe ist mit 3,5 Kilometern sehr kurz. Der antike Verbindungsweg mit seiner bemoosten Steinmauer lässt einen in der Vergangenheit schwelgen, als hier noch Babys zur Taufe und Tote zur Bestattung in die einzige Kirche rund um Imponzo, Illegio und Paularo getragen wurden. Ruhig wird es nun, auch der Autolärm auf der Strada Statale 52 wird weniger. Und dann lauscht man nur noch dem Summen der Insekten und dem Rauschen der Blätter im Wald. Mit 50 Minuten ist der Weg von der Kirche aus angeschrieben, und nach einer anstrengenden Dreiviertelstunde in Serpentinen erstrahlt die Pieve vor mir auf einem felsigen Ausläufer des nahegelegenen Monte Giaideit. Durch den Einlass der bekreuzten steinernen Mauer nimmt ein Kreuzweg, von Illegio kommend, seinen Lauf und endet vor der imposanten Mutterkirche. Neben dem Gebäude an sich ist die Aussicht auf das Bût- und Tagliamento-Tal umwerfend. Das Glück ist wieder auf meiner Seite, denn Davide hat sich bereit erklärt, mir eine Führung durch die Pieve zu geben. Mit zwei großen Schlüsseln öffnet er mir das Tor zur Pieve und in eine Welt voller Kulturschätze: umwerfend – diese Ruhe, diese Stimmung. Die Pieve di San Floriano gehört von den zehn Pievi, die den Cammino säumen, mit zu den sehenswertesten des Weges.

Mit dem dumpfen Glockengeläut um 17 Uhr verabschiede ich mich von Davide und der Pieve. Der (Kreuz-)Weg „Troi di S. Florean" ist gut beschriftet und es geht stetig bergab. Ich bin allein

Der Ausblick von der Pieve di San Floriano ins Bût-Tal
Richtung Imponzo, Zuglio und Arta Terme.

auf weiter Flur, mein Rucksack hat zehn Kilogramm, das Gewicht
ist auf dem Rücken gut zu tragen. Ich bin guter Dinge, freue mich
auf ein friulanisches Essen. Ohne Zweifel könnte man eigentlich
ob der Kürze der ersten Etappe eine weitere anhängen. Davon
nehme ich aber Abstand, da es zu regnen und düster zu werden
beginnt. Nun heißt es aufpassen, um auf den nassen Steinen nicht
auszurutschen. Mein roter Poncho hat nun seinen ersten großen
Auftritt. Der Weg ist märchenhaft schön, ich passiere restaurierte
Steinhäuser, einen Brunnen mit Trinkwasser aus dem Jahr 1971
sowie das Marterl „Maine di Damieile" aus dem Jahr 1889. Die
römische Brücke über den Rio Frondizzon ist ein weiterer Höhepunkt. Ich nähere mich Illegio über den Friedhof und passiere
die mächtige Baumreihe am Ortseingang. Hier könnte man noch
Trinkwasser nachfüllen, doch in Illegio bietet sich die Möglichkeit,
in einer der zwei Bars auch etwas anderes zu konsumieren, wie
etwa einen gekühlten Friulano. Da die Appartements der „Case
di Mont" von Caterina Benedetto nicht verfügbar sind, und sonst

auch keine Möglichkeit besteht, hier zu übernachten, weiß ich erst nicht, was ich tun soll. So frage ich in den zwei Bars des Dorfes nach, ob man hier irgendwo ein Zimmer buchen könne. Fehlanzeige! Darum mache ich mich nun doch auf in Richtung Tolmezzo und treffe am Ortsausgang eine nette Bewohnerin. Sie heißt Nicoletta „Nico" Iob. Nach einem kurzen Ratscher und Kennenlernen ist die 60-Jährige sofort bereit, mich im Jugendzimmer ihres Sohnes, der nicht mehr daheim wohnt, unterzubringen. Und damit noch nicht genug. Sie und ihr Mann Dante Scarsini kredenzen mir ein Risotto mit Zucchini und Karotten sowie eine karnische Jause mit Speck, Prosciutto, Salami und Montasio vom Feinsten. Dazu ein Glaserl Hauswein – Friulano naturalmente – und viele nette Gespräche. Gut gestärkt und nach einem ungezwungenen Beisammensein mit dem Ehepaar, von dem ich wie ein Familienmitglied aufgenommen wurde, lege ich mich voller Freude über den ersten Tag meiner Wanderung ins Bett.

Pieve di San Floriano
Diebstahl und Tod in der Pieve di San Floriano

Das Bût-Tal war immer schon ein sehr ertragreiches Tal mit besten Böden. Nicht nur die Römer wollten es für sich beanspruchen, auch die Barbaren, die nach und nach hier einfielen. Etwa 400 vor Christus errichteten die Römer Wachtürme auf den Anhöhen Carnias, um anrückende Feinde schnell zu entdecken. Sie kommunizierten so von Sutrio, Zuglio, Illegio, Tolmezzo, Cesclans, Buia bis Aquileia mit Rauch und Feuerzeichen.

Ausgrabungen bezeugen, dass sich auf dem heutigen Platz der Pieve di San Floriano auf 736 Metern Seehöhe bereits 800 nach Christus eine Burg, das Castrum Elecium, mit zwei Wachtürmen befunden hatte. Einer dieser Türme wurde im Zuge der Christianisierung in den Bau der ersten Kapelle, die San Vito geweiht war, integriert. Von den Vögten der Burg errichtet, befindet sich jener Teil der heutigen Pieve links vor dem Haupteingang mit den Fresken zu Ehren

des heiligen Florian. Die erste urkundliche Erwähnung stammt aus 1214, weitere folgten 1247, 1296 und 1357. Schon im 13. Jahrhundert gewann die Pieve stark an Bedeutung. Sie wurde dann immer wieder erweitert und für Vögte, Priester und Gläubige angenehmer gestaltet, erstmals 1450, dann wieder im 16. Jahrhundert. Heute zeigt sich die Pieve groß und herrschaftlich als einschiffiges Gebäude mit einer erhöhten Hauptapsis. Im Inneren beherbergt der Bau, welcher die einzige der zehn Taufkirchen ist, zu der bis heute keine Straße führt, wertvolle Gemälde und Skulpturen aus der Renaissance.

Die Pieve di San Floriano war zuständig für die Menschen aus Illegio, Imponzo und Paularo. Eng verbunden waren die Einwohner der Dörfer entlang des Bût mit ihrer „Mutterkirche". Sie war für die Bewohner – vor der Errichtung der örtlichen Pfarrkirchen im Zuge des Bevölkerungswachstums – der einzige Ort, wo Neugeborene getauft und Beerdigungen abgehalten werden konnten. Noch heute gibt es unterhalb des Kirchenschiffes 13 Gräber.

Mühselig war es, die Angehörigen, die verstarben, in Tuch einge-
wickelt zur Pieve zu transportieren und sie hier zu bestatten. Ereilte
den Anverwandten der Tod im Winter, wurde er – je nach Schnee-
lage – bis zur Schneeschmelze „auf Eis gelegt" und danach die bis
zu 20 Kilometer weit zu Fuß zur Taufkirche hinauftransportiert.
In der Kirche selbst soll sich außerdem ebenfalls einmal ein Todesfall
ereignet haben: Den unverheirateten und alleinstehenden Mesner
Giovanni Serini alias „Hans, der Schornsteinfeger", der im Gewölbe
der Unterkirche der Pieve seine Schlafstatt hatte und sein Leben
voll und ganz der Pieve widmete, starb zu Weihnachten 1969. Der
Grund dafür dürfte der Diebstahl von 24 Kunstwerken, darunter
zehn Apostel-Statuen des Hauptaltars von Domenico da Tolmezzo
aus dem Jahr 1497, gewesen sein, der sich kurz zuvor ereignet hatte.
Dieser war offenbar für ihn so schrecklich, dass ihn kurz darauf der
Tod ereilte. Nur die Figuren von San Sebastiano und San Rocco
blieben der Kirche erhalten, die Diebe versteckten sie vor der Pieve
nahe dem Eingangstor, wo sie wohl von ihnen vergessen wurden.
Heute sind am Altar Kopien zu sehen, drei der Statuen wurden

Mystische Lichtstimmung im Inneren der Pieve di San Floriano.

mithilfe des Internets vor Kurzem in der Schweiz, Österreich und Florenz gefunden. Die Diebe wurden nie erwischt und zur Verantwortung gezogen. Es existierten aber nur drei Schlüssel für die Pieve: Über einen verfügte der Priester, und je einen hatten die beiden Mesner aus Illegio und Imponzo. Das führte zu gegenseitigen Beschuldigungen und trieb einen Keil zwischen die beiden Dörfer. Der Diebstahl traf die Menschen beider Dörfer hart. Nun wird auch diese Pieve abgeschlossen und nur für Führungen oder Messen geöffnet. Apropos Messe: Die Bewohner aus Imponzo sitzen dabei seit jeher auf der rechten und jene aus Illegio auf der linken Seite vor ihrem jeweiligen Altar. Fürbitten in lateinischer Sprache sprechend und singend machen sich die Einwohner aus Illegio und Imponzo frühmorgens auf, um an der Messe teilzunehmen. Und zu Silvester starten an die 70 Bewohner von Illegio mit Salami, Gulasch, Brot und Wein im Gepäck hinauf zur Pieve, um den Jahreswechsel beim alten Steinhaus unterhalb der Kirche gebührend zu feiern.

Die Pieve di San Floriano ist auf mittelalterlichen Anlagen errichtet, wobei im 17. und 18. Jahrhundert Erweiterungen vonstatten gingen. Dem Osten zugewandt – wie alle mittelalterlichen Kirchen – steht sie prächtig auf dem Ausläufer des Monte Giaideit. Von hier aus bietet sich ein atemberaubender Ausblick auf das Bût-Tal sowie auf die nächstgelegenen Pievi di Santa Maria Oltre Bût und di San Pietro. Oberhalb des vorderen Haupttores außen schuf ein unbekannter friulanischer Maler im 16. Jahrhundert die Darstellung des heiligen Christophorus mit Kind.
Betritt man die Pieve, sticht dem Besucher gleich in der Vorhalle das steinerne Taufbecken aus dem Ende des 15. Jahrhunderts ins Auge. Über dem Tor wird das Leben des heiligen Floriano in Fresken erzählt. Sie stammen von einem unbekannten Maler aus der Region aus dem 17. oder 18. Jahrhundert.
Der hölzerne Hauptaltar gegenüber dem Hauptportal ist ein späteres Werk von Domenico da Tolmezzo aus 1497. Original sind hier die Rahmen des Altars sowie die Statuen der heiligen Rocco und Sebastiano. Die anderen Heiligenfiguren sind Kopien. Es lohnt

sich außerdem, den sehr wertvollen Marmoraltar zu betrachten, den der Steinmetz Carlo da Carona 1520 für den linken Bereich der Apsis anfertigte. Der Altar weist einen großen Teil der ursprünglichen Farbgebung auf und ist ein Unikat.

Links vom Haupteingang befindet sich die bescheidene, mit Fresken bemalte Kapelle, die dem heiligen Florian gewidmet ist. Seine Figur wird von anderen Heiligen flankiert. Die gut erhaltenen Gemälde stammen von Giulio Urbanis (1540–1613). Er malte vier Episoden, die mit dem Martyrium des heiligen Florian in Verbindung stehen, eingerahmt von gleichmäßig aufgeteilten Räumen; auf der rechten Seite befindet sich ein kleines Fenster, das von den Bildnissen des heiligen Rocco und des heiligen Giovanni Battista umrahmt wird. In der Mitte der Kuppel sieht man die Himmelfahrt Christi unter Engelsmusikern.

An den Wänden der gesamten Kirche kann man noch einige Spuren von Fresken sehen, die den oben beschriebenen vorausgehen und von denen einige aus dem 14. und 15. Jahrhundert stammen.

Der Blick vom Hügel Giaideit nach Illegio.

Davide Larcher – Imponzo
Angehender Priester mit Liebe zur Heimat

Er ist 24 Jahre alt und will Priester werden. Erst war sein Berufswunsch Arzt. Doch nach ein paar Semestern Studium in Udine stand für ihn fest: Das ist nicht meine Profession. Seit zwei Jahren besucht Davide Larcher das Priesterseminar in San Daniele in Friuli, gemeinsam mit weiteren 37 Anwärtern auf das kirchliche Amt für die Regionen Udine, Gorizia und Tolmezzo. „Unser Schaffenskreis ist sehr groß, er reicht von Sappada in den Karnischen Alpen bis nach Lignano am Meer. Insgesamt gibt es mehr als 400 Kirchen hier, die betreut werden müssen", sagt der sympathische junge Mann. Sein Tun kann er nun optimal mit seinem Hang zur heimatlichen Geschichte und seinem Hobby, dem Orgelspielen, verbinden. Schon im Kindergarten spielte er „Messe abhalten", und seine Eltern und Großeltern nahmen ihn jeden Sonntag mit in die Kirche. Auch war er jahrelang Ministrant, „so hatte ich den Wunsch, Priester zu werden, wohl tief in mir verankert", sagt er.
Priester gab es bis dato keine in seiner Familie, die seit 500 Jahren hier in Imponzo ansässig ist. 300 Einwohner zählt das Dorf nahe Tolmezzo. Vor 50 Jahren lebten hier noch 500 Menschen. „Wir sind ein offenes Volk. Jeder kennt jeden. Und alle haben großes Vertrauen in die anderen, so sperrt bei uns auch keiner die Tür zu, der Schlüssel steckt immer", sagt er.

In den 1940er- und 1950er-Jahren hatten viele keine Arbeit, fast alle Männer emigrierten in die Schweiz, um dort in Fabriken zu arbeiten. „Mein Großvater ging nach Aarau." Die Frauen blieben daheim – mit Kind und Kegel –, versorgten Kühe, Schweine, Hühner, bestellten die Felder und bemühten sich um die Ernte im hauseigenen Garten. Bis 1972 gab es hier eine Käserei. Und Imponzo war einst berühmt für den einzigen Wein in ganz Karnien, den „Clinto". Seit Kurzem bearbeiten zwei Männer aus Imponzo, darunter ein Freund von Davide, wieder einen Weingarten und produzieren den „Roten mit besonderem Geschmack".

Am 6. Mai 1976 erschütterte ein schreckliches Erdbeben die gesamte Region Friaul-Julisch Venetien. Die Gemeinden im Kanaltal und am Tagliamento um Tolmezzo, Gemona, Venzone und Osoppo wurden am schwersten getroffen. Nach der Katastrophe, bei der 989 Menschen ums Leben kamen und 80 000 obdachlos wurden, wurde in Imponzo vieles verkauft. Die Landwirtschaft war nicht mehr lukrativ. „Alles, was da heute bewaldet ist, das waren früher Felder". Davide zeigt mit dem Finger bedeutungsschwer vom Friedhof Imponzos aus in mehrere Richtungen.

Die erste Messe, die er kraft seines Amtes ausüben wird, möchte er in der Mutterkirche, der Pieve di San Floriano, abhalten. „Das wäre mein größter Wunsch", sagt er. Natürlich verbringt er viel Zeit an dem besonderen Kraftplatz.

Ob diese Taufkirche zu Imponzo oder Illegio gehört, war immer umstritten. Seit zehn Jahren ist es aber festgeschrieben, die Pieve gehört zu Illegio. „Heute sind wir alle Freunde." Und einer der zwei halbkilogramm schweren großen Schlüssel zur Pieve sind in den Händen der Pfarre Imponzos, und somit auch in Davides.

2. Etappe

Illegio → Pieve di Santa Maria Oltre Bût → Tolmezzo

Mit ihren zehn Kilometern kann diese Etappe ohne Weiteres an die erste, die sehr kurz war, angehängt werden. Wenn Zeit bleibt, bietet Illegio im Sommer die berühmte Ausstellung, zu der jedes Jahr 40 000 Besucher strömen. Auch Tolmezzo hat allerhand Sehenswertes zu bieten, wie etwa das Museo Carnico delle Arti Popolari. Stets bergab nähert man sich dem Ausläufer des Monte Amariana (1906 m) mit seinen weißen Schwemmkegeln, den „Rivoli bianchi". Danach geht es auf der rechten Seite des (trockenen) Flusslaufs des Rio Cornon entlang, dem Sentiero degli Alberi Amici, ins Zentrum von Tolmezzo, der Hauptstadt Karniens. Von hier aus überquert man den Torrente Bût und begibt sich auf seiner linken Seite zur Pieve di Santa Maria Oltre Bût. Die Etappe endet in Tolmezzo. [Karte Seite 28–29]

10 km | 3 Stunden | 143 hm bergauf, 403 hm bergab

Nach einem Frühstück mit selbst gemachter Focaccia führt mich Nicoletta durch ihr Heimatdorf. Hier erfahre ich viel von den einstigen Mühlen in Illegio, von Land und Leuten. An der Via dei Mulini entlang des Flusses Touf ist Illegio am traditionellsten – mit seinen ursprünglichen Mühlsteinen, wie dem „Mulin dal Flec" aus dem 17. Jahrhundert. Die Innenhöfe des Dorfes mit ihren alten Portalen und fein geschnitzten Gewölben lassen mich in längst vergangene Tage eintauchen. „Nico" zeigt mir jenen Ort nahe den Mühlen, wo die unterirdische Quelle, die das Dorf mit Wasser versorgt, entspringt. Nach einem herzlichen „Mandi" und der Gewissheit, dass wir uns irgendwann wiedersehen werden, bin ich nun erneut allein auf meinem Cammino.

Vom Ende des Dorfes Illegio auf knapp 600 Meter Seehöhe biege ich nun rechts von der Landstraße auf einen Schotterweg ab. Laut Wegweiser sind es zehn Minuten bis zur Kapelle in Maina „Madonna del Rovere" – in Friulanisch „Madóne dai Rôj". Die andächtige Stille bei der 2010/11 renovierten und dem ehemaligen Priester aus Illegio Franco Puntel gewidmeten Kapelle wird jäh unterbrochen. Ein ohrenbetäubender Schuss lässt mich zusammenzucken. Die Kapelle befindet sich nahe dem Schießplatz „Rivoli bianchi" des Militärs. Erneut knallen Schüsse. Schnell möchte ich hier weg, wobei der Anblick des weißen Schwemmkegels des Monte Amariana (1906 m) linkerhand trotzdem besonders schön ist. Auf Höhe der Landstraße streckt sich der Monte Strabut rechterhand Hunderte Meter in den Himmel hinauf. Er wird von Kletterern gerne bezwungen. Heute leider nicht.

Nun bin ich zwar wieder auf Asphalt unterwegs, doch etliche verschiedene Blumen und Eidechsen entlang des Straßenrandes machen diesen Teil des Weges zu einem kurzweiligen Unterfangen. Entspannt lasse ich das Militärgebiet hinter mir, bis ich in Betania dem schattigen, an seinen Rändern mit Ramblerrosen bepflanzten „Sentiero degli alberi delle amici" geradeaus folge. Im linkerhand liegenden Flussbett des Rio Cornon nach Pissebus rinnt kein Tropfen Wasser. Jetzt erreiche ich die 10 000-Einwohner-Stadt Tolmezzo. Außerhalb des Bezirks Betania halte ich mich rechts, und

Das Zentrum Tolmezzos mit dem Dom und der Piazza XX Settembre.

in der Chiesetta della Madonne della Strada in der Via Giuseppe Marchi zünde ich eine Kerze an.

Nun führen alle Wege nach Nordosten zum Torrente Bût. Sein breites Bett überquert man am besten entlang der Via Giacomo Matteotti in Richtung Villa Santina. Am Ende der Brücke halte ich mich rechts und benütze den Radweg entlang des Bût. Kurz vor dem Tunnel beginnt links die „Via Crucis", der Kreuzweg, der 86 Höhenmeter und auf 347 Stufen direkt zur Pieve di Santa Maria Oltre Bût hinaufführt. Leider schaffe ich den Weg nicht, ohne meinen roten Poncho überzuziehen, um nicht ganz nass zu werden. Gewitter und Regengüsse stehen dieser Tage wohl auf dem nachmittäglichen Programm. Es ist wohl auch aus diesem Grund totenstill auf 417 Metern Höhe vor der beeindruckenden Kulisse der Pieve. Sie ist leider verschlossen, doch erhasche ich einen Blick durch das Kirchenfenster ins Innere. Der die Pieve umgebende Friedhof mit seinen Grabsteinen aus vergangenen Jahrhunderten strahlt eine Ruhe aus, die nur durch das Arbeiten eines Steinmetzes unterbrochen wird, der gerade mit der Renovierung einer Familiengruft an der Rückseite der Kirche beschäftigt ist.

Das Gewitter zieht ab, und ich begebe mich wieder auf dem Kreuzweg die 347 Stufen hinunter.

Bald darauf beginnt es wieder zu regnen, deshalb entscheide ich mich, in Tolmezzo zu bleiben, dort die Stadt mit den schönen Arakadengängen und dem Duomo di San Martino Vescovo zu erkunden und das historische Museum zu besuchen. Im Hotel Rosa, das von außen zwar nicht sehr einladend wirkt, aber überaus freundliches Personal und eine hervorragende Küche verbirgt, genieße ich einen geruhsamen Abend mit köstlichen Penne siciliana, insalata mista und einem Glas erfrischenden Friulano Pinot Grigio.

Pieve di Santa Maria Oltre Bût, Tolmezzo
Wo der heilige Raffael zum Sebastian wird

Die Pieve di Santa Maria Oltre Bût erhebt sich oberhalb der antiken Via Iulia Augusta zwischen den Bezirken Caneva und Casanova auf der Klippe von Clapus in der Gemeinde Tolmezzo. Sie wurde an der Stelle einer antiken Festung zwischen dem 9. und 10. Jahrhundert errichtet, die erste urkundliche Erwähnung stammt aus dem Jahr 1247. Im 16. Jahrhundert wurde sie wieder aufgebaut und 1856 umgebaut. An der einfachen Giebelfassade der Pieve sind zwei Steininschriften zu sehen. Jene des Bildhauers Giovanni Antonio Pilacorte di Spilimbergo zeugt von der Bauphase im 16. Jahrhundert. Ein im Mauerwerk befestigter Grabstein zeigt das Jahr 1505. Eine Übergravur auf der ersten Tafel bestätigt den Wiederaufbau der Kirche im Jahr 1856. Die Fassade und die Südseite sind mit Reliefs und Fragmenten besetzt, die wahrscheinlich zu einem von Pilacorte geschaffenen Altar gehörten. Die Madonna und ihr Kind sind über dem Hauptportal zu sehen.

Das heutige Kirchengebäude ist einfach und hat einen einzigen Saal, eine kleine Apsis und zwei Seitenkapellen. Der Glockenturm schließt links an die Apsis an, und unter der Inneneinrichtung befinden sich zwei hölzerne Altäre aus dem 16. und 17. Jahrhundert.

Märchenhafter Platz der Pieve di Santa Maria Oltre Bût im dichten Wald.

Der linke Altar mit dem Bildnis des Erzengels Michael könnte aus einer alten nebenan genutzten Friedhofskirche stammen, deren Spuren und Erinnerungen mittlerweile verloren gegangen sind. Der Altar auf der rechten Seite, der kürzlich restauriert wurde und nach einer Reinigung seinen ursprünglichen Glanz wiedererlangt hat, zeigt unter dem Bildnis des heiligen Sebastian einen heiligen Raffael. Diese Entdeckung legt die Hypothese nah, dass das Altarbild ebenfalls aus einer anderen Kirche stammt, in der dieser Heilige verehrt wurde. In der Pieve wurde sein Bildnis mit den Attributen des bekannteren und beliebteren heiligen Sebastian modifiziert.

Karnisches Museum „Michele Gortani"
(Museo Carnico delle Arti Popolari)

Leidenschaftlicher Sammler mit Liebe zu Karnien
Michele Gortani (1883 bis 1966) aus Tolmezzo hatte ein Faible –
ein Faible für altes Handwerk und das Leben in Karnien früherer
Zeiten. Er hat der Nachwelt inmitten von Tolmezzo eine umfang-
reiche Sammlung hinterlassen.

Gortani studierte Naturwissenschaften und wurde 1924 Inhaber
des Lehrstuhls für Geologie an der Universität Bologna, wo er bis
1954 unterrichtete. Parallel zu seiner Lehr- und Forschungstätig-
keit übernahm er politische und soziale Aufgaben, wurde 1913 im
Wahlkreis Tolmezzo zum Abgeordneten gewählt und betreute im
Ersten Weltkrieg nach der Schlacht bei Caporetto die zahlreichen
karnischen Flüchtlinge, die in ganz Italien verstreut waren. In den
1930er-Jahren gründete er den Verband „Pro Carnia". Im Zweiten
Weltkrieg unterstützte er sein geliebtes Karnien, das mit Faschis-
ten, Nationalsozialisten und Kosaken zu kämpfen hatte. Als Sena-
tor für das Volk machte er sich 1952 einen Namen. 1966 starb er
in Tolmezzo, wo er drei Jahre zuvor seinen Traum eines Heimat-
museums verwirklicht hatte.

Den Anfang seiner Sammlung hatte 1920 ein Beistelltisch aus dem
18. Jahrhundert aus Ligosullo gemacht. Gemeinsam mit seiner
Lebensgefährtin Maria Gentile war er immer auf der Suche nach
karnischen Gegenständen, die für Kunst und Geschichte der Region von Wert waren. Die beiden durchstreiften Täler, begutachte-
ten mehr als 2 000 Wohnungen und fanden dort viele Dinge, die
den bäuerlichen Alltag und das Leben in Karnien widerspiegelten.

Gortani sah es als seine Pflicht an, ein karnisches Heimat- und
Brauchtumsmuseum zu errichten. Am 22. September 1963 war es
im Palazzo Campeis soweit und die in gut 40 Jahren gesammelten
über 4 000 Exponate erhielten im Gortani-Museum ein Zuhause.
Hier wird das karnische Leben vom 14. bis ins 20. Jahrhundert
beleuchtet. Die völkerkundlichen Gegenstände sind auf 30 Räume verteilt. Zu sehen sind Küche, Schlafzimmer, Stube, eine

Kupfer- und Messingschmiede sowie eine Tischlerwerkstatt. Objekte und Werkzeuge, Geräte und Utensilien von Bergbauern und Hirten, Trachten, Masken, Gewebtes, Stickerei, Spitzen, Keramik und die Bronzegefäße „bronzins" sind ebenso ausgestellt. Bei einem Besuch sollte man sich unbedingt genug Zeit nehmen, um in das karnische Leben von damals einzutauchen.

Museo Carnico delle Arti Popolari „Michele Gortani"
Via della Vittoria 2, I-33028 Tolmezzo, Tel. 0039/04334/3233, www.museocarnico.it

Alle Jahre wieder: die Ausstellung „la Mostra" in Illegio

Seit 2004 gibt es in Illegio internationale Ausstellungen, die weitum ihresgleichen suchen. 2003 hat das Komitee San Floriano den Anstoß für ein kulturelles Signal gegeben und hat damit in der Kulturszene für großes Aufsehen gesorgt. Im Jahr 2004 wurde des 1700 Jahre zurückliegenden Martyriums des heiligen Florians gedacht, und es fand ihm zu Ehren die erste Ausstellung statt. Jedes Jahr von Mitte Mai bis Anfang Oktober gibt es in Illegio Ausstellungen zu jährlich wechselnden Themen. Diese finden in Zusammenarbeit mit den größten Museen der Welt statt.

Im Jahr 2010 war die Ausstellung Engeln, 2011 dem Leben nach dem Tod oder 2016 Flüchtlingen und Pilgern gewidmet. 2019 war „Maestri" eine der wichtigsten Kunstausstellungen in Illegio und 2020 war der Titel „Nichts ist verloren".

Zu sehen sind die Ausstellungen im alten Priesterhaus in Illegio, das das Komitee San Floriano in ein gut ausgestattetes und elegantes Ausstellungshaus verwandelt hat – mithilfe von etwa vierzig Freiwilligen. Bislang wurden dreißig junge Menschen ausgebildet, etwa hundert Gelehrte aus ganz Europa eingesetzt, wurde durch die Wahl der Ausstellungsthemen Begeisterung von Institutionen und Sponsoren geweckt. Jedes Jahr bietet Illegio eine internationale Ausstellung christlicher Kunst und einen gewagten Rückblick auf die Ereignisse, über die national und über die Grenzen Österreichs und Sloweniens hinaus berichtet wird und die sich durch die Verwendung aller Sprachen der Seele – vom Kino bis zum Theater, von der Musik bis zur Bildenden Kunst – auszeichnet, verbunden mit drängenden Themen für den zeitgenössischen Menschen und den Glauben.

Das Komitee realisiert auch internationale Ausstellungen – etwa in Brüssel oder in Rom, weiters Kunst- und Geschichtsbücher sowie wichtige archäologische Ausgrabungen, kulturelle Veranstaltungen sowie Restaurierungen von Kunstwerken. Darüber hinaus bietet das Komitee Ausbildung für junge Menschen.

Komitee San Floriano
Tel. 0039/0433/444 45, www.illegio.it/la-mostra

Nicoletta Iob – Illegio
In ihr Dorf führt nur eine Straße

Als „seltsam, liebenswert und besonders" bezeichnet die 60-jährige Nicoletta Iob ihr Dorf Illegio. Hier aufgewachsen, kann sie sich keinen anderen Platz zu leben vorstellen. „Wir sind verschlossen und offen gleichzeitig", sagt sie. Ein Grund dafür sei, dass in das 240 Einwohner zählende Dorf unterhalb der Pieve di San Floriano lediglich eine einzige Straße führt.

Neben dem Zusammenhalt untereinander gibt es jedoch auch – „wie überall auf der Welt" – kleine Auseinandersetzungen von Familien, die sich seit Generationen gehalten haben. Offen sind die Einwohner Gästen gegenüber. Grund dafür ist sicherlich auch die Ausstellung, die seit 16 Jahren jeden Sommer hier stattfindet. 2019 kamen an die 40 000 Besucher, um die Ausstellung zu besichtigen. Viele Menschen aus anderen Dörfern in der Umgebung kommen ebenfalls hierher, um zu helfen, Führungen zu machen etcetera. Viele Freiwillige putzen, verkaufen Tickets, arbeiten im Bookshop, und das alles ehrenamtlich. Nicolettas Mann Dante Scarsini ist gemeinsam mit zwei weiteren Dorfbewohnern verantwortlich für die finanzielle Umsetzung und die Organisation.

„Es ist Bewegung hier in Illegio", sagt Nicoletta, die man hier nur unter „Nico" kennt. Im „alten" Dorf werden jährlich zwei, drei Kinder geboren. Vermehrt haben jüngere Menschen wieder ihren Lebensmittelpunkt hier, obwohl sie anderswo arbeiten oder studieren. „Auch einer meiner Söhne ist hiergeblieben und inzwischen Ehemann und zweifacher Vater."

Verändert hat sich das Leben – wie in ganz Karnien – auch in Illegio. Gab es vor 15 Jahren noch zwei kleine Kaufhäuser, eine Metzgerei, eine Käserei und eine Schneiderei, sind jetzt im Dorf nur noch zwei Bars und ein Restaurant zu finden. Die Volksschule wurde 1994 geschlossen.

2013 folgte die Käserei. Früher gab es sehr viele Milchkühe hier. Eine eigene Alm hatten die Bewohner Illegios nicht, aber sie trieben ihre Kühe auf eine Alm in der Nähe. Die Bewohner im Dorf wurden

Nicoletta „Nico" Iob macht sich perfekt als Reiseführerin.

jedoch älter und älter, konnten die Arbeit mit den Tieren nicht mehr bewältigen. „Und irgendwann hatte hier keiner mehr als drei, vier Kühe. Als wir keine eigene Käserei mehr hatten, gaben die wenigen Milchbauern dann ihre Milch nach Tolmezzo zur Verarbeitung."

Nicoletta und ihr Mann sind beide in Illegio geboren und aufgewachsen. Ich wohnte nahe der Kirche, er hier oben in der Via Carso. „Er hat mich als Mädchen nicht interessiert, ich habe ihn gar nicht gesehen. Du siehst ja nur das, was dich interessiert", sagt die temperamentvolle Frau. In den Achtzigerjahren haben die beiden dann doch zueinandergefunden. Und das, obwohl Nicolettas Vater sehr streng war. „Er ließ mich nicht fortgehen, bis ich 20 war." Getroffen haben sich die jungen Leute aber doch – privat, bei Freunden. „Ich erinnere mich noch gut daran, als ich einmal mit einer Leiter aus dem Zimmer geflüchtet bin, um mit meinen Freunden zu feiern. – Nach der Maisernte machten wir einmal in der Mitte des Feldes ein Lagerfeuer, grillten Maiskolben. Das werde ich mein ganzes Leben nicht vergessen."

Auch im Winter war es nicht immer trist. „Wir Kinder und Jugendliche mussten Heu von den Stadeln auf dem Berg für die Kühe ins Dorf *holen. Nach der Nacht im duftenden Heu im Stadel bündelten wir es und schickten es per Materialseilbahn ins Dorf hinab. „Das war eines der schönsten Erlebnisse, das ich als Kind erlebt habe."*

20 Jahre hat „Nico" in einer Trattoria in Tolmezzo als Kellnerin gearbeitet. Als sie mit 19 Jahren dort anfing, sei sie ziemlich schüchtern gewesen. „Wenn du aus dem verschlafenen Dorf nach der Schulzeit ins Arbeitsleben rausgehst, heißt es aufzuwachen."

Ab 24 lebte sie im Haus bei ihrem Mann, unter einem Dach mit der Schwiegermutter. „Wir haben uns gut verstanden." Es kamen zwei Kinder – Aleman, er studiert Molekularbiologie in Frankreich, und Andrea – er ist Installateur und wohnt mit seiner Familie im Haus gegenüber. Froh war Nicoletta darüber, dass ihre Schwiegermutter da war und sie trotz der Kinder bald wieder arbeiten gehen konnte.

In Illegio gibt es kein Altersheim. „Mein Onkel ist 90 und fährt noch mit dem Auto. Er nimmt seine Frau mit und sie fahren nach Tolmezzo einkaufen." Jung hält die älteren Leute hier auch die Gartenarbeit, viele haben Hühner. Alle Familien verfügen über ein Stück eines Feldes zum Bestellen. „Ich baue Kartoffeln und Mais an." Daraus macht Nicoletta mit Vorliebe Polenta und Frico. „Mein Mann meint, ich mache den besten Frico weit und breit."

Dante ist Buchhalter bei einer Wohnbaugesellschaft in Tolmezzo. „Die Leute müssen alle weggehen, um zu arbeiten. In Illegio selbst gibt es sehr wenig Arbeit. Nur ein paar Leute kommen auch hierher, um etwa im Gastgewerbe oder im Pflegebereich zu arbeiten."

3. Etappe

Tolmezzo → Cesclans → Pieve di Santo Stefano

Diese Etappe ist die erste etwas längere Einheit. Der Weg von Tolmezzo bis Cesclans ist abwechslungsreich und bietet mit einem Abstecher nach Cavazzo Carnico viele Möglichkeiten für Pausen und Sightseeing. Die Wanderung beginnt in Tolmezzo, je nach Ausgangspunkt etwa 2,5 Kilometer auf Asphalt, auch entlang der Landstraße SR 512 auf einem Radweg. Abenteuerlicher wird der Weg dann in der Schlucht des Rio Ambiesta. Bei Nässe kann es hier rutschig sein, Trittsicherheit und Schwindelfreiheit sind vonnöten. Nach gut 1,5 Kilometern hat man wieder besseren Grund unter den Füßen. Entlang des Rio Faeit erreicht man problemlos das Dorf Cavazzo Carnico. Von dort ist es nach Cesclans mit seiner Pieve di Santo Stefano nicht mehr weit. [Karte Seite 28–29]

12,4 km | 3 ¾ Stunden | 303 hm bergauf, 281 hm bergab

Nach dem ausgiebigen Frühstück im Hotel Rosa treffe ich jenen Mann, dem ich auf meinem Cammino so vieles zu verdanken habe: Bruno Mongiat. Er ist Obmann des CAI (Club Alpino Italiano) Tolmezzo, also des italienischen Alpenvereins. Und er ist zuständig für all die Wege des „Cammino delle Pievi", hat sie mit seinem Team erforscht und aufbereitet, kennt jeden Stein auf jeder Etappe des Weges. Nach dem Treffen „auf einen Cappuccino und ein Interview" in der Bar Linussio auf der Piazza XX Settembre mache ich mich wieder auf den Weg. Zuerst führt mich dieser in den nahen Duomo di San Martino. Die Kathedrale stammt aus 1764 und ist ein Werk Domenico Schiavis. Die Fassade ist jedoch viel jünger. Sie wurde 1931 fertiggestellt. Auffallend ist der Engel, der als Windfahne den Glockenturm krönt. Im hellen Inneren, das auch viele Kunstschätze bewahrt, halte ich mich nicht sehr lange auf. Ich bin etwas in Verzug, das Interview hat zwei Stunden gedauert. Und es schaut nach Regen und Gewitter aus.

Der Weg durch Tolmezzo, den Hauptort der Region Karnien mit gut 10 000 Einwohnern, ist abwechslungsreich. Die Stadt an Tagliamento und Bût gehörte früher zum Herrschaftsgebiet der Patriarchen von Aquileia, verbündete sich später mit der Republik Venedig und wurde im Jahr 1866 schließlich Teil des Königreichs Italien. Im Lauf des 18. Jahrhunderts gewann Tolmezzo als Industriestandort an Bedeutung und wurde bis nach Übersee für seine Tuchwaren bekannt. Heute gibt es hier Papierfabriken, Bauunternehmen, Kieswerke …, die Menschen aus der ganzen Region Arbeit bieten. Im Borgàt, der historischen Altstadt mit ihren reichen Wohngebäuden und Arkadengängen sind noch die Reste der früheren Befestigungsmauern zu sehen. Mein Weg führt mich zum Tagliamento, diesem eindrucksvollen Fluss, den ich auf der Ponte Avóns überquere. Die nächsten etwa zweieinhalb Kilometer führen auf einem Radweg dahin. Kein einziger Radfahrer – schon gar kein Fußgänger – ist zu sehen. Es tröpfelt so vor sich hin. Ein Gewitter naht. Nach einer Baumschule und dem „Cason dal Stambec" wende ich mich nach rechts auf einen geschotterten Weg, wo nach etwa 30 Metern ein schmaler Pfad in den Wald führt – stets bergauf, bergab, immer entlang des Rio Ambiesta.

Umfassend ist die Wildnis hier, ab und zu sieht man Ruinen alter Häuser inmitten des dichten Waldes. Trittsicherheit ist erforderlich, zumindest bei nassen Verhältnissen. Nach etwa 40 Minuten erreiche ich einen Feldweg. Es beginnt, stärker zu regnen. Und dann sehe ich rechterhand die nahe Trattoria „Al Pescatore", bei der ich tags darauf in Etappe vier bei viel schönerem Wetter einkehren werde. Aber davon weiß ich zu dieser Zeit noch nichts. Der Cammino macht hier eine Schleife. Mein heutiges Ziel heißt Cesclans, davor Cavazzo Carnico, das ich nach eineinhalb Kilometern, zum Schluss entlang des Torrente Faeit, erreiche. Die 1 000-Einwohner-Gemeinde liegt am westlichen Fuß des Monte Festa (1 055 m), während sich im Norden der Monte Amariana (1 905 m) erhebt. An meinem roten Poncho prallen die dicken Regentropfen ab. Mein Weg führt mich ins Herz Cavazzos, wo sich die restaurierte Gaspar-Mühle befindet, genauso wie schöne alte Steinhäuser. An der Hauptstraße, der Via Roma, fällt mir eine Tankstelle mit zwei Zapfsäulen ins Auge, gleich daneben stehen auf einer Stellage Gemüsepflanzen und Balkonblumen zum Verkauf. Einige Meter weiter ist das „Monumento ai caduti", die Gedenkstätte für die Gefallenen der Weltkriege, einen Besuch wert. Das Museum ist jedoch heute nicht geöffnet. Dafür lasse ich mir den Abstecher zur 400 Meter entfernten Chiesa di San Daniele in der Via IV Novembre nicht nehmen. In der aus dem 18. Jahrhundert stammenden Kirche werden wertvolle venezianische Kunstwerke – wie Gemälde von Tintoretto und Bassano – aufbewahrt.

Nun wendet man sich am besten wieder zurück in Richtung Brücke, quert den Rio Faeit, lässt das Monument linkerhand liegen und nimmt bei der Kreuzung rechts die Via Pietro Zorutti. Dieser folgt man auf einem Radweg, wieder geht's über den Fluss, danach wird der Weg zur Schotterpiste. Trifft man auf die asphaltierte Strada Vicinale Il Casone, hält man sich rechts, wo bald die Landstraße erreicht ist. Nach 300 Metern folgt die Abzweigung rechts nach Cesclans.

Stets bergan auf schmaler Straße gehend erblicke ich nun bereits die Pieve di Santo Stefano, vor mir auf einem Felsen thronend. Bald

Die Pieve di Santo Stefano scheint zum Greifen nah.

schon taucht rechts vor mir auch das Dörfchen Cesclans mit seinen 160 Einwohnern auf. Weiter geht's aber erst links zur erhabenen Pieve. Es hat kurzzeitig aufgehört zu regnen, der Ausblick von der Mutterkirche auf Bordano, Cavazzo, Interneppo, Amaro und Somplago ist zwar getrübt, jedoch ist bei genauerem Hinsehen sogar die Festung am Monte Festa, eines der bedeutendsten militärischen Bauwerke aus der Zeit des Ersten Weltkrieges, zu sehen. Als mir Mattia, der Mesner vor Ort, die Kirche öffnet, beginnt es wieder herunterzuprasseln. Im Inneren zeugen Fotografien von der Zerstörung nach dem verheerenden Erdbeben 1976 sowie vom Wiederaufbau, der bis 2008 dauerte. Am 3. August des Jahres wurde die Pieve wieder eröffnet. Seither gibt es jedes Jahr im August ein großes Fest mit Pfarrer Gianpietro Bellini. Dazu sind alle Nachbargemeinden geladen, die festlich mit bunten Bändern geschmückte Kreuze auf Stangen herbeitragen, um damit das Kreuz der Taufkirche zu „küssen". Das kommt einer Huldigung der Mutterkirche gleich. Als ich wieder aus der Kirche trete, erhalte ich zu den Ausführungen des Mesners ein Geschenk: einen Regenbogen, der sich wie ein schützendes Dach über das unten liegende Somplago wölbt. Dass Cesclans 1913 der Geburtsort von Siro Angeli, einem Dichter, Dramatiker und Drehbuchautor, war, ist auf Schritt und Tritt bemerkbar. Durch den verschlafenen Ort führen die „Percorsi di poesia", Pfade der Poesie. Mich führt meiner in meine Bleibe für heute Nacht, das „Angelineri" in Cesclans. Durchgefroren und nass treibt es mich in das warme Zimmer, das ich dort bei Gabriella reserviert habe. Und danach lasse ich es mir bei köstlichem karnischem Essen von Massimiliano Dell'Ova gutgehen.

Pieve di Santo Stefano – Cesclans
Gekröntes Skelett im gläsernen Sarg

Nahe dem Ort Cesclans erhebt sich die Pieve di Santo Stefano als damals wichtiger Kommunikationsort zwischen Noricum und Aquileia. Viele Autofahrer, die sich auf der A23 in Richtung Süden bewegen, kennen diese Kirche, die imposant auf einem Felsen über dem Cavazzo-See thront. Ausgrabungen in den Jahren 1993 bis 1996 belegten, dass auf dem Felsen ein monumentales Grab aus dem 4. bis 5. Jahrhundert existierte. Darüber hinaus wurden Siedlungen aus dem 2. und 3. Jahrhundert nach Christus nachgewiesen. Im 8./9. Jahrhundert stand hier die erste Kirche, die bereits dem heiligen Stefan, einem sehr frühen Märtyrer (deshalb auch „Santo Stefano Protomartire" genannt), gewidmet war. 1119 ist in historischen Urkunden die Pieve erstmals erwähnt, als der Patriarch Voldorico sie der Abtei San Gallo in Moggio geschenkt hat. Der Bau wurde im 12. Jahrhundert erweitert, dann im 15. und 16. Jahrhundert um die zwei seitlichen Kirchenschiffe ergänzt. 1361 kam es zu einem Kirchenstreit mit dem Dorf Amaro, der 1400 so gelöst wurde, dass für die dortigen Dorfbewohner eine Filialkirche – die Kapelle San Nicolò – errichtet wurde.

In den folgenden Jahrhunderten wurde – auch aufgrund der schwierigen Erreichbarkeit – die Pieve in Cesclans sich selbst überlassen. Die Pfarre wurde nach Cavazzo Carnico verlegt. Nur an Sonn- und Feiertagen wurden noch Messen in der Pieve abgehalten. Diese Situation führte jahrhundertelang zu Titelverwechslungen, und die Pfarrkirche wurde fälschlicherweise Santo Stefano di Cavazzo genannt.

Mit dem schrecklichen Erdbeben 1976 wurde das Barockgebäude mit einem Grundriss aus dem 16. Jahrhundert komplett zerstört, nur der Glockenturm blieb verschont. Bis 2003 wurde das Gebäude nach Plänen der Kirche aus 1777 wieder errichtet. Die drei Kirchenschiffe wurden mit Stuck und Fresken des Künstlers Clauco Benito Tiozzo aus Mira verschönert, an denen er 2000 bis 2004 arbeitete. Er schuf im Hauptschiff die Krönung der Jungfrau Maria. An der Decke der Apsis erstrahlen die Evangelisten, die heilige Helena und die Dreifaltigkeit. Diesem Künstler ist weiters das bronzene Haupttor zu verdanken, das die sechs Heiligen Leonard und Antonius, Candidus und Valentin, Martin und Bartholomäus zieren.

Die Themen der Malereien sind denen von Antonio Schiavi aus 1777 nachempfunden, die bei einem Erdbeben im Jahr 1928 zerstört worden waren. Bewahrt wurde das Bild des Hauptaltars von Pomponio Almateo aus dem Jahr 1536, das Taufbecken aus 1596, die Marienstatue mit Kind aus dem 19. Jahrhundert, eine metallene Reliquienbüste aus dem gleichen Zeitraum sowie ein Seitenaltar mit Malereien aus 1643.

Ins Auge sticht ein gläserner Schrein mit dem bekleideten Skelett des 13-jährigen San Fortunato Martire. Seinen Schädel ziert eine silberne Krone, und das Blut des Märtyrers befindet sich in einer Ampulle zu seinen Füßen. Vier Priester aus Karnien haben 1763 die Überreste des Heiligen als Geschenk von Papst Clemens XIII. in Rom erhalten. Das Skelett, das zuvor den Katakomben Sant'Agnese in Rom entnommen worden war, liegt seit über 250 Jahren in der Pieve. Zu Fuß sind die Priester einst in den Vatikan gegangen, um den Heiligen am 7. Juli 1763 entgegenzunehmen. Wieder zu Fuß ging es zurück, und der Heilige erhielt in der Pieve Santo Stefano Protomartire seine letzte Ruhestätte.

Im Herzen der Kirche

Seit 2008 ist das Museum unterhalb des Gebäudes für Besucher geöffnet. Hier entdeckt man die Fundamente der früheren Gebäude, Grabbeigaben und Fragmente von teilweise rekonstruierten Fresken aus dem 14. Jahrhundert, die bei archäologischen Untersuchungen ab 1993 während des Wiederaufbaus der Pfarrkirche gefunden wurden. Dieser Museumsrundgang mit dem Titel „Im Herzen der Kirche" ist eine einzigartige Gelegenheit, die komplexe Geschichte dieses Ortes und seiner Siedlungen über die Jahrhunderte hinweg kennenzulernen.

Die archäologische Forschung hat es ermöglicht, wichtige und unerwartete Daten über die Anwesenheit der Menschen auf dem Hügel von Cesclans seit der Antike zu sammeln. Und natürlich brachte sie neue Informationen über die Entstehung und Entwicklung der Pfarrkirche. Vor der Ausgrabung waren die Informationen über diesen Ort eher spärlich und wurden oft mit Legenden und Traditionen belegt, die sich im Lauf der Jahrhunderte bei den Bewohnern erhalten hatten. Die menschliche Präsenz auf dem Hügel ist seit den ersten Jahrhunderten des Zeitalters der Romanisierung bezeugt.

Sicher ist heute, dass es sich beim ersten christlichen Sakralbau um eine Grabanlage, ein monumentales Mausoleum aus der Spätantike (4. bis 5. Jahrhundert), gehandelt hat. Das in den Fels gegrabene und mit Gips überzogene Grab war für eine anonyme, privilegierte und autoritäre Persönlichkeit bestimmt, wahrscheinlich zu Zeiten der Pilgerfahrten. In der Folge waren reichlich Gräber vorhanden, diese wurden aber zerstört. Die erhaltenen Überreste sind heute noch sichtbar, zusammen mit den Resten des Skeletts „S 34", dem letzten mittelalterlichen „Bewohner" des Grabes.

Ein Foto bezeugt, dass 1993 in dem kleinen Kellerraum mit Fenster sehr viele menschliche Knochen und Schädel gefunden wurden.

Die Öffnungszeiten des Museums richten sich nach denen der Pieve.

Insgesamt wurden 28 000 Fragmente von Wandbildern unterhalb der Pieve gefunden.

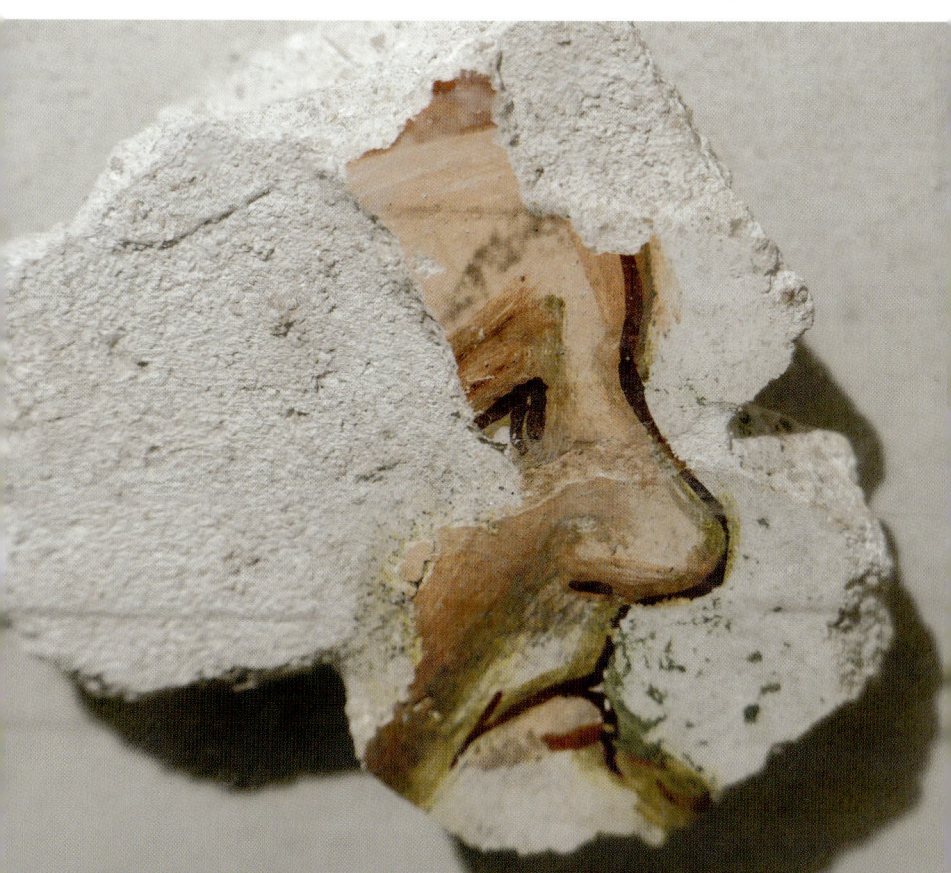

Massimiliano Dell'Ova – Cesclans
Hier landen Cjarsons und Frico auf dem Teller

Viele nationale und europäische Auszeichnungen hat Massimiliano Dell'Ova bereits bekommen. Seine besondere Fähigkeit ist das Kochen – mit Liebe und Leidenschaft und mit regionalen Produkten. Viele namhafte Restaurants – wie das Astoria Hotel in Udine, das „Sguazzi" in Mulin Nuovo, das „Agli Amici" in Godia – profitierten in den vergangenen Jahren von seiner Kochkunst. Bevor es ihn 2015 nach Cesclans ins „Angelineri" verschlug, war er 19 Jahre lang, davon acht als Küchenchef, bei „Gelsi" in Codroipo, seiner früheren Heimat, tätig. Vor sechs Jahren hat Massimiliano Dell'Ova einen ruhigeren Ort für einen Neubeginn gesucht und in Cesclans gefunden. Er liebt die Berge und ist heuer an den Lago di Cavazzo gezogen. Er schwärmt für die karnische Küche, die aus der Tradition heraus für arme Leute gemacht ist. Vornehmlich Schweinefleisch, Frico, Polenta, Cjarsons. Das sind einfache Gerichte. Die traditionsreichste Speise Karniens ist der Frico, eine Torte aus Käse und Kartoffeln. Ihn wandelt der 53-jährige Koch im „Angelineri" ab, zum Beispiel mit Feigen oder Trockenpflaumen. „Die Cjarsons, unsere gefüllten Teigtaschen, machen wir auch mit Schokolade oder Kakao. Es gibt mindestens 1000 Rezepte dafür", sagt

Massimiliano, während er Kartoffelscheiben in heißem Öl schwenkt. Es sind einfache Gerichte, aber die Vorbereitung dauert lange. „Früher hatte man noch Zeit zu kochen, für den Garten, die Tiere, zum Konservieren von Gemüse und Obst." Lieblingsgericht hat er keines, „am ehesten noch Cjarsons, aber nicht die süßen". Das sei das einzige Rezept, das er von der damaligen Speisekarte der Trattoria beibehalten habe. „Heute ist das Angelineri mehr ein Ristorante als eine Trattoria". Etwas moderner sei es, mit einem Angebot an köstlichen Fischgerichten. Die meisten Gäste kommen aus der Region bis Triest, viele Fischliebhaber sind darunter. Gäste kommen aber auch immer öfter aus Österreich.

Massimiliano, der den Blick kaum vom Kochtopf lassen kann, verbringt seine Freizeit am liebsten in den Bergen. Nummer eins ist und bleibt aber „seine" Küche, in der er gekonnt mit den Aromen und Rohstoffen der Region jongliert. „Das Besondere an unseren Gerichten ist, dass fast alle mit Niedrigtemperatur vakuumgegart werden", sagt er. So bleiben alle wichtigen Vitamine und Mineralstoffe erhalten.

Natürlich sei die karnische Küche keine zum Abnehmen, so könne man hier „auch in einen Salat Pancetta geben. Das Essen musste früher deftig sein, die Menschen arbeiteten hart auf den Feldern und mit den Tieren", sagt er.

Die hungrige „Cammino"-Wanderin jedenfalls genießt diese deftige und doch so exquisite Küche im gemütlichen Ambiente des Gastraumes vor dem offenen Kamin des „Angelineri".

4. Etappe

Cesclans → Villa Verzegnis →
Pieve di San Martino → Chiaulis

Diese Etappe ist abwechslungsreich und teils anstrengend. Die Vielfalt an Landschaften – von blühenden Ebenen bis zum dichten Laubwald – macht diesen Abschnitt besonders schön. Ein Höhepunkt am Weg ist der Lago di Verzegnis, den man türkis schimmernd nach etwa zwei Dritteln dieser Etappe erreicht. Danach taucht man ins Dorfleben in Chiaicis ein, bevor es weiter nach Villa di Verzegnis geht, wo die eindrucksvolle Pieve di San Martino wartet. Weil es direkt vor Ort keine Möglichkeit zur Übernachtung gibt, bietet es sich an – über die Ausgrabungen am Colle Mazéit – ins Nachbardorf Chiaulis weiterzuwandern. [Karte Seite 28–29]

14,1 km | 4,5 Stunden | 487 hm bergauf, 427 hm bergab

Nach einem einfachen Frühstück à la italiana mit Kaffee und Brioche direkt im Zimmer mache ich mich auf zur nächsten Etappe. Die Sonne scheint, ich bin gut gelaunt und freue mich auf den neuen Tag. Auf der Via della Fontana Richtung Westen geht es auf der alten Landstraße aus dem Ort hinaus. Nach etwa einem Kilometer erreiche ich die Ebene von Falnor. Linkerhand steht das nach dem Erdbeben zur Gänze rekonstruierte Ancona del Falnora aus dem 18. Jahrhundert. Es handelte sich dabei um eine Kapelle, von der sich alte Menschen der Gegend erinnern, dass hier lange Zeit Heu gelagert wurde. Weiter geht es in der Ebene Falnor entlang. Sie ist eiszeitlichen Ursprungs und man entdeckt verschiedene Orchideenarten. Weiter auf dem Weg passiere ich eine Felsnische, die zu Ehren der Madonna mit Kunstblumen geschmückt ist. Mit so viel christlichem Segen gehe ich beschwingt weiter, erreiche den Rio Faeit, über den eine breite Brücke führt. Das Wasser des Flusses schwankt zwischen olivfarben und braun, an seinen Ufern finden sich Schotterbänke und eine Aulandschaft. Macht man hier eine Pause zur Abkühlung, kann man mit großer Wahrscheinlichkeit Flusskrebse entdecken. Für mich ist eine Pause noch nicht „drin", ich bin erst eine gute Stunde unterwegs. An der folgenden Kreuzung halte ich mich links. Die Trattoria „Al Pescatore", die ich gestern schon gesehen habe, ist nicht mehr weit. Hier freue ich mich riesig auf einen Cappuccino. Wie der Name besagt, steht in der Trattoria „Fisch" auf der Karte, wohl jene Fische, die kurz zuvor noch im nahen Teich ihre eingeschränkte Freiheit genossen. Auch deutsch wird hier gesprochen, was von einem Touristenandrang aus dem nahen Ausland zeugt.

Für mich tut's ein Kaffee, dann kann ich meinen Marsch wieder aufnehmen. Hinter der Trattoria folge ich dem Wegweiser des Cammino delle Pievi sowie dem gelb-weißen Pfeil. Gut dass ich gestärkt bin, denn der teils asphaltierte, dann wieder geschotterte Weg geht steil bergan. 200 Höhenmeter gilt es nun in fünf Serpentinen und etwa drei Kilometern zu bezwingen. Links durch das Gehölz des Mischwaldes hindurch habe ich freien Blick auf sanfte bewaldete Hügel, weit unten windet sich der Rio Faeit durch enge

Schluchten. Eine Vielzahl an Blumen, Farnen, Orchideen wie das Waldvöglein und diverse Schmetterlinge erfreuen das Auge. Kurz vor Taulis ist der Weg unterbrochen, das heißt, man umgeht dieses Stück links und quert den Bach, bis man wieder auf dem ursprünglichen Weg anlangt. Die moosbewachsenen Mauern entlang des Weges zeugen vom hohen Alter des Verbindungsweges zwischen den Dörfern. Nächste Station ist Pusea. Es handelt sich hier um ein fast verlassenes Dorf mit fünf, sechs Häusern. Auf der Mauer des ersten Steinhauses direkt an der nun asphaltierten Straße prangt ein braunes Schild, auf dem steht: „Benvenuti a Pusea. Terra d'incanto nessun la lascia senza rimpianto", was so viel heißt wie „Willkommen in Pusea. Land der Verzauberung, niemand verlässt es ohne Bedauern." Welch passende Worte! Wenn die verfallenen Gemäuer nur sprechen könnten! In einem noch bewohnten Haus komme ich ins Gespräch mit einem älteren Herrn. Er erzählt, dass nur noch er und seine Frau hier im Dorf wohnen. Seit 50 Jahren lebt er meist am Wochenende hier, ihren Hauptwohnsitz haben sie in Udine. „Hierher verirren sich kaum Menschen, höchstens ein paar Wanderer oder Mountainbiker", sagt er. Auf dem Dorfplatz von Pusea lädt der Brunnen zum Genuss eines eiskalten, frischen Schluckes Wasser ein. Nachdenklich und ein bisschen wehmütig verlasse ich das Dörfchen. Auf schmaler Asphaltstraße – niemand ist hier unterwegs – erreiche ich nach 1,3 Kilometern den Sella Dueibis auf 615 Meter Seehöhe. Das ist der höchste Punkt der heutigen Etappe. Die weiß getünchte Kapelle, geschmückt mit einem Strauß Plastikblumen, lasse ich rechterhand liegen. Vorbei geht's an einem marmornen Kunstwerk zweier Liebender einen Kilometer bergab zum Lago di Verzegnis. Türkis schimmert der See durch den Wald. In Serpentinen nähere ich mich dem wunderschönen Gewässer. Der etwa eineinhalb Kilometer lange und durchschnittlich 40 Meter tiefe See wurde nach dem Bau eines imposanten Staudamms am Ambiesta-Fluss erschaffen. Der Damm ist 60 Meter hoch, 140 Meter breit und wurde 1950 erbaut, das Becken 1957 befüllt. In den 1960ern und 1970ern entwickelte sich hier der Tourismus: Gleich nach der Brücke über den See wurde ein Chalet mit

Der Monte Amariano wächst gleichsam aus dem Lago di Verzegnis.

Tanzfläche, später eine Disco – heute sind hier Privatwohnungen untergebracht – errichtet. Entlang des Ufers entstanden Villen, ein Strandbad und ein Bootsverleih. Eindrucksvoll ist der Anblick des Sees von der Brücke aus. Der Monte Amariana in Tolmezzo ragt einem Vulkankegel gleich scheinbar aus dem Wasser.

Der Via Ambiesta folgend erreiche ich das Dorf Chiaicis, wo ich mich an der Kreuzung geradeaus weiterbewege. Linkerhand steht ein kleines Lokal mit terracottafarbenem Mauerwerk, einer gelben Telefonwählscheibe an der Fassade und der Aufschrift „Hausbrandt" über der Eingangstür. Barbara betreibt die Osteria „Borgo di Turri", wo es Kaffee, Snacks, kleine warme Gerichte und Süßes gibt. Eine freundliche weiß-getigerte Katze streift um meine Beine, während eine schöne graue gerade Siesta hält. Nach einem kurzen Aufenthalt und einem erfrischenden „Cola al limone" gehe ich weiter geradeaus, die Via dei Colli hinauf, direkt an der sich links befindenden „Locanda degli Amici" vorbei.

Die Pieve di San Martino vor der imposanten Bergkulisse.

Diese Straße führt geradewegs zur Landstraße Richtung Villa di Verzegnis. In der letzten Linkskurve offenbart sich mir ein traumhafter Anblick auf Villa. Blickfang ist zweifellos die Pieve di San Martino mit ihrem grünen Ziegeldach. Dahinter strecken die Berge im Tagliamento-Tal, wie der Monte Amariana, ihre Spitzen gegen den blauen Himmel.

Im Dorf angekommen, lädt die Antica Osteria „Stella d'Oro" direkt neben der Pieve zum Verweilen ein. Zimmer werden hier leider nicht mehr vermietet, so heißt es nach dem Besuch der Kirche, weiter zu marschieren und ein Quartier zum Übernachten zu suchen, das ich im Nachbarort Chiaulis finde.

Bis zu meinem Albergo „Al Fogolar" in Chiaulis ist es nicht mehr weit. Ich mache mich auf den Weg und kann bei dieser Gelegenheit noch die archäologischen Ausgrabungen einer Burg auf dem

Hügel Mazéit anschauen. Wegweiser gibt es für Läufer und Biker, ich folge diesen bergan. Die Reste der Burg sind überdacht und man kann sie gut abgesichert von oben betrachten. Leider sind hier keine Infotafeln angebracht. Anzunehmen ist, dass es sich bei der Ruine um eine Wehrburg handelte, weil von hier das Tagliamento-Tal weitum einsehbar wäre, wenn nicht dicht zugewuchertes Grün jegliche Aussicht unmöglich machte. Wieder auf der Via Mazéit sind bereits die Häuser von Chiaulis sichtbar. Direkt an der Hauptstraße befindet sich die Osteria „Al Fogolar". Die nette Signora der Osteria bietet mir ein tolles Zimmer mit großer Terrasse und einem schönen Rundumblick auf das Dorf. Den Tag perfekt macht dann das wunderbare karnische Essen im Ristorante. Zum Abendessen im rustikalen Gastraum mit integrierter Kochstelle wähle ich „Gnocs di Tale", Kartoffel-Gnocchi mit Löwenzahn-Pesto und Nüssen. Dazu gibt es ein Glas prickelnden „Vino della casa".

Pieve di San Martino – Villa di Verzegnis
Sonnenuhr und Dach mit grünen Ziegeln

Die heutige Pieve di San Martino di Verzegnis steht im Stadtzentrum von Villa di Verzegnis und hat ein architektonisches Erscheinungsbild aus dem 18. Jahrhundert. Der Turm der Pieve steht frei neben dem Schiff der Kirche und einem alten imposanten Kastanienbaum. Seine tiefgrünen Blätter scheinen den Kirchturm zu umschmeicheln. Ihre Gründung als Pieve geht wahrscheinlich auf das 8. Jahrhundert zurück, als Zuglio seinen Bischofsitz aufgab und zur Pieve herabgestuft wurde. Es ist der Titel San Martino, der diese Hypothese bekräftigt: Solange der Bischof in Zuglio war, waren die gebräuchlichsten Titel der Pfarrkirchen Santa Maria, San Pietro, Santo Stefano und San Lorenzo. Möglicherweise kann die Pieve in Verzegnis sogar bis ins 6. Jahrhundert zurückdatiert werden.
Dem heiligen Martin sind in Friaul viele Kirchen gewidmet. Jene in Verzegnis wurde erstmals 1072 urkundlich erwähnt. Der Pfarrer der

Pieve war vom Patriarchen von Aquileia abhängig, dem er Steuern zahlen musste. Damit hatte die Bevölkerung die Pflicht, den zehnten Teil der Ernte für den Unterhalt des Pfarrers, die Instandhaltung der Kirche und der anliegenden Gebäude aufzubringen. Man nimmt an, dass die Pieve di San Martino von der älteren Pieve di Santa Maria Maddalena im nicht weit entfernten Invillino abhängig war. Sie gehörte zu den ersten Zentren der Verbreitung des Christentums in Karnien.

Eine Beschreibung der antiken Pieve di San Martino, die sich wahrscheinlich entlang des heutigen linken Seitenschiffs befand, gab 1602 Pfarrer Bruno Agostini. Er zeichnete unter den verschiedenen Werken das Innere mit einigen Gemälden und das Dach mit traditionellen Holzschindeln auf.

Das heutige Gebäude, das auf den früheren Kirchen in Gotik- und Renaissancestil aufbaut, stammt aus dem 18. Jahrhundert und wurde vom Architekten Domenico Schiavi aus Tolmezzo entworfen – mit einem großen Eingangsportikus und einer markanten Fassade. Das dreischiffige Innere mit Apsis und Querschiff bewahrt wertvolle Einrichtungsgegenstände aus dem 18. Jahrhundert. Der Tolmezzino-Maler Antonio Schiavi (1736–1786), ein Anhänger Giovanni Battista Tiepolos, ist für die Fresken an der Decke des Kirchenschiffs und des Chors verantwortlich, die 1788 gemalt wurden. Sie zeigen Mariä Empfängnis, Johannes den Täufer, den heiligen Martin und die Dreifaltigkeit.

Der Hochaltar stammt aus dem 18. Jahrhundert und besteht aus rotem Marmor. Auf seinen Seiten stehen die Heiligenfiguren von Petrus und Paulus und, ganz oben, Jesus der Erlöser. Im Inneren des Tabernakels zeigt ein kleines Gemälde auf Pergament den heiligen Martin, wie er seinen Mantel dem Armen gibt. Es stammt von einem unbekannten venezianischen Maler des 18. Jahrhunderts.

Der Altar auf der linken Seite enthält eine Madonnenstatue; jener rechts ein Altarbild, das die Enthauptung des heiligen Johannes des Täufers darstellt. Ein weiteres Bild ist dem heiligen Emidio gewidmet, dem Beschützer vor Erdbeben. Es hat angesichts der Häufigkeit von Erdbeben in dieser Region eine große Bedeutung und

Blick auf das Chorgestühl in der Pieve di San Martino.

wurde 1907 vom friulanischen Maler Giovanni Maria Lendaro geschaffen. Unter den Schätzen der Kirche befindet sich auch ein Altarbild des lokalen Malers Antonio Taddio, eine Kreuzigung, die 1859 gemalt wurde.

Über dem Haupteingang befindet sich der Chor, ein wertvolles Werk aus geschnitztem und bemaltem Holz aus dem Jahr 1860. Leider wurde die Orgel aus dem 19. Jahrhundert bei dem Erdbeben 1976 zerstört. An der Außenwand der Kirche ist eine Sonnenuhr von 1872 aufgemalt; daneben steht der freistehende Glockenturm.

5. Etappe

Chiaulis → Villa di Verzegnis → Invillino
Pieve di Santa Maria Maddalena → Villa Santina

Geht man diese Etappe direkt von Villa di Verzegnis nach Invillino zur Pieve Santa Maria Maddalena der Landstraße entlang, ist sie lediglich 6,4 Kilometer lang. Startet man jedoch in Chiaulis und macht den lohnenswerten Abstecher zum Plera-Wasserfall und nach der Pieve nach Villa Santina (zum Übernachten), dann ist die Etappe mehr als doppelt so lang. Weiters gibt es die Möglichkeit, das erste Stück auf der Landstraße zu umgehen, und einen schmalen – viel abwechslungsreicheren, jedoch aussichtsärmeren – Pfad durch den Wald zu wählen. Er ist um gut zwei Kilometer länger, führt über den Bergrücken des Monte Navado und stößt kurz vorm Tagliamento-Tal wieder auf die Landstraße SP 72. Beschrieben ist die längste und schönste Variante. Höhepunkte dieser Etappe sind die wunderschönen Mischwälder, der Plera-Wasserfall, die Kirche „Madonna del Ponte" und natürlich die Pieve di Santa Maria Maddalena. [Karte Seite 28–29]

14,5 km | 5 Stunden | 526 hm bergauf, 560 hm bergab

Das Frühstück im „Al Fogolar" ist bombastisch und lässt keine
Wünsche offen. Auf einer alten Hobelbank mitten im Gastraum
liegen Köstlichkeiten – süß und sauer – zum Verzehr bereit. Danach bin ich perfekt gestärkt und schon neugierig auf den heutigen Tag, der auch wettermäßig viel verspricht. Der Weg zur Pieve
San Martino ist gleich wie gestern, nur dass ich den Festungsberg
nicht mehr erklimme. Den zweiten Cappuccino nehme ich heute
im „Stella d'Oro" ein. Die Wirtsleute Sara Paschini und Francesco
Marzona sind in den Vorbereitungen fürs Mittagsgeschäft. Seit
15 Jahren führen sie die antike Osteria. Nach dem kurzweiligen
Aufenthalt und einem netten Gespräch mit den Gastronomen
steht mir der Sinn nach Kultur. Der Skulpturenpark gleich ums
Eck bietet internationale Kunst vom Feinsten. Hier hat sich einer
der wichtigsten zeitgenössischen Kunstsammler der Welt, Egidio
Marzona, ein Denkmal gesetzt. Er ist 1944 in Deutschland geboren, doch von karnischer Abstammung. 1989 forderte Marzona
einige der interessantesten zeitgenössichen Künstler auf, Kunstwerke für seinen Park zu entwerfen. So trug der US-amerikanische
Konzeptkünstler Bruce Nauman einen Pyramidenbau bei, und
mit den Jahren folgten andere Künstler wie etwa Richard Long,
Landart-Künstler aus England, der 1996 den „Tagliamento River
Stone Ring" schuf. So viel Zeit muss sein, um vor der Wanderung
noch ein bisschen in die Welt der Kultur zu schnuppern. Dann er-
tönt laut und durchdringend das dumpfe Glockengeläut der Pieve
di San Martino. Für mich ist das das Zeichen, mich endlich wieder
auf den Weiterweg zu machen. Nun gäbe es die Möglichkeit, den
Cammino delle Pievi mühelos direkt an der Straße Richtung Villa
Santina – die große braune Tafel ist unübersehbar – fortzusetzen.
Ich aber entscheide mich für den Wanderweg, der bergauf-bergab
durch den Wald führt. Er ist zwar anstrengender, ich möchte aber
jeden Meter auf Asphalt vermeiden. Das schöne Wetter spricht
ebenso dafür, und Zeit habe ich ebenfalls genug. So schlage ich den
Weg beim „Stella d'Oro" vorbei in Richtung Chiaicis ein, auch dieses Stück Weg ist mir schon bekannt. Doch nach etwa hundert Metern biege ich rechts in einen neuen Pfad ein. Das Cammino-Schild

direkt an einem Baumstamm in Augenhöhe ist schon ziemlich verwachsen. Nach zehn Minuten kreuzt der Weg die Provinzstraße an der Quelle „Acqua del Paradiso". Ich quere die Straße und biege rechts auf den Saumpfad ab, der leicht ansteigt und bald zu einem bequemen Karrenweg wird, bis er auf eine kleine asphaltierte Straße trifft. Dieser folge ich bis zur Höhe eines restaurierten Stalls, gehe rechts, um wieder links auf einen Feldweg zu gelangen. Einst gab es hier Weideflächen entlang des Kamms des Monte Navado, die heute mit Waldkiefern und im höchsten Teil mit Buchenaufforstung (etwa 25 Jahre alt), gemischt mit natürlichen Kiefern, bedeckt sind. Nun stoße ich auf einen weiteren Waldweg, halte mich rechts. Diesem breiten Weg folgend – ich ignoriere die verschiedenen Pfade, die links und rechts abzweigen – endet diese Steigung nach einigen Serpentinen auf 785 Meter Seehöhe. Nach etwa 300 weiteren Metern auf ebenem Gelände biege ich an der Gabelung rechts ab und folge dem Feldweg leicht abwärts bis zu einer Metallstange, wo es nun wieder steil bergauf geht. Nicht lange, und schon folgt erneut ein Abstieg. Besonders im letzten Teilstück ist Vorsicht bei nassem Wetter geboten. Auf 405 Meter Seehöhe erreiche ich nun die Landstraße und habe nun wieder festen Boden unter den Füßen.

Der türkis schimmernde Tagliamento, der sich vor mir schlängelt, muss noch ein bisschen warten. Auf Höhe einer breiten Kurve, etwa 200 Meter vor der Brücke über den Fluss, steche ich nach links weg, um den malerischen Plera-Wasserfall zu besichtigen. Dieser führt heute zwar kein Wasser, die gut zwei Kilometer hin und zurück sind es aber allemal wert, gegangen zu werden. Rund um das trockene Loch voller Schotter und Kies herrscht eine üppige Vegetation. Auch ohne Wasser ist der Anblick der hellgrünen moos- und flechtenbewachsenen Steine und Felsen eine Augenweide. Die meiste Zeit des Jahres – heißt es – ist die Cascata Plera trocken, da der Bach zur Stromerzeugung umgeleitet wird, doch im Sommer – es ist Ende Juni! – und nach starken Regenfällen fließe der Bach.

Hier stehe ich innerhalb des „Tagliamento River Stone Rings".

Wieder zurück auf der Landstraße passiere ich die lange Brücke über den Tagliamento. Er wird mich die nächsten Etappen immer wieder begleiten. Auf der anderen Seite seines breiten Flussbettes steht das Kirchlein „Madonna del Ponte". Errichtet wurde es im Jahr 1700 zum Schutz der Holzfäller des Oberen Tagliamento-Tals, die das Holz entlang des Flusses flößten.

Nach einem kurzen Verweilen auf der Holzbank vor dem Eingang der Kapelle nehme ich den nächsten Wegabschnitt in Angriff und folge der Landstraße etwa eineinhalb Kilometer bis Invillino. Dort angekommen, gehe ich an einem Feld mit Tabakpflanzen mit hell-lila Blüten vorbei und nähere mich der Kirche di San Pantaleone in Invillino. Kurz davor rechts führt ein Wiesenweg zum alten Kreuzweg, der zur Pieve di Santa Maria Maddalena führt. Jede der steinernen Kreuzweg-Stationen ist ohne Skulpturen, sie haben aber trotzdem eine besondere Wirkung auf mich. Nach der letzten Station oberhalb des Tagliamento erreiche ich die schmale Straße, alsbald das asphaltierte Plateau. Ich habe die eindrucksvolle Pieve di Santa Maria Maddalena erreicht. Rund um die Kirche ist der alte Friedhof ein Ort der Stille. Neuere Gräber bezeugen, dass hier auch heute noch Begräbnisse stattfinden. Nach dem Besuch der wunderbaren Erhebung nehme ich abermals meinen Weg auf.

Nach Villa Santina, wo ich in der „Vecchia Osteria Cimenti" in der Via Battisti ein nettes Zimmer finde, ist es nicht mehr weit. Trotzdem ziehen sich die letzten Meter, ich bin hungrig und müde. Im „Cimenti" erwartet mich eine nette Überraschung, denn hier bekommen Pilger einen Nachlass von zehn Euro. Diesen Betrag setze ich am Abend für eine Pizza im nahen „Grizzly" ein. Das Logo – ein hungriger Bär mit Besteck in den Pfoten – sagt mehr als tausend Worte. Hungrig wie eine Bärin falle ich in der Pizzeria ein und verlasse sie nach dem Verzehr einer „Rucola e pomodoro" glücklich, satt und bettschwer.

Pieve di Santa Maria Maddalena – Invillino
Die Majestät ist Werk eines Zimmermanns aus Venzone

Auf dem Col Santino, in erhöhter Lage mit Blick auf das Dorf Invillino, steht isoliert die antike Pieve di Santa Maria Maddalena, eine der ältesten Kirchen der Erzdiözese Udine. Invillino ist auch eines der ältesten Dörfer in Carnia und gehört zur Gemeinde Villa Santina. Die heutige Kirche mit romanischem Grundriss stammt aus dem 15. Jahrhundert und ist vermutlich ein Werk des Meisters Stefano del fu Simone di Mena, eines Zimmermanns aus Venzone. Bei Ausgrabungen, die von der Universität München in den Jahren 1960 bis 1970 durchgeführt wurden, und bei Untersuchungen nach dem Erdbeben von 1976 wurden unter dem jetzigen Gebäude aus dem 15. Jahrhundert frühere Pflasterungen entdeckt. Die ältesten belegen eine einschiffige Kirche mit rechteckigem Grundriss, gefunden hat man weiters ein kleines Taufbecken aus dem 7. bis 8. Jahrhundert. Diese Kirche soll mit der zu dieser Zeit bereits bestehenden Siedlung auf dem nahegelegenen Col di Zucca verbunden gewesen sein. Dort kann man das Ausgrabungsmuseum besuchen.
Die der heiligen Maria Magdalena geweihte Kirche dürfte zwischen dem 8. und 9. Jahrhundert im Rahmen einer Reorganisation der Pfarrkirchen errichtet worden sein. Diese ging vom Patriarchensitz Aquileia aus und wurde in der lombardischen Zeit nach der

Zerstörung der ältesten christlichen Stiftungen durch die barbarischen Invasionen durchgeführt.

Die Gründung der neuen Pfarrkirche – zuvor gab es eine am Fuß des Hügels – auf dem höher gelegenen Col Santino sind die Folge der neuen Situation, die nach dem Fall des Römischen Reiches entstand. Das Aufkommen einer institutionell weniger sicheren Periode und die Völkerwanderung verursachten auch das Ende der frühchristlichen Diözese Zuglio und ihre Eingliederung in die patriarchalische Diözese.

Die ersten Dokumente, die sich auf die Pfarrkirche beziehen, stammen aus dem 8. Jahrhundert und erwähnen das Vorhandensein eines Taufbeckens, eines Pfarrers und zweier Kleriker. Ihre Zuständigkeit erstreckte sich auf das gesamte Tagliamento-Tal und auch auf das Degano-Tal. Nach und nach gelangten die Dörfer Lauco, Trava, Avaglio, Vinaio, Esemon di Sopra und Villa Santina unter ihren Einfluss. Das Taufbecken und der Friedhof auf dem Hügel waren weitum die einzigen, die von den Bewohnern benutzt wurden. Die Pfarrkirche taucht urkundlich 1247 und 1296 auf; zu diesem Zeitpunkt werden ein Pfarrer und ein Vikar erwähnt. Die heutige dreischiffige Kirche mit romanischem Grundriss aus der zweiten Hälfte des 15. Jahrhunderts (1431) ist aus Steinen der Burg von Invillino erbaut, die 1352 vom Patriarchen Nicolo von Luxemburg abgerissen wurde. Das Gebäude wurde mehrmals umgebaut, blieb jedoch lange

Zeit unvollendet, ebenso wie der Glockenturm. Nach und nach folgten weitere bauliche Veränderungen, insbesondere nach dem Erdbeben von 1700, welches die Kirche schwer beschädigte. Auch das 276 Jahre spätere Erdbeben 1976 zerstörte die Pieve stark. Sie wurde in den 1990er-Jahren restauriert und in ihre ursprünglichen architektonischen Linien zurückgeführt: mit einer einfachen Fassade romanischer Herkunft, in die ein zweibogiges Fenster eines bereits bestehenden Gebäudes integriert ist; mit drei Schiffen, die von vier Bögen gestützt werden, und einem nach Osten gerichteten Chor, wie in den meisten mittelalterlichen Kirchen. Die romanische Fassade mit ihrer durchgehenden Fläche aus quadratischen Steinen verleiht dem Gebäude ein gleichzeitig schlichtes und majestätisches Aussehen.

Im Inneren der Pieve befinden sich einige wertvolle Kunstwerke. Bewundernswert ist das hölzerne Polyptychon des Domenico da Tolmezzo, des größten friulanischen Schnitzers des 15. Jahrhunderts, auf dem Hochaltar. Dieser ist mit einem Holzrahmen aus dem 17. Jahrhundert des Gemoneser Bildhauers Gerolamo Comuzzo eine getreue Kopie des 1488 für die Pieve gemalten mehrteiligen Altarbildes von Domenico da Tolmezzo, einem der bedeutendsten Renaissancekünstler des Friaul. Das Original wird aus Sicherheitsgründen im Diözesanmuseum für sakrale Kunst in Udine aufbewahrt. Das Altarbild zeigt auf der oberen Ebene in der Mitte die Madonna mit Kind, flankiert von den Heiligen Barbara, Caterina, Margherita und Lucia; auf der unteren Ebene in der Mitte die heilige Maria Magdalena und zu beiden Seiten die Heiligen Rocco, Johannes der Täufer, Pantaleone und Lorenzo. Die Ganz- und Halbfiguren sind in einen prachtvollen, in Gold geflammten Holzrahmen eingefügt.

Bemerkenswert ist der Altar auf der rechten Seite mit einem wertvollen Bild des friulanischen Malers Giovanni Antonio Agostini aus dem Jahr 1570, das die Taufe Christi darstellt und in einen barocken Holzrahmen eingefügt ist. In der Apsis befindet sich ein antikes Steintabernakel mit geschnitzten Figuren der Verkündigung und schmiedeeisernen Türen aus dem 15. Jahrhundert.

Im Kosaken-Hauptquartier gibt's Pasta und Maroni

*Die Gastwirte der Antica Osteria „Stella d'Oro" haben viel zu tun an
jenem Vormittag, als ich ohne Voranmeldung bei ihnen sitze und einen
Cappuccino trinke. Selbstverständlich bin ich interessiert an der Geschichte des Hauses. Dankenswerterweise nehmen sich die beiden ein
paar Minuten Zeit, um meinen Wissensdrang zu stillen. An diesem pro-
minenten Platz direkt in der Nähe der Pieve di San Martino ist eine
Locanda seit 1890 nachgewiesen. „Was davor war, wissen wir leider
nicht, auch niemand im Dorf hat uns diese Frage jemals beantwor-
ten können", sagt Francesco Marzona. 1890 gab es hier eine Taverne,
die Toni Cella mit seiner Frau, der Lehrerin Maria della Schiava di
Cavazzo Carnico, betrieb. Sie trug den Namen „Alla Maestra". Die
Leitung wurde später den Töchtern Pia und Lina Cella übergeben, die
eine „Osteria das Gnagnas" (Osteria der Tanten) daraus machten. Im
Oktober 1944 waren sie Zeugen der Besetzung von Verzegnis durch
Kosakentruppen, und im Februar 1945 wurde das Gasthaus zum
Hauptquartier der Armee und Wohnsitz des Generals Pjotr Nikolaevic
Krasnow, des Leiters der Zentralverwaltung der Kosakenarmeen. Der
schönste Flügel des Gasthauses, gegenwärtig die Bar, der Fogolar (der*

offene Kamin) und das darüber liegende Stockwerk, waren für den General und seine Familie reserviert, während der andere Teil von den Besitzern bewohnt wurde.

1956 wurde das Gasthaus von Renato Deotto und Santa Vidussoni übernommen, die ihm mit der Umstrukturierung 1971 sein heutiges Erscheinungsbild gaben. Nach dem Tod des Geschäftsführers wurde es im März 2004 von den Gebrüdern Marzona und Sara Paschini wiedereröffnet. „Die lokale gastronomische Tradition, die mit Signora Vidussoni begann, ist die Stärke des Restaurants", heißt es in der Chronik. Sara und Francesco sind Freunde und kommen aus sehr unterschiedlichen Arbeitsrealitäten. „Vor sechzehn Jahren habe ich mich zusammen mit Francesco und seinem Bruder Adriano in dieses Abenteuer gestürzt. Voller Enthusiasmus wollten wir diesen historischen Ort wiederbeleben und bekannt machen", sagt Sara Paschini. Das ist ihnen – nach vielen Opfern – gelungen. Eine große Herausforderung war der Umstand, dass sich das Restaurant weit entfernt von touristischen und leicht erreichbaren Gebieten befindet. In Verzegnis selbst wohnen nur 820 Einwohner, in Villa di Verzegnis sind es 180. „Wir haben die Freude, dass unsere Gäste zwar zum größten Teil aus unserer Region und Österreich kommen, aber im Sommer aus ganz Europa, darüber hinaus aus Japan, Amerika und Australien. Das liegt auch daran, dass sich direkt in Villa di Verzegnis der ‚Art Park' befindet."

Bei der Führung durch das historische Gebäude steht in einem verborgenen Winkel das Herzstück des Hauses: der Fogolar. „Im Winter brennt unsere Feuerstelle immer. Wenn man dem Knistern zuhört, scheint das Feuer zu einem zu sprechen und die Geschichten, die es im Lauf der Jahre in dieser kleinen ruhigen Ecke gehört hat, zu erzählen. Normalerweise setzen wir uns für einen Aperitif vor oder einen Digestif nach dem Essen hin, aber diejenigen, die das Lokal kennen, meist Paare, bitten uns, an den kleinen Tischen in der Nähe des Fogolars speisen zu dürfen. Es ist ein wahrlich charmanter und romantischer Ort", sagt Francesco. Bis 1971 war der Fogolar auch die Küche des Gasthauses, „heute erlaubt es das Gesetz nicht mehr, aber beim Kastanienfest ‚Castagnata' im Oktober rösten wir hier Maroni, und ab und zu legen wir Würste in die heiße Asche."

Villa Santina → Enemonzo →
Pieve dei Santi Ilario e Taziano

Diese Etappe kann ohne Weiteres mit der nächsten Etappe verbunden werden. Hier taucht man in die sanften Hügel Karniens zwischen dem Wildbach Degano und dem Fluss Tagliamento ein. Tolle Ausblicke ins karnische Hügelland sind garantiert. Dörfer wie Esemon di Sopra, Enemonzo, Raveo und Maiaso machen diesen Wegabschnitt sehr bunt, teils wandert man auf Asphalt, teils auf Wald- und Forstwegen. [Karte Seite 28–29]

10,8 km | 3 ¼ Stunden | 309 hm bergauf, 280 hm bergab

Nach einem Frühstück in Villa Santina im „Caffe moderno" habe ich nun etwas Zeit, mir eines der Tore zum „Parco Intercomunale delle Colline Carniche" (Park des karnischen Hügellands) etwas näher anzuschauen. Im Hinblick auf das wunderschöne Wetter und die relativ kurze Etappe kein Problem. Dieser Ort ist angenehm quirlig, die Menschen sind freundlich, und es herrscht geschäftiges Treiben. Die Kirche im Ort – die Parrocchia di San Lorenzo Martire – hat mit ihren tempelartigen Säulen vor dem Eingang schon etwas Gewichtiges. Wieder auffallend ist das Dach des Glockenturms, das mit den typischen grünen Ziegeln Karniens gedeckt ist. In Villa Santina hat die Weberei einen großen Stellenwert. Das Textilunternehmen „Carnica Arte Tessile" übernahm hier im 18. Jahrhundert das Erbe der karnisch-friulanischen Textiltradition. Davon ist immer noch einiges zu bemerken, wenn man in die akkurat und detailreich geschmückten Auslagen der Geschäfte blickt. Einkaufen ist für mich aber nicht von Interesse, auch weil jedes gekaufte Stück meinen Rucksack schwerer macht. Deshalb richte ich meinen Fokus nun wieder auf den Cammino und folge der Hauptstraße Via C. Battisti in Richtung Sappada bis zum Ende des Dorfes. Dann biege ich vor der Kurve an der Abzweigung links Richtung Raveo ab, wo ich kurz danach die Brücke über den Fluss Degano nehme. Was für ein wunderschöner Tag, den blauen Himmel trübt keine einzige Wolke. Voller Elan erreiche ich rechts weiter das Dorf Esemon di Sopra. Auch wenn laut Karte die Durchquerung des Dorfes nicht nötig ist, lasse ich es mir nicht nehmen, in diesen idyllischen Ort einzutauchen. Die Häuser werden liebevoll instand gehalten, mit gepflegten Gärten voller Blumen. Im Dorfzentrum steht ein Brunnen. Darin scheint ein Relikt aus vergangenen Tagen vergessen worden zu sein: ein alter Holzbottich, beschwert mit einem großen Stein. Vorbei am kleinen sehenswerten Kirchlein des Ortes führt der Weg wieder retour auf die Landstraße, wo ich bald den Chiarsò überquere. Bald danach geht's rechts weiter auf den Wanderweg „percorso di cuel bodin". Eine Tafel mit Wanderkarte zeigt, dass ich mich nun am Südhang des Cuel di Nuvolae (639 m) genau in der Mitte zwischen dem Degano und dem Chiarsò nach

Raveo bewegen werde. Beim Aufstieg bei etwa 30 Grad Celsius bin ich froh über die schattenspendenden Bäume und die Felsnischen entlang des Weges, die mir kühlere Luft verschaffen. Etwa eineinhalb Stunden wandere ich erst ein kurzes Stück in Serpentinen bergauf, dann fast eben dahin, bis es an der Nordseite des Hügels wieder abwärts geht. Jetzt lasse ich den Blick über das Tal des Wildbachs Degano schweifen, an dessen linkem Ufer das Dorf Trava zu sehen ist. Alsbald erreiche ich Raveo auf 503 Meter Seehöhe. Hier schlage ich den Weg in Richtung „centro", also zur Kirche San Floriano martire e Santa Maria, ein. Kurz davor bemerke ich ein kleines Lebensmittelgeschäft. Hier kaufe ich mir eine deftige Jause, was nicht schwer ist, bei all den Köstlichkeiten – Obst, Käse und Schinken der Region – die das „Alimentari da Sonia" bietet. Hinter dem Tresen stehen die freundlichen Schwestern Sonia und Sefora. Sogleich habe ich die beiden in ein Gespräch verwickelt und freue mich über meine Begegnung mit den beiden. Neben Käse, Schinken, Brot und Marillen kaufe ich mir als „Dolce" die

Der Ausblick auf das Chiarsò-Tal Richtung Ampezzo.

berühmten „Esse di Raveo"-Kekse, die hier – und in Hermagor – produziert werden. Mit all dem Guten im Rucksack lasse ich die hiesige Keks-Fabrik nach Verlassen des Zentrums an der Landstraße SP35 links liegen und überquere schon bald geradeaus wieder den mir nun schon bekannten Chiarsò. In Colza biege ich auf Höhe eines kleinen Cafés links in Richtung Maiaso ab. Direkt an der Hauptstraße liegt auf einem Hügel dominant die Kirche San Nicolò. Der traumhaft gelegene Platz lädt zum Besuch der Kirche und des alten Friedhofs ein. Danach geht's beschwingt ins Zentrum von Maiaso, wo ich rechts abbiege – der rotgelbe Pfeil an der Mauer eines alten Bauernhauses weist den Weg – in einen schönen Wanderweg. Zwei Marterl und ein Kreuz lasse ich hinter mir, bevor ich auf eine einladende steinerne Bank im Wald stoße. Hier nehme ich meine Jause ein, auf die ich mich schon sehr gefreut habe. Nach dem Deftigen kommen die „Raveo"-Kekse dran: trocken, doch energiebringend. Frisch gestärkt wandere ich nun weiter nach Enemonzo, schon bald ist der freistehende Glockenturm der Pieve dei Santi Ilario e Taziano zu sehen. Die Pieve steht mitten im Zentrum von Enemonzo.

Hier könnte ich mir ein Quartier suchen, entscheide mich aber aufgrund der kurzen Etappe, die nächste nach Socchieve noch anzuhängen. Bis dorthin sind es – laut Plan – nur 5,5 Kilometer.

Pieve dei Santi Ilario e Taziano – Enemonzo
Der Vikar machte sich rar

Für die Pieve dei Santi Ilario e Taziano gibt es keine Dokumente, die die Zeit ihrer Gründung belegen. Sie scheint auf das 11. oder 12. Jahrhundert zurückzugehen. Die Pfarrkirche gehörte zum Präpositorium der Heiligen Felice und Fortunato von Aquileia, an das das Volk Steuern entrichtete. Dieses Kollegium, eines der wichtigsten im patriarchalischen Staat, sah die Ernennung eines Vikars vor. Der Vikar von Enemonzo scheint urkundlich erstmals 1296 auf. Im 15. Jahrhundert protestierte die Bevölkerung gegen die

unzureichende Präsenz des Vikars und forderte für die Abhaltung von Taufen und Begräbnissen einen festen Kaplan.

Es gibt nur wenige Dokumente, die sich auf diese Kirche beziehen, auch wegen eines Brandes Anfang des 17. Jahrhunderts. Und nach dem gewaltigen Erdbeben vom 28. Juli 1700 wurde die antike Kirche so stark beschädigt, dass ein vollständiger Wiederaufbau durch Luca Milanese, den obersten Baumeister in Friaul, durchgeführt wurde. Das Gebäude wurde 1733 fertiggestellt. Die Weihe fand 1736 durch den Patriarchen Dioniso Delfino statt.

Die heutige Kirche hat ein großes Mittelschiff, das mit einer quadratischen Apsis endet, und zwei durch Pfeiler getrennte Seitenschiffe. Vom antiken Gebäude gibt es noch ein Tabernakel aus rotem Marmor mit schmiedeeiserner Tür aus dem 15. Jahrhundert. Der Hochaltar aus grauem und rotem Marmor, dessen Farben sich raffiniert abwechseln, ist auf 1783 datiert und auf beiden Seiten mit zwei großen Holzstatuen der beiden Heiligen Ilario und Taziano versehen. Der eine trägt Bischofsgewänder und der andere die eines Diakons. Im Presbyterium befindet sich auch ein Gemälde aus dem 17. Jahrhundert, das dem Maler Alessandro Maganza aus Vicenza zugeschrieben wird, ein Geschenk einer Gläubigen an die Pfarrkirche im Jahr 1902, auf dem die Heiligen Ilario und Taziano mit dem Heiligen Geist dargestellt sind. Unter den Kunstschätzen der Kirche befinden sich mehrere Gemälde aus dem 19. Jahrhundert, ein Altarbild des Udineser Malers Valentino Marani, die Serie des Kreuzweges des Malers Antonio Taddio aus Raveo. Die Decke des Kirchenschiffs und die Apsis sind mit Fresken des Malers Domenico Fabris aus Osoppo (19. Jahrhundert) versehen. Die Auferstehung wurde 1854 an die Decke des Kirchenschiffs gemalt; Christus im Ölgarten zwei Jahre später an die der Apsis.

Der hohe Glockenturm neben der Kirche wurde 1914 auf Grundlage früherer architektonischer Elemente des 13. Jahrhunderts wieder aufgebaut. Die Pfarrkirche wurde 1981 nach dem Erdbeben 1976 restauriert.

Sefora und Sonia Nassivera, Alimentari da Sonia – Raveo
Sie leben im „Dorf der Kekse"

Die beiden Schwestern Sefora und Sonia betreiben in Raveo ein kleines Lebensmittelgeschäft. Sie schwärmen für ihr „kleines Dorf in den Bergen" mit 500 Einwohnern, einem Geschäft, zwei Bars und einem Sportplatz. „Die Leute arbeiten auf dem Feld, hier führt man ein ruhiges Leben. Man lebt in den Tag hinein. Tranquillità!"

Noch vor einigen Jahren gab es hier eine Schule. Aufgrund zu weniger schulpflichtiger Kinder müssen diese heute aber nach Tolmezzo fahren. „Noch vor ein paar Jahren war hier auch ein Seniorenheim", sagt Sefora, Ende 40. Das gibt es ebenfalls nicht mehr. Mittlerweile wohnen in Raveo aber wieder viele Familien mit kleinen Kindern; einige sind aus der Stadt hierhergezogen, auch, um Ruhe zu haben. Tolmezzo ist etwa zwölf Kilometer entfernt, Villa Santina sechs. Dort gibt es große Geschäfte, Banken und eine Post. „Wir haben das kleine Geschäft hier, damit die Menschen aus dem Dorf Kleinigkeiten kaufen können. Hier hat es bis vor zwei Jahren ein Geschäft gegeben, das nach mehr als 40 Jahren geschlossen wurde. Die Besitzerin ist in Pension gegangen. Sie hat uns gefragt, ob wir weitermachen möchten", sagt sie.

Das „Alimentari" wurde von den Schwestern dann am 9. März 2020 eröffnet. Und gleich darauf kam Corona. Die Leute waren auf einmal eingesperrt im Dorf. „Umso wichtiger war es, dass wir da waren. Wir haben es geschafft."

Die Schwestern – beide sind aus Raveo, verheiratet, Sefora hat einen 18-jährigen Sohn – haben vorher „schon alles gemacht, in der Bar gearbeitet, in der Fabrik, im Restaurant, von allem ein bisschen". Von den Wanderern, die in ihrem Geschäft landen, weiß Sefora nicht, wie viele davon den Cammino delle Pievi gehen. Sie weiß lediglich um die große Bedeutung, welche die Mutterkirchen, die Pievi, für die Einheimischen haben.

Auch das „Alimentari" in der Via Naulan ist für die Bewohner von großem Wert. Hier gibt es von allem etwas. Stolz sind die Schwestern jedoch auf die besonderen Kekse in Form eines S: „Esse di Raveo". „Die sind berühmt und schmecken sehr gut", sagen sie. Ehrensache, dass ich eine Packung mitnehme.

Auf dem hier gezeigten Abschnitt des Cammino delle Pievi begibt man sich in eine sehr reizvolle Ecke Karniens. Tagliamento-Fans sollten sich diese Etappen keinesfalls entgehen lassen.

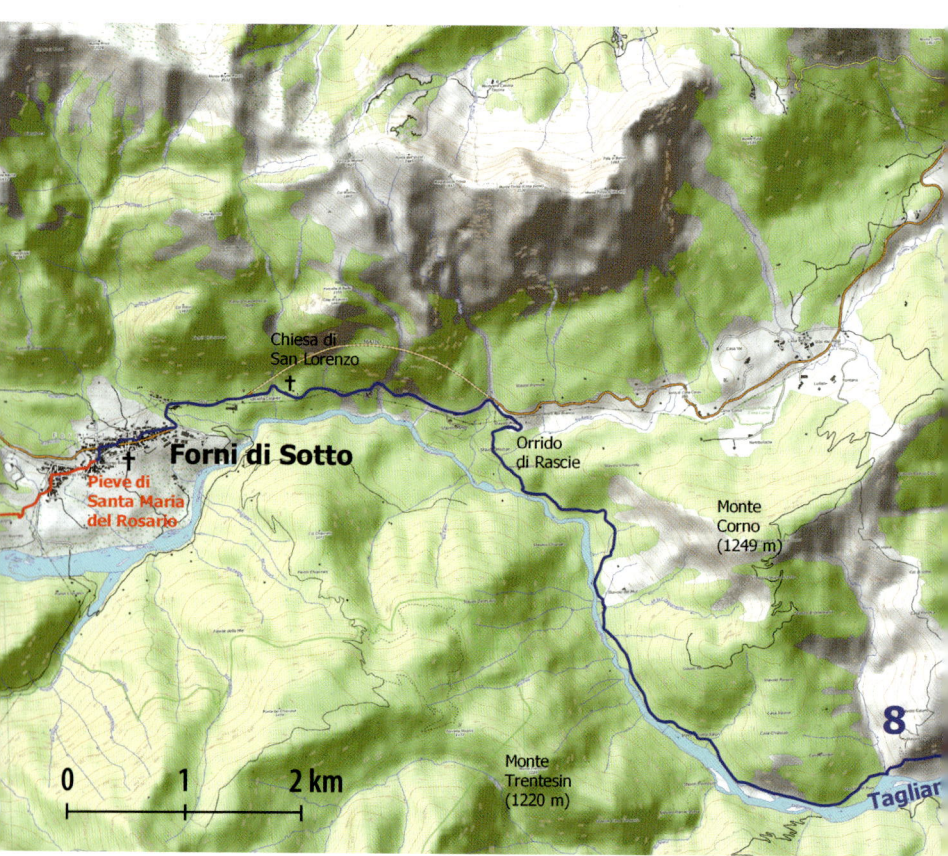

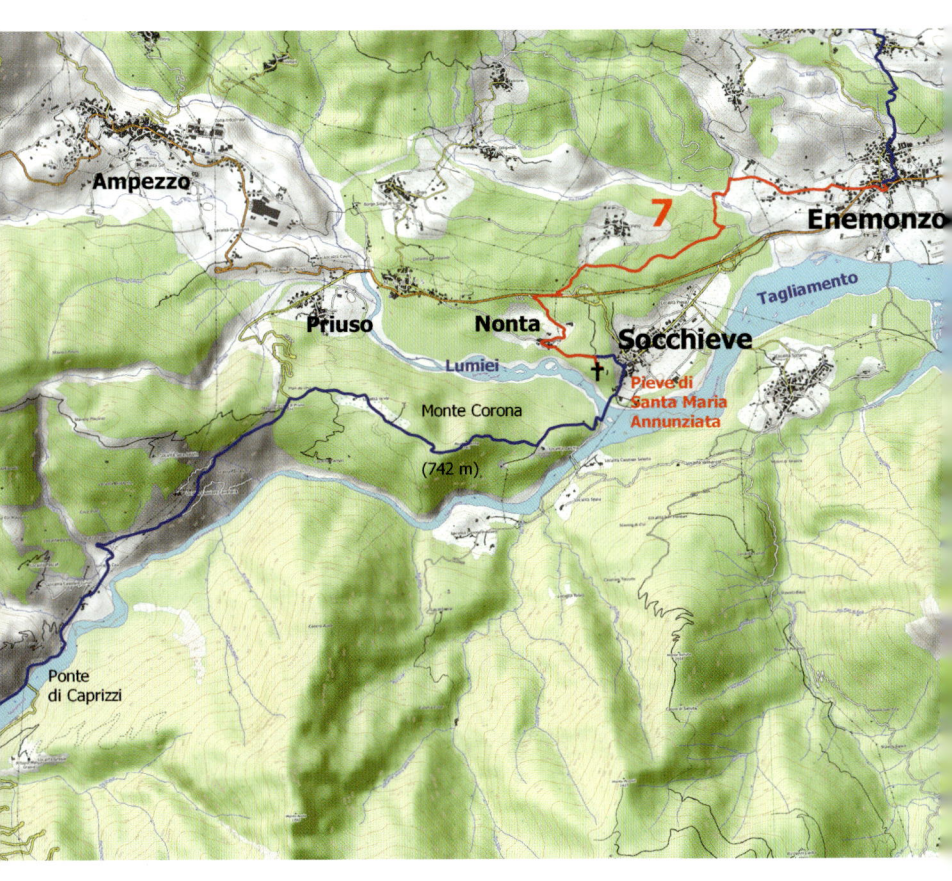

Jene, die die Natur und das Abenteuer lieben, finden im Buchenwald entlang des Ufers traumhafte und einsame Plätze zum Übernachten im Zelt.

7. Etappe

Enemonzo → Socchieve →
Pieve di Santa Maria Annunziata

Diese kurze und wenig anspruchsvolle Etappe verbindet die Dörfer Enemonzo und Socchieve im Mittelgebirge zwischen sanften Hängen. Nur minimal sind die Höhenunterschiede auf den karnischen Moränenhügeln entlang der orographisch linken Seite des Flusses Tagliamento. Höhepunkt dieser Etappe ist zweifellos die Pieve di Santa Maria Annunziata mit ihrem mittelalterlichen Friedhof, die einen wunderbaren Ausblick auf die karnische Bergwelt, den Tagliamento und den Torrente Lumiei gewährt. [Karte Seite 86–87]

5,5 km | 1½ Stunden | 144 hm bergauf, 65 hm bergab

Es ist heiß in Enemonzo. Nach einer kurzen Pause im Schatten der Taufkirche im Zentrum des 1300 Einwohner starken Dorfes verlasse ich es Richtung Westen auf der Via Pradis. Bei der Kreuzung zur Via Poppi prangt unübersehbar der braune „Cammino delle Pievi"-Wegweiser. Kurz darauf erreiche ich den landwirtschaftlichen Betrieb „Carniagricola", wo auf großen Wiesen viele gut genährte hellbraune Kühe mit ihren Kälbern weiden. Gegenüber fällt die mit Planen und Zäunen geschützte Apfel- und Birnen-Plantage auf. Hier wurden mit Keimplasma autochthone Birnen- und Apfelsorten aus der Region Friaul-Julisch Venetien, Kärnten und der Region Belluno gezüchtet. Nach der Furt über einen Seitenarm des Baches Filuvigna wandere ich weiter links auf einen Feldweg. Bald erreiche ich dessen Hauptarm, überquere ihn. Doch zuerst haben sich meine geplagten Füße eine Abkühlung verdient. Raus aus Schuhen und Wollsocken, rein ins eiskalte, olivgrün schimmernde Wasser. Das tut gut! Danach geht's umso beschwingter weiter bis zur Kreuzung mit der asphaltierten Straße, auf der ich rechts weiterwandere. Auf einer Lichtung bietet sich mir ein weiter Ausblick auf die karnische Hügel- und Bergwelt im Süden. Als höchste Erhebung mache ich den Monte Sieluta mit 1055 Meter aus. Und links davor steht inmitten von dichtem Wald die Pieve di Santa Maria Annunziata. Doch bis dahin heißt es noch ein (wenn auch nicht allzu langes) Stück des Weges hinter mich zu bringen.

Erst führt mein Weg weiter durch Fichtenwälder, die sich mit Wiesen und Laubwäldern abwechseln, bis zu einer Kreuzung in der Nähe des Dorfes Viaso. Hier gehe ich links die Straße entlang, die inmitten einiger Wiesen zur SS 52 Carnica hinunterführt, die mehr einer Autobahn als einer Bundesstraße ähnelt. Hierher bin ich inklusive kurzer Pause ab Enemonzo eineinhalb Stunden unterwegs. Jetzt heißt es aufpassen, sich nicht zu verzetteln. Ich überquere die Bundesstraße, gehe ein Stück links der Straße entlang, bis ich auf die Via S. Maurizio, eine Nebenstraße nach Nonta, stoße. Nach 800 Metern bin ich inmitten dieses idyllischen Dorfes, das aus lediglich zwei Häuserzeilen besteht, angelangt. Die kleine Chiesa di

Socchieve und das Tagliamento-Tal liegen unterhalb des neuen Friedhofs der Pieve di Santa Maria Annunziata.

San Maurizio ist ein idealer Fotostopp. Zu ihren Füßen liegt eine gemütliche Osteria. Leider ist sie momentan geschlossen. Nun treibt es mich aber weiter zur Pieve, die von Nonta lediglich einen halben Kilometer entfernt ist. Bei der Abzweigung, an der die Kapelle „Maina in somp da Cleva" mit gut erhaltenen Fresken von Gianfrancesco da Tolmezzo steht und der Wanderweg „Sentiero Cavariona" kreuzt, geht es rechts hinauf zur gut sichtbaren Taufkirche Santa Maria Annunziata di Castoia. Die Einheimischen nennen sie auch „Pieve di Castoia", weil sie auf dem gleichnamigen Hügel steht. Ich durchschreite einen Rundbogen und danach bietet sich eine umwerfende Sicht auf die Pieve mit ihrem freistehenden Turm und dem großen Kirchenschiff. 24 ausladende Stufen später stehe ich direkt vor dem Seiteneingang der Kirche und auf dem Friedhof aus dem 19. Jahrhundert. Dieser umgibt das gesamte Kirchenschiff und ist voller steinerner Zeugen der Vergangenheit. Er wurde bis 1921 genutzt. Für diesen besonderen Ort der Stille sollte man sich unbedingt Zeit nehmen. Auf der Ostseite befindet sich der neue Friedhof, der jedoch atmosphärisch mit dem alten Gottesacker nicht im Geringsten mithalten kann. An der Friedhofsmauer, auf der Efeu und lilafarbene Glockenblumen wachsen, mache ich nun im Schatten eine Pause und lasse diese einzigartige Stille auf mich wirken. Unter mir fließt der Torrente Lumiei.

Wie so oft auf diesem Weg habe ich auch hier wieder ein Riesenglück. Es stellt sich Franco ein, der den Schlüssel für die Pieve in Händen hält. Gerne sperrt mir der Mesner das Tor zur Pieve auf, und noch lieber hätte ich mich mit dem sympathischen Dorfbewohner ein bisschen unterhalten. Doch seine Sprache ist von einem für mich gänzlich unverständlichen Dialekt.

Nach ausgiebigem Besuch der Taufkirche ist es an der Zeit, einen Platz zum Übernachten zu suchen. Mein Weg führt zurück nach Nonta, wo ich im „Albergo diffuso Col Gentile" fündig werde. Das aus dem Mittelalter stammende, kürzlich renovierte Haus, die „Casa Piri" in der Via San Maurizio, lässt keine Wünsche offen. Im Gegenteil. Ein ganzes zweigeschoßiges Haus für mich allein? Zuerst überfordert mich die Größe, doch die Eltern der Vermieterin Petra, die sich zurzeit im Spital befindet, überzeugen mich rasch mit ihrer unschlagbaren Gastfreundschaft. Um nur 30 Euro habe ich ein geschmackvoll eingerichtetes Haus mit dicken Steinmauern für mich allein. Die nette Signora liefert mir noch was zu kochen, weil die hiesige Osteria heute geschlossen hat. Aus Spaghetti, Eiern, Parmesan, Salat und Tomaten aus ihrem Garten zaubere ich mir ein herzhaftes Nudelgericht. Vom Balkon aus überblicke ich das Dorf, die paar hohen Steinhäuser und die Gärten rundherum. Viel ist hier nicht los. Laut der Signora wohnen im Ort 22 Menschen, „im Winter können es auch weniger sein".

Pieve di Santa Maria Annunziata – Socchieve
Aus drei Kirchen wurde eine

Auf dem Hügel von Castoia oberhalb von Socchieve, wo der Torrente Lumiei in den Tagliamento fließt, steht die Pieve di Santa Maria Annunziata. Sie ist über eine eindrucksvolle Treppe zu erreichen, die von der Verbindungsstraße zwischen dem Hauptort Socchieve und dem Weiler Nonta abzweigt. Dies ist ein Ort, der aufgrund seiner natürlichen, erhöhten und defensiven Beschaffenheit wahrscheinlich seit der Antike bewohnt ist. Der Name Castoia selbst (von Castrum) stützt diese Hypothese. Hier dürfte bereits im 6. Jahrhundert eine erste Kapelle gestanden sein, die dem heiligen Stephanus gewidmet war, dann eine zweite aus dem 7. Jahrhundert für den heiligen Michael, und im 9. Jahrhundert eine für die heilige Maria.

Die Pieve von Castoia ist eine der ältesten Kirchen in Karnien. Sie wurde in der Nähe einer Burg erbaut, die bereits im 12. Jahrhundert erwähnt und im Besitz der Familie Gismani war. Diese wurde

Die Pieve di Santa Maria Annunziata ist eine der sehenswertesten Taufkirchen entlang des Weges.

im 14. Jahrhundert zerstört. Die Überreste der Festung wurden möglicherweise für den Wiederaufbau der mittelalterlichen Kirche verwendet, die im Lauf der Jahrhunderte zahlreiche Renovierungen erfuhr. Bei dem Erdbeben vom 28. Juli 1700 wurde das alte Gebäude der Pfarrkirche schwer beschädigt, der alte Glockenturm stürzte oben ein. Bis zu diesem Zeitpunkt gab es noch zwei Kirchen auf dem Hügel: San Michele und Santo Stefano, wie ein Pastor bei seinem Besuch im Jahr 1602 bestätigte. Diese beiden Gebäude wurden bei dem Erdbeben im 18. Jahrhundert sehr schwer in Mitleidenschaft gezogen. Es wurde beschlossen, sie nicht wieder aufzubauen. Die heutige Kirche wurde dafür dreischiffig und mit einer viereckigen Apsis wieder aufgebaut. Der Hauptaltar, der aus der ersten Hälfte des 18. Jahrhunderts stammt, hat in der Mitte ein Gemälde von Nicolò Grassi, das die „Madonna der Engel" darstellt; an den Seiten befinden sich zwei Marmorstatuen: die Maria und der Erzengel Gabriel (beide 1836).

Das Taufbecken, vielleicht ist es sogar das ursprüngliche der alten Kirche, befindet sich neben dem Hauptportal im rechten Seitenschiff; es wird von einem komplexen Schutz aus Intarsienholz aus dem 19. Jahrhundert überragt, der teilweise ein Fresko mit der Darstellung der Taufe Jesu verdeckt. Die Innenwände der Kirche sind mit einer Temperamalerei von Giovanni Moro verziert, der hier in den Jahren 1940 und 1943 arbeitete. Dieser Bilderzyklus stellt die Verkündigung, die Himmelfahrt und die Krönung der Heiligen Jungfrau dar; im Presbyterium sind Christus und zahlreiche Heilige abgebildet. Die Dekorationsarbeiten wurden auch von der Dorfgemeinschaft hochgeschätzt und bezahlt. In den Gemälden des Künstlers aus Karnien sind Blau- und Ockertöne dominant. Erwähnenswert ist auch die hölzerne Statue der Jungfrau Maria aus dem Jahr 1912 vom Tiroler Bildhauer Ferdinando Demetz. Traditionell wird sie jedes Jahr zu Mariä Himmelfahrt am 15. August in einer Prozession hinausgetragen.

Der freistehende Glockenturm stammt aus dem Jahr 1738. An den Außenwänden der Kirche kann man zwei Sonnenuhren aus den Jahren 1840 und 1863 bewundern.

Socchieve ist der Herkunftsort der Familie eines der größten Maler der friulanischen Renaissance: Gianfrancesco da Tolmezzo (1450–1511), der hier wertvolle Werke schuf. Kurz vor der Abzweigung zur Pieve steht die Kapelle „Maina in somp da Cleva". Der Künstler malte dort das Fresko einer lieblichen Madonna mit Kind, flankiert von den Heiligen Stefan und Michael, in Erinnerung an die drei Kirchen auf dem Hügel von Castoia. In der Mauer unterhalb der Kapelle befindet sich eine Urne aus der Römerzeit. Neben der Pfarrkirche liegt einer der ältesten und am besten erhaltenen Friedhöfe in ganz Karnien, der noch bis 1921 in Verwendung stand. Die Errichtung eines neuen größeren zu Beginn des 20. Jahrhunderts ermöglichte es, die ursprünglichen Gräber und Grabsteine zu erhalten. Der von einer Mauer umschlossene Friedhof wird von zwei Eingängen begrenzt, an denen in der Vergangenheit ein Eisengitter angebracht war, um Weidetiere am Betreten des geweihten Bereichs zu hindern oder, nach einem Volksglauben, um die Toten drinnen zu halten. Im Inneren des Friedhofs sind noch einige Grabsteine aus Stein und Marmor zu sehen, darunter auch einige aus Flusskieseln. In der Mitte des Areals ragt das Priestergrab aus Carrara-Marmor heraus, das mit einem besonderen klerikalen Symbol (dem Kelch mit der Hostie) verziert ist. Im Bereich vor dem Haupttor sind Gräber von bemerkenswerter Größe zu sehen, sie gehörten den reichsten Familien der Gegend. Sehr vielfältig und unverwechselbar ist die Symbolik auf den Grabplatten. Tatsächlich gibt es einige der häufigsten Symbole der Grabkunst, darunter die geflügelte Sanduhr, die an den Lauf der Zeit erinnern soll, der Totenkopf mit gekreuzten Schienbeinen, der den Abschluss des irdischen Lebens symbolisiert, oder der Schmetterling, die gute Seele, die nach oben strebt. Auf zwei Gräbern sind die Zeichen des Handwerks (Winkel, Lineal, Zirkel, Ziegelstein und Kelle) eingemeißelt. Sie stehen als Hinweis auf die zu Lebzeiten ausgeführte Tätigkeit als Landvermesser der hier Begrabenen.

8. Etappe

Socchieve → Forni di Sotto →
Pieve di Santa Maria del Rosario

Die Route erfordert im ersten Teil beträchtlichen körperlichen Einsatz, besonders, wenn der Torrente Lumiei viel Wasser führt. Entlang des Tagliamento geht es einige Kilometer auf alten Hirtenpfaden durch üppigen Buchenwald. Auf und ab und immer am linken Ufer des Tagliamento entlang, ist der Weg auch für eine Erfrischung bestens geeignet. Diese Etappe führt in die Nähe der Friauler Dolomiten und bietet einen ersten Vorgeschmack auf das Panorama, das nur diese Berge bieten können. Nach dem Tunnel beim Passo della Morte ist Forni di Sotto auf 777 Meter nicht mehr weit. [Karte Seite 86–87]

20,8 km | 7 Stunden | 977 hm bergauf, 679 hm bergab

Achtung: Vorsicht ist besonders ab der Caprizzi-Brücke für acht Kilometer entlang des Tagliamento geboten, da aufgrund von Windwurf immer wieder Bäume die Wege versperren und einen kurzen Umweg erfordern können. Man sollte dabei die Wegweiser des Cammino sowie die rotweißen CAI-Markierungen nicht aus den Augen verlieren. Sollte man dennoch vom Weg abkommen, sollte man sich einfach nie zu weit vom Tagliamento entfernen! Er führt bis zum Endpunkt dieser Etappe: Forni di Sotto.
Hinweis: Wenn der Lumiei wenig Wasser führt, ist es möglich, die weniger anspruchsvolle Route nach Priuso und von dort zur Forca di Priuso zu nehmen.

Frühstück gibt es heute keins. Nach der am gestrigen Abend doppelten Portion Spaghetti ist von Hunger nichts zu spüren. Auch auf einen Kaffee verzichte ich. Um 7 Uhr morgens breche ich auf, da heute eine gut 20 Kilometer lange Strecke vor mir liegt, und davor muss noch ein Besuch in der Kirche des heiligen Martin – „Chiesa di San Martino" – in Socchieve sein, den ich gestern verabsäumt habe. Von Nonta aus erreiche ich dieses kulturelle Kleinod – der Weg führt mich wieder an der Pieve di Santa Maria Annunziata vorbei – nach etwa 20 Minuten Gehzeit. Hier treffe ich glücklicherweise auf Enrico Toson (80) und seinen weiß-braun-gefleckten Hund Lion. Der Mesner öffnet das dunkelgrüne hölzerne Kirchentor, Lion beobachtet mich argwöhnisch. Enrico ist gemeinsam mit seiner Frau in der Pfarre in Socchieve für dieses Kirchenjuwel zuständig. Jeden Tag ziehen er oder seine Frau die an der linken Kirchenfassade außen befestigte Uhr auf. Das ist mein Glück, so darf ich in das von außen kaum vorstellbar prunkvolle Innere eintreten. Während ich den Freskenzyklus von Gianfrancesco da Tolmezzo auf mich wirken lasse, warten Enrico und sein Hund geduldig vor der Chiesetta.

Zu lange halte ich mich aufgrund meiner heutigen Etappe dennoch nicht auf, und nach einem herzlichen „alla prossima" – „bis zum nächsten Mal" – begebe ich mich wieder auf meinen Cammino und verlasse Socchieve in nördlicher Richtung entlang der Via G. Lenna zum Torrente Lumiei. Etwa auf der Hälfte des Übergangs des heute trockenen Bettes des Wildflusses finden sich zwei „Cammino delle Pievi"-Wegweiser: einer führt geradeaus weiter über den Lumiei, der zweite rechts ins Bachbett.

Sollte der Torrente Lumiei Wasser führen und der einfachere und kürzere Pfad im Bachbett unpassierbar sein, muss der Weg über den Monte Corona gegangen werden. Ich entscheide mich ohnehin für diese Variante, weil ich mir bei schönstem Wetter eine ebensolche Aussicht vom 742 Meter hohen Berggipfel erhoffe. So überquere ich den Lumiei, gehe rechts weiter und folge dem CAI-Schild 239. In der Nähe von Casolare Calchia endet der Asphalt. Nach etwa 100 Metern rechts auf einem Schotterweg biege ich rechts am Waldrand in einen Wiesenweg ein. Jetzt wird's steil und anstrengend, gut 220 Höhenmeter bringen mich auf den Gipfel des Monte Corona. Doch wo bitte ist die Aussicht? Ich kann nur erahnen, welch glorreicher Blick sich hinter dem dichten Dach der Buchen bieten mag. Zum Trost hat den Wanderern wohl jemand ein Herz in einen Baumstamm geschnitzt. Immerhin eine schöne Geste. Nach einer kurzen Rast geht's nun bergab auf einem breiten Wanderweg, dann auf einer schmalen Straße auf Höhe der Forca di Priuso zur SR 552.

Jetzt bleibt mir nichts anderes übrig, als 4,2 Kilometer auf dieser Straße zu bleiben. Wenigstens geht's bergab, und ab und zu bietet sich mir ein toller Ausblick auf den Tagliamento.

Ich habe heute ein Treffen vor mir, auf das ich mich schon sehr freue. Unser Treffpunkt ist um 10.30 Uhr die Caprizzi-Brücke, auf der sich Giacomo Bonanni von der Cjase Emmaus und Bruno Mongiat vom CAI (Club Alpino Italiano) mit mir verabredet haben. Sie sind – wie jedes Jahr – Etappe für Etappe unterwegs, um die Wege des Cammino delle Pievi instand zu halten und, wenn nötig, neue Schilder anzubringen. Bruno hat den Wegverlauf des gesamten Cammino zusammengestellt. Jenes Stück des Weges, das wir heute gemeinsam gehen, hat er gemeinsam mit Freunden neu ausgewiesen. Es handelt sich dabei teils um Wege, die die Hirten und Schäfer schon vor Jahrhunderten benutzten.

Es trifft sich gut, wenn jemand wie ich, für die der Weg völlig neu ist, vorausgeht und den beiden aufzeigt, wo eine weitere Markierung notwendig ist. Nun können wir das Nützliche mit dem Schönen verbinden und gehen die nächsten acht Kilometer gut gelaunt bei heißem Sommerwetter gemeinsam. Der Weg beginnt auf Höhe der Brücke „Ponte di Caprizzi" – links geht die Straße weiter zum Passo Rest und nach Tramonti – wo wir rechts in den Forstweg einbiegen. Die nächsten acht Kilometer ist auch der Tagliamento ständiger Begleiter. Wir wandern immer am orographisch linken Ufer des Flusses entlang. Nach gut eineinhalb Kilometern führt ein schmaler Stichpfad auf den CAI 383a links in den Wald. Nach weiteren etwa 750 Metern erreichen wir den höchsten Punkt oberhalb

Viel Platz hat der Tagliamento in gewissen Abschnitten
zwischen Socchieve und Forni di Sotto.

des Tagliamento. Wir queren das trockene Bett des Rio Molino,
der nur nach langanhaltenden Regenfällen Wasser führt. Heute ist
der bisher heißeste Tag, und welch große Verlockung wäre es nun,
ein erfrischendes Bad im Tagliamento zu nehmen? Doch meine
Begleiter haben einen Auftrag. Wie wichtig der für mich und für
alle Wanderer ist, die den Cammino delle Pievi in Zukunft gehen
werden, stellt sich des Öfteren heraus. Immer wieder befreien die
zwei den schmalen überwucherten Pfad von Ästen und Gewächs.
Giacomo nagelt entlang dieses Teilstücks zwölf neue Schilder gut
sichtbar an Baumstämme.
Nun geht's wieder leicht bergan in den Wald. Die Route, die nun
einige leichte und kurze Anstiege aufweist, führt nach etwa eineinhalb Kilometern weiter auf dem Weg CAI 383; weitere knapp
eineinhalb Kilometer leichter Anstieg folgen, und bald erreichen
wir den Stavolo del Mur. Entlang der Route stoßen wir immer
wieder auf alte Mauerreste antiker Siedlungen. Dieser Abschnitt

99

des Tagliamento-Tals wurde bis in die 1950er-Jahre von mehr als hundert Menschen in Dutzenden von verstreuten Häusern bewohnt. Heute lebt hier niemand mehr. Es wird nichts mehr bewirtschaftet, und der Wald hat hier im Großen und Ganzen das Sagen. Nun geht es wieder leicht bergauf, geradeaus, dann leicht bergab. Der Pfad ist oft sehr schmal und zum Fluss hin abfallend, da heißt es, nicht abzurutschen. Nun sind wir dem Flussbett ganz nahe, und ich kann den beiden Insidern eine kurze Pause schmackhaft machen. Ich lasse meine Füße ins glasklare türkisfarbene Wasser hängen. Doch schnell brechen wir wieder auf, und es geht in die Aulandschaft. Diese wird häufig überflutet und ist reich an verschiedenen Tier- und Pflanzenarten.

Die Markierung 383 führt uns links in einen Buchenwald, an den Baumstämmen sind immer wieder Schwämme zu sehen, das entlockt besonders Bruno Ausrufe des Entzückens. Wir befinden uns nun auf dem „Sentiero Natura Troi del Mus" (Eselspfad), der sich auf einem alten Handelspfad entlang von antiken Mauern und durch kleine Klausen windet. Und immer wieder werfe ich einen Blick ins karnische Hügelland und auf den darunterliegenden türkisen Fluss. Nach etwa 30 Minuten kommen wir zu einem kleinen Marterl.

Über die nächste Schlucht „Orrido di Rascie" führt eine Brücke. Bereits zwei Schritte hinter der Brücke verlassen wir den gut markierten Weg, dem wir bis jetzt gefolgt sind, und wandern sofort rechts eine steile grasbewachsene Rampe hinauf. Schon bald erreichen wir die beiden Gebäude des Stavolo Mezzan. Danach gehen wir nach rechts und weiter auf einem nahe gelegenen Karrenweg, der zum großen Stavolo Mattia führt, der nun als Pfadfinderhaus genutzt wird. Davor steht ein Brunnen mit Trinkwasser. Nach ein paar Schluck davon ist die Hitze erträglicher. Jetzt sind unsere letzten gemeinsamen Meter angebrochen. Rechts am Haus vorbei eine kurze grasbewachsene Rampe hinauf kommen wir weiter links auf eine schmale Straße, die bald zur stillgelegten Staatsstraße SS 52 „Carnica" des Wachdienst-Hauses „Casa Cantoniera" führt. Hier trennen sich unsere Wege, denn Bruno und Giacomo haben ihr

Auto hier abgestellt. Gerne würden sie mich die restlichen 3,6 Kilometer nach Forni di Sotto mitnehmen. Doch mein Ehrenkodex, jeden Meter des Cammino zu Fuß zu gehen, lässt das nicht zu. Nun bin ich beim alten Tunnel am Passo della Morte auf 735 Meter angekommen. Er befindet sich in einem erdrutschgefährdeten Gebiet und wurde 2008 vom San-Lorenzo-Tunnel für den Kraftfahrzeugsverkehr ersetzt. Endgültig gesperrt wurde der „alte Tunnel" im Juni 2016 auch für Radfahrer und Fußgänger. Ich nehme trotzdem diesen 550 Meter langen Abschnitt der SS 52 „Carnica". Die Benutzung des etwas oberhalb liegenden neuen Tunnels ist aufgrund des Kfz-Verkehrs meines Erachtens weitaus gefährlicher. Kurz davor erblicke ich bereits links mein heutiges Ziel Forni di Sotto – mit den sich dahinter auftürmenden Gipfeln der Dolomiten. Im Tunnel lese ich zahlreiche an die Wand gemalte Liebeserklärungen. Es gibt romantischere Orte, doch der Blick aus einem gebogenen Tunnelfenster offenbart mir eine idyllische Aussicht auf Forni di Sotto, die Berge und den Tagliamento, der sich durch die Enge der zerklüfteten Landschaft windet. Kurz nach dem Tunnelende erreiche ich ein weiteres Kleinod: die Chiesa di San Lorenzo aus dem 15. Jahrhundert. Dort mache ich eine kleine Pause und erspähe durch das Kirchenfenster wunderbare Fresken, die wiederum von Gianfrancesco da Tolmezzo aus dem Jahr 1492 stammen.

Nun aber nichts wie weiter, ich bin schon lange unterwegs heute, so sehne ich mich nach einer Dusche und einem guten italienischen Essen. Vorbei an einem Bauernhof erreiche ich Forni di Sotto auf 777 Meter Seehöhe. Das Albergo „alle Alpi" direkt im Zentrum, das mir Bruno empfohlen hat, ist leider geschlossen. So führt mein Weg in die nächste Bar „La Cianalote", wo ich nach einer Bleibe frage. Bald danach beziehe ich ein nettes Zimmer im Hotel „Al Pino" gleich gegenüber der Pieve di Santa Maria del Rosario. Dort kredenzt mir Celestina Sala hausgemachte Pasta, danach Prosciutto e melone. Todmüde falle ich ins Bett und freue mich auf den nächsten ereignisreichen Tag.

Chiesa di San Martino – Socchieve

Das Innere der kleinen Kirche zu Ehren des heiligen Martin in Socchieve trägt unverkennbar die Handschrift des hier einst geborenen Gianfrancesco da Tolmezzo (1450–1511). Er schuf einen ausgezeichneten Freskenzyklus, signiert und datiert in einer Inschrift, die im Bogen zum Presbyterium gemalt ist: „Werk von Giovanni Francesco da Tolmezzo Malersohn des Meisters Odorico Daniele da Socchieve aus dem Hause derer von Zotto 1493". Es ist ein Leichtes, in der mittelalterlichen Kirche eine halbe Stunde und mehr zu verbringen, um die Werke des begnadeten Künstlers auf sich wirken zu lassen. Das Altarbild stammt aus 1509 bis 1511

und wurde nur teilweise realisiert. Der obere Teil wurde unvollständig hinterlassen und erst später vervollständigt: Es existiert ein Dokument vom 16. Oktober 1513, in dem nachzulesen ist, dass Bernardino (Gianfrancescos Schwiegersohn) die Fertigstellung und Vergoldung des Altarbildes von einem unbekannten Maler der venezianischen Schule durchführen ließ. So wurden bis 1513 auch die Figuren im oberen Register fertiggestellt: der heilige Michael, die Madonna mit dem Kind und der heilige Stefan.

Besichtigung: Unter der Telefonnummer 0039 0433/80187 sind Enrico Toson und seine Frau erreichbar und gerne bereit, Interessierten die Kirche aufzusperren.

Pieve di Santa Maria del Rosario – Forni di Sotto
Eine Pieve in Schutt und Asche

Ursprünglich befand sich die Kirche von Forni di Sotto im Ortsteil Vico. Zwischen dem 7. und 8. Jahrhundert wurde sie in den Ortsteil Baselia verlegt, an deren Stelle sich bis heute die Pieve befindet. Während des Mittelalters gab es einen langen Streit zwischen Forni di Sopra und Forni di Sotto, denn beide Gemeinden wollten die Pieve, die fürs Tagliamento-Tal zuständig ist, für sich beanspruchen.

Erst nach Appellen an den Patriarchen und sogar an den Papst erlangte letztendlich 1455 Forni die Sotto den Pieve-Status. Forni di Sopra wurde damit einhergehend mit seiner Chiesa di San Floriano pfarrlich unabhängig. So fanden hier auch Beerdigungen und Taufen statt.

Vikar Agostino Bruno schreibt bereits 1602 vom Interieur der Pieve di Santa Maria del Rosario, es sei in einem „erbärmlichen Zustand". Auch das Gebäude an sich drohte zu verfallen und wurde im 18. Jahrhundert abgerissen und durch eine neue Kirche ersetzt, die von Domenico Schiavi aus Tolmezzo gebaut und mit Fresken von Francesco Colussi aus Gemona del Friuli versehen wurde.

Das alte Gebäude – Santa Maria del Rosario gewidmet – wurde im 18. Jahrhundert abgerissen und durch eine neue Kirche ersetzt, die nach einem Projekt von Domenico Schiavi aus Tolmezzo gebaut und vom Maler Francesco Colussi aus Gemona del Friuli mit Fresken versehen wurde. Die renovierte Pfarrkirche wurde 1790 vom Erzbischof von Udine Nicolò Angelo Sagredo geweiht. Am 26. Mai 1944 wurde das Gebäude – wie alle anderen im Dorf – durch deutsche Soldaten in Brand gesetzt und fast vollständig zerstört: der Wiederaufbau, der die Maße des Gebäudes aus dem 18. Jahrhundert mit einem einzigen Kirchenschiff und zwei Seitenkapellen beibehielt, fand zwischen 1950 und 1955 mit großer Unterstützung der Bevölkerung und der Gläubigen statt. Fast alle Einrichtungsgegenstände gingen bei dem Brand verloren, aber ein Altar aus dem 18. Jahrhundert blieb erhalten, den jetzt ein Bild der

Madonna ziert. Ebenso aus der alten Kirche erhalten sein dürfte die Statue der Muttergottes mit dem Rosenkranz von Domenico da Tolmezzo, einem bedeutenden Bildhauer der Renaissance. Der Altar aus dem 17. Jahrhundert stammt aus dem nahen Kirchenjuwel, der kleinen Kirche von San Lorenzo, gleich nach dem alten Tunnel beim Passo della Morte.

Celestina Sala,
Albergo Ristorante „Al Pino" – Forni di Sotto
Vom Fußballfeld ins Ristorante

Forni di Sotto ist ein überaltertes Dorf. Trotzdem leben auch Familien hier, wie jene, die das Albergo – Ristorante – Bar „Al Pino" führen. Hausherrin Celestina Sala erzählt mir von ihrem Heimatdorf. Trotz viel Arbeit – sie herrscht über Gästezimmer und Küche – hat sie sich Zeit für ein ausgedehntes Interview genommen.

Für die Alten werde viel gemacht hier im Ort, sagt Celestina Sala (68). Es gibt eine Tagesbetreuung, und niemand müsse den ganzen Tag alleine sein. Das arbeitende Volk verdient sein Geld in der hiesigen Brillenglas-Fabrik, wenige in Wald und Forst. Viele „Fornesi" pendeln nach Tolmezzo. „Leider sind viele junge Menschen im Jahr 2000 nach der Krise weggezogen", sagt Celestina. Dabei gibt es in Forni di Sotto eine gute Infrastruktur: Geschäfte, Apotheke, eine Schule. Die Klassen der Volksschulen sind aber aufgeteilt: die 1., 2. und 3. Klassen sind in Forni di Sotto, die 4. und 5. sowie die Hauptschule befinden sich in Forni di Sopra, dem zweiten Dorf im oberen Tal.

Viele Häuser im Dorf stehen leer. Die Menschen sind emigriert. Eine erste Welle wurde ausgelöst durch ein folgenschweres Ereignis im Zweiten Weltkrieg: Kurz vor dem Ortsanfang wurde im Mai 1944 eine Einheit der deutschen Wehrmacht von Partisanen angegriffen. Dabei

wurde ein deutscher Offizier getötet. Als Vergeltung wurde Forni di Sotto von den Nazis in Brand gesteckt und dem Boden gleichgemacht. Viele Menschen flüchteten aus dem Dorf. Aus der Zeit vor dem Anschlag existieren lediglich die Brunnen der drei Ortsteile (Tredolo, Baselio, Vico). Um diese herum wurde das Dorf rekonstruiert. Vor dem Krieg wohnten hier 1400 Menschen, jetzt sind es etwa 600. In der Nachkriegszeit fehlte es an Arbeit. Viele Männer, die zuvor im Wald oder als Flößer ihr Geld verdient hatten, wanderten aus, um in Bergwerken oder als Maurer zu arbeiten. Die Frauen blieben mit den Kindern zurück. „Die Hälfte der Bewohner befand sich bald in Frankreich. Nur im Sommer kamen sie zurück in ihr altes Dorf zu ihren Familien", sagt Celestina.

Die waschechte „Fornesa" wurde in ihrem Elternhaus, dem heutigen Albergo, geboren. Sie heiratete Edo Zollia aus Gradisca d'Isonzo. Sie haben drei Kinder: Dario, Esther, Silvia, und mittlerweile vier Enkelkinder. Nur Esther wohnt im selben Haus, sie hilft in der Gastwirtschaft.

Dem runden Leder hat Celestina zu verdanken, dass sie Edo vor fast 40 Jahren kennenlernte. Ihn hat es mit seiner Fußball-Elf aus Udine nach Forni di Sotto verschlagen. „Wir haben uns kennen- und lieben gelernt und sind seit 38 Jahren zusammen." Im Familienbetrieb arbeitet auch Adriana Janciova aus Nitra (Slowakei). Sie hat in Forni vor Jahren auf Saison ebenfalls die Liebe ihres Lebens kennengelernt, nun ist die Bar-Mitarbeiterin „wie eine Tochter" im Hause „Al Pino".

So weltoffen wie die Wirtefamilie sind die Fornesi nicht alle. „Es kommt auf die Persönlichkeit an", sagt Celestina. Verschlossenheit habe ihren Ursprung in den Rivalitäten, die es im Dorf seit Jahrhunderten gibt. So waren die Bewohner von Forni di Sopra immer schon darüber verärgert, dass sich die Pieve in Forni di Sotto befindet. Auch heute noch sei das spürbar. Trotzdem verbindet die beiden Dörfer unten und oben, die 8,5 Kilometer Straßenlänge und 130 Höhenmeter trennen, ihre gemeinsame Geschichte. Die abgeschotteten Orte bildeten knapp 500 Jahre lang das autonome Gebiet der Forni Savorgnani, das im Besitz der mächtigen Familie Savorgnan war. Viele Bergwerke befanden sich in der Region, und in ihren Öfen, den „Forni", wurden Mineralien geschmolzen.

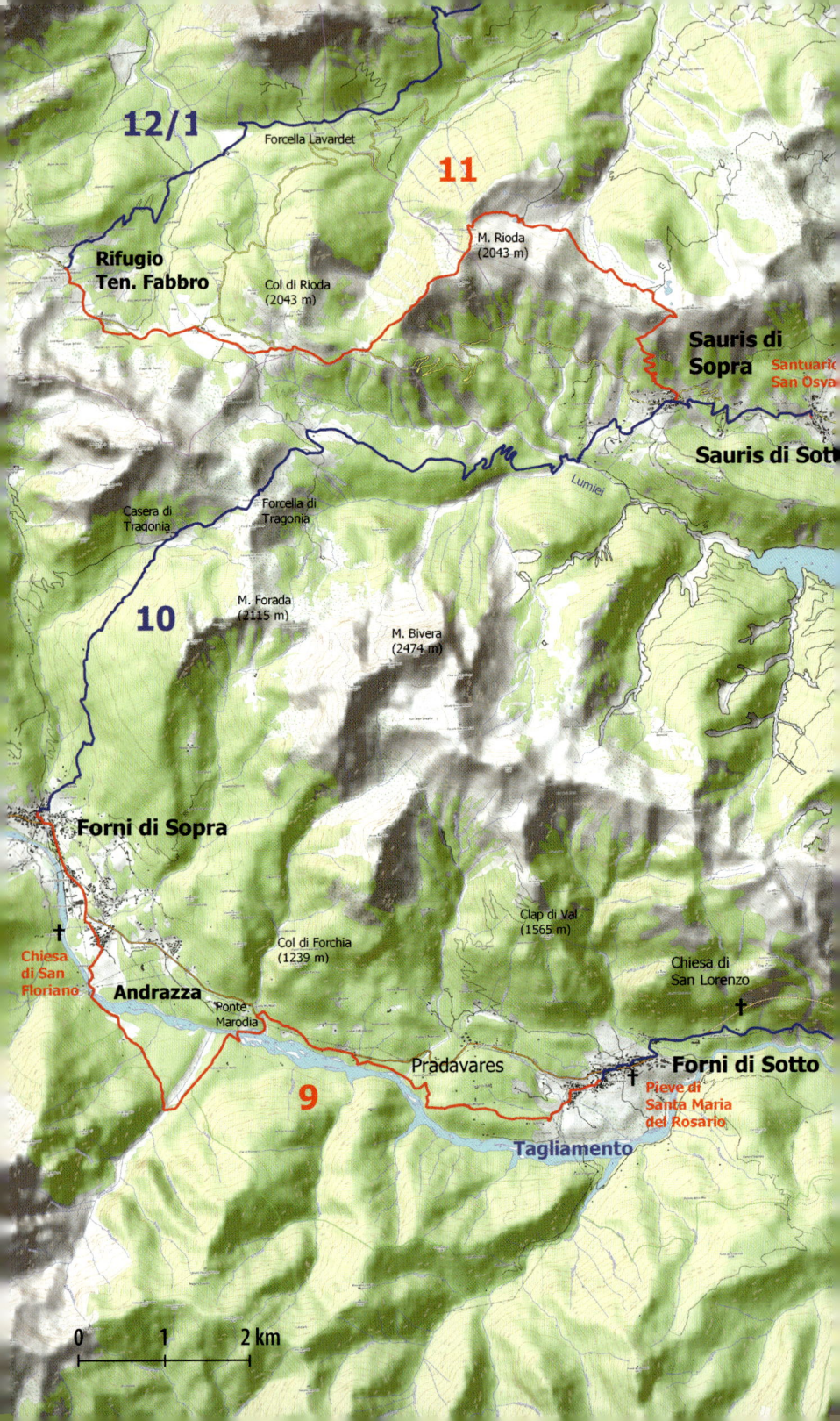

9. Etappe

Forni di Sotto → Forni di Sopra

Diese Etappe ist angenehm, mit keinen zu großen Höhenunterschieden. Sie führt im oberen Tagliamento-Tal von Forni di Sotto bis Forni di Sopra, die auf befahrenen Straßen 8,5 Kilometer voneinander entfernt sind. Antike Verbindungswege zwischen den beiden Dörfern führen erst links, dann rechts am Tagliamento entlang. Die Strecke ist reich an Wasserläufen, Vegetation und Fauna. Das Ziel Forni di Sopra verfügt zwar über keine Taufkirche, jedoch ist auch die Kirche San Floriano im Ortsteil Cella einen Besuch wert. Und in Forni di Sopra, dem Endpunkt, spürt man erstmals auf dieser Strecke ein wenig von wohltuendem Tourismus.

12,2 km | 3 ¾ Stunden | 465 hm bergauf, 326 hm bergab

Nach einem perfekten Frühstück und der freundlichen Konversation mit den Hotelbetreibern kehre ich dem Albergo „Al Pino" und dem weißen Glockenturm der Pieve di Santa Maria del Rosario den Rücken. Bei wiederum schönem Wetter setze ich mich mit meinem Rucksack, dessen Gewicht ich am achten Tag meiner Wanderung fast gar nicht mehr spüre, in Richtung Vico in Bewegung – vorbei am restaurierten Waschhaus im Ortsteil Baselia, wo die Frauen bis zur Mitte des 20. Jahrhunderts ihre Wäsche gewaschen haben. Der Ort war außerdem wichtiger Treffpunkt und Umschlagplatz von „Dorftratsch" und Auskünften aller Art. Es wurde hier auch viel gesungen. So ist es zumindest auf dem Info-Schild nachzulesen. Ob den Frauen hier ob ihres beschwerlichen Lebens zum Singen zumute war, sei dahingestellt.

Nachdenklich gehe ich weiter und halte mich links, wo ich das romantische Kirchlein zu Ehren der „Beata Vergine della Pietà" passiere. Beim Brunnen aus dem 19. Jahrhundert fülle ich meinen Trinksack auf, halte mich danach links und verlasse Vico.

Bei der nächsten Gabelung bleibe ich wiederum links, wo ich bald darauf rechterhand den ein Kilometer langen Wander- und Moutainbike-Weg „Strada comunale della Sega" nehme. Oberhalb des Tagliamento erreiche ich auf einem schönen Feldweg – bei einer Weggabelung rechts leicht ansteigend – erst die Häuser von Minglere, danach von Pradavares. Hier halte ich mich rechts und achte besonders auf die Cammino-Schilder und jenes mit der Beschriftung zur Quelle mit schwefelhaltigem Wasser „Aghe de la Puze". Auf dem teilweise mit antiken Mauern befestigten Handelsweg gehe ich am linken Ufer zwischen Wiesen und Wäldern entlang, bis zu einer Furt auf 755 Metern. Mittlerweile sind etwa eineinhalb Stunden vergangen. Die hier herrschende Ruhe ist unfassbar, nur das leise Rauschen des Flusses ist zu hören. Zu meiner Freude erspähe ich direkt am Ufer des Tagliamento einen herumstreifenden Fuchs. Bis ich meine Kamera zücke, ist er leider schon wieder aus dem Blickfeld verschwunden. Laut Wegbeschreibung sollte es hier auf einer hölzernen Brücke über den Fluss gehen. Pech gehabt! Die Brücke wurde bei einem Hochwasser weggeschwemmt. Auch bei näherer Begutachtung kann ich keinen Übergang ausmachen, wo ich problemlos übersetzen und meinen Weg fortführen könnte. Nach vielen Metern entlang des Flusses sehe ich die zerstörte und abgetriebene Brücke. So nutze ich sie als Bankerl für eine kurze Trink- und Denkpause. Ich studiere meine Wanderkarte und entschließe mich, erst einmal zur hier nahen Landstraße SS 52 – ich befinde mich etwa auf Höhe der Casa Miezevie – zu gehen.

Nach 1,2 Kilometern auf der wenig befahrenen Straße Richtung Forni di Sopra erreiche ich die Brücke über den Torrente Marodia. Auf deren anderer Seite biege ich links bei der großen Holztafel mit dem Hirsch und dem Schriftzug „Area Faunistica" auf einen Wanderweg ein, der gleich darauf zu einem Privatgrundstück mit gerade in Renovierung befindlichem Haus führt. Dort treffe ich auf den Besitzer aus dem Trentino und entschuldige mich vorweg, dass ich über seinen Grund gehe. Das mache gar nichts, sagt er freundlich und weist mir den Weg zum Tagliamento. Über den Fluss, der hier im breiten Bett nur wenige tiefe Läufe aufweist, bietet sich ein Baumstamm zum Übersetzen auf die andere Flussseite an.

Nun habe ich den Wanderweg erreicht, der alsbald nach einer Linkskurve entlang des Torrente Ruadia führt. Die Schilder des Cammino delle Pievi sagen mir, dass ich nun wieder auf der ursprünglichen Route gelandet bin. Nach dem Passieren des weißen Geröllfeldes des Bachlaufs gönne ich mir eine Pause. Lange ist diese Etappe ja nicht, aber der Umweg hat Zeit gekostet. Die Wegweiser sind nun unmissverständlich angebracht. Entlang des Wanderweges CAI 368 gehe ich frohen Mutes durch lichte Laubwälder weiter Richtung Tagliamento und Andrazza, das bereits zu Forni di Sopra gehört.

Die gute Ausschilderung ist ein erster Hinweis dafür, dass hier dem Tourismus größeres Augenmerk geschenkt wird als auf anderen Abschnitten des Weges. Auffallend sind die mannigfaltigen, mit Kunstblumen geschmückten und an Baumstämmen montierten Andachtsstellen. Prachtvolle orangefarbene Feuerlilien und lila Türkenbund erfreuen mein Auge. Auf weiten Lichtungen mit grandiosem Ausblick auf die nahe Dolomiten-Bergwelt komme ich an den Häuserruinen am Tagliamento, den Stavoli Piniei (835 m), vorbei. Der steinerne Hausbrunnen mit der Jahreszahl 1918 bezeugt, dass die besten Zeiten dieses ruinösen Hofes längst vergangen sind. Bald erreiche ich die Brücke, die wiederum über den Tagliamento führt. Auf Asphalt geht's nun weiter bis ins adrette Bauerndorf Andrazza. Es ist einer der drei historischen Ortsteile von Forni di Sopra (Andrazza, Cella, Vico) und geprägt durch Wohnhäuser aus Stein und Holz mit angebauten Heuböden und Ställen.

Auf dem Gebiet des Dorfes wurden Grabstätten aus dem 7. bis 8. Jahrhundert nach Christus gefunden. Angrenzend an Andrazza steht die mittelalterliche Burg Sacuidic, deren Reste Gegenstand von Ausgrabungen sind. Das würde mich zwar sehr interessieren, doch was mich in dem Moment noch mehr reizt, ist die Aussicht auf eine kühle Dusche und eine köstliche Pizza. Doch nun bin ich in Andrazza auf der alten Hauptstraße, wo sich früher Geschäfte und Gasthäuser befanden. Vorbei am schmucken Kirchlein di San

Vito aus dem 17. Jahrhundert bin ich bald schon auf der neuen Hauptstraße. Unmissverständlich wird auf dem Ortsschild von Forni di Sopra (907 m) darauf hingewiesen, dass man ab hier in die Welt der Dolomiten, und somit ins UNESCO-Weltnaturerbe (seit Juni 2009), eintaucht.

Forni di Sopra ist in einer sonnigen Mulde von den ostfriulanischen bis zu 2600 Meter hohen Gipfeln eingerahmt und befindet sich im Ostteil des Naturparks der Friauler Dolomiten. Im Wildtierzentrum Parulana kann man Füchse, Eulen, Luchse und Hirsche in ihrem natürlichen Habitat beobachten. Dazu habe ich leider keine Zeit, jedoch beschließe ich, morgen einen Tag Pause einzulegen, weil das Wetter viel Regen verspricht.

Cella ist meine nächste Station. Die Hauptstraße führt direkt zwischen dem Kirchlein di San Floriano aus dem 15. Jahrhundert und dem höchsten Glockenturm Karniens mit dem großen Kirchenschiff der Chiesa di Santa Maria Assunta vorbei.

Im nächsten Ortsteil – Vico – erwartet mich abermals ein kultureller Schatz: die Chiesetta di San Giacomo aus dem 15. Jahrhundert. Auch ein Blickfang der besonderen Art ist das an ihrer Seite stehende fünfgeschoßige Hotel „Albergo Dolomiti" aus dem 18. Jahrhundert, seit 1974 geschlossen. Der Charme vergangener Tage ist auch durch die geschlossenen braunen Fensterbalken und die hölzerne Eingangstür spürbar. Das alte Haus steht zum Verkauf wie so viele andere Gebäude in der Gegend. Von hier ist es noch ein dreiminütiger Weg zu meiner Gastgeberin Daniela Donolato in das ebenso charmante wie freundliche „Albergo Tarandan" mitten im Herzen Forni di Sopras. Im kleinen, aber feinen Einzelzimmer der Frühstückspension fühle ich mich pudelwohl, nach einer Dusche peile ich die Bar-Pizzeria „Alle Alpi" an, wo ich eine riesige Pizza Crudo mit Rohschinken, Rucola und Mozzarella, dazu ein Glas Friulano (um 1 Euro!), genieße. Danach kredenzt mir die nette Signora des Hauses ein Stamperl „Cumino" – Kümmelschnaps. Satt und glücklich geht wieder ein abwechslungsreicher Tag voller neuer Eindrücke zu Ende.

Chiesa di San Floriano – Cella, Forni di Sopra

Die Kirche St. Florian im Ortsteil Cella von Forni di Sopra ist ein wahres Juwel der Kunst und des Glaubens und wurde 1905 zum Nationaldenkmal erklärt. Das Gebäude mit der schlichten Giebelfassade, die mit einer einzigen Glocke gekrönt wird, stammt aus dem 15. Jahrhundert und bewahrt einige echte Meisterwerke in der Apsis, einen Freskenzyklus, der von Gianfrancesco da Tolmezzo und seiner Werkstatt um 1500 gemalt wurde, und das Altarbild mit der Darstellung von San Floriano, gemalt von Andrea Bellunello im Jahr 1480. In der Mitte dieser dreiseitigen Tafel trägt der Heilige höfische Kleidung nach den in der internationalen Gotik verbreiteten Vorbildern: zinnoberrote Strumpfhosen, eine kurze Tunika, eine Kreuzzugsfahne in der linken Hand und die Burg in Flammen, gemäß der ikonographischen Tradition mit der rechten Hand hochgehalten.

Öffnungszeiten und Informationen: bei der Pfarrei in Forni di Sopra, geöffnet Mittwochvormittag, Büro: Tel.: 0039/0433/88084 oder Pfarrer Pietro Piller 0039/339/5764993.

Die erste urkundliche Erwähnung der Kirche stammt aus dem Jahr 1205. Doch erst 1445 wurde die Pfarrei von Forni di Sopra gegründet. Das ursprüngliche Gebäude wurde später umgestaltet. Die heutige Kirche wurde zwischen 1835 und 1840 umgebaut und 1849 geweiht. Die Chiesa bewahrt zahlreiche antike und moderne Kunstwerke. Das große Fresko im Apsidenbecken des Presbyteriums ist das Werk des Venezianers Giuseppe Micolini. Das Gewölbe des Querschiffs zeigt die Heiligen Veit, Jakobus, Florian und Antonius von Fred Pittino (1946), der auch die Seitenwände mit Episoden aus der Bergpredigt und Moses beim Abstieg vom Berg Sinai malte. Der Hochaltar der Kirche Santa Maria Assunta wurde 1900 vom Architekten Elia D'Aronco erbaut, die Statuen stammen von Pochero Celestino. Der rechte Altar enthält die Reliquien des heiligen Theodors, die der Papst dem Priester John Colman 1842 für die Pfarrkirche geschenkt hat. An der linken Wand befindet sich ein großes altes Holzkruzifix aus dem 15. Jahrhundert. Girolamo Comuzzo ist zusammen mit seinen Söhnen der Schöpfer des barocken Altars aus dem 17. Jahrhundert, der auf der linken Seite mit aufwendigen Dekorationen versehen ist. Auf der rechten Seite befindet sich die Inschrift: „1646, Io Ieronimo Comucio con dui figlioli di Gemona". Die Orgel der Kirche Santa Maria Assunta stammt von Beniamino Zanin aus Codroipo und wurde 1895 aufgestellt. Bemerkenswert ist auch das Taufbecken von 1584. Im Presbyterium befindet sich ein schönes Gemälde der österreichischen Schule mit der Madonna zwischen den Heiligen Rocco und Antonio da Padova, die von den Gläubigen angebetet wird, es erinnert an ein Gelübde, das wegen der Pest von 1511 abgelegt wurde. Der Glockenturm von Santa Maria Assunta ist mit 56 Metern der höchste in Karnien und wurde zwischen 1776 und 1860 von Steinmetzmeistern aus Fornano gebaut, die nur lokale Steinblöcke verwendeten. Vor Kurzem wurden die kleine und mittlere Glocke,

die beschädigt waren, ersetzt. Die neuen Glocken sind das Werk der Gießerei De Poli aus Vittorio Veneto. Die „Kleine", mit einem Gewicht von 350 kg, wurde Papst Johannes Paul II. und seinem Nachfolger Benedikt XVI. gewidmet; die „Mezzana" mit fast 450 kg wurde den Schutzheiligen von Forni di Sopra gewidmet: San Vito, San Floriano, San Giacomo und Santa Maria Assunta. Der Platz vor der Kirche umfasste früher den alten Friedhof, dessen steinerne Grabsteine noch immer an den Wänden befestigt sind.

Öffnungszeiten und Informationen: bei der Pfarrei in Forni di Sopra, geöffnet Mittwochvormittag, Büro: Tel.: 0039/0433/88084 oder Pfarrer Pietro Piller 0039/339/5764993.

Chiesetta di San Giacomo – Vico, Forni di Sopra

Der Kirche San Giacomo Apostolo di Forni di Sopra ist ein paralleler Portikus mit Seiteneingängen und einem schrägen Dach vorgelagert. An der Fassade befindet sich ein gotisches Portal aus dem Jahr 1461, das Werk bekannter hiesiger Steinmetze, auf dem die Inschrift zu lesen ist: „Diese Kirche wurde am letzten Tag des Mai 1461 erbaut." Daneben gibt es zwei quadratische Fenster, über denen sich Fragmente von Fresken aus dem 15. Jahrhundert befinden, von denen eines Bellunello zugeschrieben wird. An der Spitze der Fassade befindet sich ein Glockengiebel mit einem einbogigen Fenster aus dem 16. Jahrhundert.
Im Inneren sieht man an der Seitenwand ein Freskenstück, noch von Bellunello, und Fresken von Giovanni Moro aus Carnia, datiert 1931. Das Bild des Hochaltars stammt aus dem Jahr 1748 und stellt die Madonna mit Kind und die Heiligen Rocco, Johannes Nepomuk, Franz von Assisi und Jakobus dar. In jüngerer Zeit wurde der Kirche ein steinerner Glockenturm hinzugefügt.

Öffnungszeiten: Die Kirche San Giacomo Apostolo ist jeden Tag von 9 bis 18 Uhr geöffnet.

Museo rurale Fornese – Museum des Landlebens

Das Museum wurde im Juni 2011 eröffnet und befindet sich im Gebäude „La Casina da Vic" aus 1886 (Via Madonna della Salute 3), der ehemaligen Genossenschaftsmolkerei (bis 1980) von Vico. Hier findet sich eine dichte Konzentration an Exponaten der lokalen Geschichte, des harten mit den Bergen verbundenen Lebens, der erbarmungslosen Arbeit, der Solidarität innerhalb der Bevölkerung. Die Bereiche der Ausstellung zeigen die verschiedenen Facetten des Landlebens in Forni di Sopra: Verkehrsmittel, das Leben in den Häusern, die Arbeit auf den Wiesen, Feldern und in den Ställen, die Verarbeitung der Milch, von Textilfasern, Hanf und Leinen.

Öffnungszeiten: Juli und August: 17 bis 19 Uhr, von September bis Juni: Samstag und Sonntag: 17 bis 18 Uhr, Eintritt frei; spezielle Öffnungen auf Anfrage unter Tel. 0039/0433/886 767 (PromoTurismoFVG).

Museo tessile fornese – Textilmuseum

Das Museum im alten Bauernhof „Busa" in Cella direkt unterhalb der Chiesetta di San Floriano trägt den Namen: „Il filo dei ricordi" – „Der Faden der Erinnerung". Mehr als ein Jahr lang haben fünf Einwohner von Forni di Sopra, darunter Alfio Anziutti, das Museum vor sieben Jahren eingerichtet.

Die sogenannten „Tesseri" und die „Tisidous" (Weber) kamen aus dem Tagliamento-Tal. Die Weberei war ein ausgesprochener Männerberuf, Ende des 19. Jahrhunderts emigrierten viele zum Arbeiten in die Länder der Serenissima und der Habsburger. Während der Sommermonate, die der landwirtschaftlichen Arbeit gewidmet waren, kehrten sie ins Dorf zurück und stellten Stoffe für den Eigenbedarf her, die bis heute erhalten geblieben sind. Die Wolle kam von den zahlreichen Schafen, der Hanf und das Leinen von den Feldern im Tal. Die charakteristischen gelben, grünen und roten Farbstoffe wurden aus Gemüse gewonnen. Die Epoche der

Weberei in Karnien, also auch in Forni, endete mit dem Zweiten Weltkrieg.

Im Museum befinden sich Tausende von Kleidungsstücken, Arbeitsgeräte, Decken mit typischen Mustern, farbige Stoffe und Einrichtungsgegenstände. Auffallend sind auch die zarten Nadel- und Hakenstickereien, die eine „Mitgift" der Frauen waren, sowie die Herstellung der exklusiven Hausschuhe „Scarpés".

Öffnungszeiten: Juli und August, 17 bis 19 Uhr, Eintritt frei, Spenden erbeten, Info-Tel. 0039/0433/886 767 (PromoTurismo FVG).

Palazzo Chiap – Forni di Sopra

Forni di Sopra hatte reiche Bewohner, und diese lebten standesgemäß in Palästen. Einer der wichtigsten ist neben dem Palazzo Savorgnan aus dem Jahr 1606 der Palazzo Chiap aus 1820. Die reiche Familie Chiap, die in Forni di Sopra seit 1500 mit Notaren,

Kaufleuten, Ärzten, Priestern, Lehrern und Bürgermeistern präsent war, lebte in dieser strengen Residenz. Das Innere ist von venezianischen Fresken und Böden sowie von Marmor dominiert. Anfang des 19. Jahrhunderts ließ ein Venezianer die niederen Innenräume und Zimmerdecken kunstvoll verzieren.

Ich habe das große Vergnügen, den heutigen Besitzer des ehrwürdigen Gebäudes kennenzulernen: Pio De Santa (71) aus Forni di Sopra. Der Bohrtechniker mit eigenem Unternehmen hat vor sechs Jahren den Palazzo in der Via Roma 23 gekauft und ließ ihn renovieren. Das vierstöckige Gebäude trägt eine terracotta-farbenen Fassade, und vom oberen Balkon weht die friulanische Flagge mit gelbem Adler auf blauem Grund im Wind. Das Erdgeschoß hat der Pensionist an einen Teppichhändler vermietet, der auch im Gang eine Vielzahl seiner Objekte präsentiert. Und im Stiegenhaus hat sich ein vormaliger Eigentümer – Valentino Chiap – 1820 auf marmornen Platten auf dem Fußboden ein Denkmal gesetzt.

Die Einrichtung des museumsgleichen oberen Stockwerkes ist schon eine eigene Welt für sich. Der Kunstliebhaber Pio De Santa hat aus aller Welt Gegenstände mitgebracht. In jedem Raum hängen edle Kristallluster und Bilder, stehen goldene Uhren, Vasen, Büsten und Objekte unschätzbaren Wertes. Im Wohnzimmer ist ein hölzerner Tisch aus Indonesien, mit Löwen, Affen und Komodo-Drachen verziert, ein weiterer Blickfang. Pio zeigt mir voller Stolz auch eine Tasche aus Holz aus dem Kongo, ein Geschenk aus Zentralafrika. Mein Auge kann sich nur schwer von all den kostbaren Raritäten trennen.

Information zu den Palazzi in Forni di Sopra: Info-Tel. 0039/0433/886 767 (PromoTurismo FVG).

Alfio Anziutti, „Timilin" – Forni di Sopra
Ein Rebell, Forscher und Autor, der seine Heimat liebt

Er kennt wie kaum ein anderer die Geschichte, die Traditionen, die Menschen und die Bergwelt seines Dorfes Forni di Sopra. Als ich bei Daniela vom Albergo Tarandan nachfrage, wer mir wohl am besten etwas über den Ort erzählen könne, braucht sie nicht lange zu überlegen: „Timilin!" Und binnen 20 Minuten ist er auch schon da. Er schenkt mir einen ganzen Tag seiner Zeit, und gemeinsam besuchen wir zwei Museen sowie den Palazzo Chiap, der einem Freund gehört, gehen karnisch Mittagessen ins Ristorante „La Stube", und ich darf noch in seine private „Schreib- und Recherchierstube" im Ortsteil Cella eintauchen.

Geboren und aufgewachsen ist Alfio Anziutti (78), allseits bekannt als „Timilin", in Forni di Sopra, in einem nun leerstehenden mit roten Rosen bewachsenen alten Steinhaus in der Via Tartoi. Gleich daneben befindet sich das Geburtshaus von Giovanni Maria Anciuti (1674–1744), eines berühmten Musikinstrumentenbauers und entfernten Verwanden Anziuttis mütterlicherseits. Seine wenigen Barockoboen tragen den Stempel mit dem venezianischen Löwen und sind in aller Welt zu finden, eine davon sogar in Salzburg.

Alfio ist ein Einzelkind, seine Mutter betreute die Landwirtschaft mit Kühen, sein Vater war Chef der ortseigenen Molkerei. Seine Kindheit war „bellissima", wie er betont. Bis zum Zweiten Weltkrieg haben sich hier im „fernen Dorf" Traditionen über Jahrhunderte gehalten. Das mache Forni di Sopra zu etwas ganz Besonderem. „Es kommen tolle Steinmetze von hier, viele sind ausgewandert nach Nordamerika, Deutschland, Ungarn, Österreich, Frankreich, in die Schweiz." Der gelernte Maurer verbrachte 1961/62 ein Jahr als Bauzeichner in der Schweiz (Yverdon) und lernte dort Französisch.

Mit dem waschechten Karnier – „wir sind rebellisch", sagt er – gehe ich in Richtung Cella. Mir fallen die bemalten Häuserfronten auf. Der Künstler und Weltenbummler Marino Spadavecchia (1909–2004) aus Bergamo setzte sich 1973 in Forni di Sopra zur Ruhe. Seine Liebe zu diesem Ort und seinen Bewohnern veranlasste ihn, eine Reihe von

Wandbildern zu schaffen, wie er sie in Südamerika gesehen hatte. Auf 52 Gemälden an den Häuserfronten sind Szenen aus dem Leben der Bergbewohner zu betrachten.

Der 78-jährige Timilin hat sich bereits vor 30 Jahren der Forschung und der Schriftstellerei verschrieben. Der Chronist ist Autor zahlreicher Bücher, die meisten betreffen Forni di Sopra, und weiß alles über die Geschichte der Region. Er erzählt von der Emigration aus Forni, die bereits im 16. Jahrhundert begann und Ende des 19. Jahrhunderts sowie nach dem Zweiten Weltkrieg ihre Höhepunkte hatte.

Die Bergwerke und ihre Schmelzöfen, die „Forni" ihren Namen gaben, gibt es schon lange nicht mehr. Die Fornesi waren schon seit dem 16. Jahrhundert als Händler unterwegs; vornehmlich lebten sie von der Weberei – wie im gesamten Tagliamento-Tal. Auffallend sind hier die oft vier- bis fünfgeschoßigen Steinhäuser mit ihren breiten Holzbalkonen. In einem Haus fanden mehrere Familien Platz, und pro Familie standen an die vier Kühe im Stall. Die Balkone wurden in der Regenzeit für

die Reifung von landwirtschaftlichen Produkten und die Trocknung von Futtermitteln genutzt.

Lebten 1881 noch 2046 Einwohner mit etwa 2000 Stück Vieh (vornehmlich Kühe und Schafe) hier, sind es heute noch etwas mehr als 900 Einwohner. Es gibt nur noch zwei Familien, die auch Kühe halten.

Bis in die 1960er-Jahre war Forni di Sopra ziemlich abgeschottet von der Außenwelt. Dann kam der Tourismus und änderte „vieles zum Guten, vieles zum Schlechten", wie Alfio Anziutti betont. Touristen kommen aus dem Veneto, auch aus Rom, es sind Ungarn, Österreicher, viele Deutsche. Und viele haben Zweitwohnsitze hier. Insgesamt 1000 Wohnungen sind es allein in Forni di Sopra, die so fast das ganze Jahr über leerstehen. „Timilin" selbst hat Freunde aus Rosenheim, die hier ihre Urlaube verbringen. „Die Situation ist kritisch, es gibt viel zu viele Zweitwohnsitze hier", sagt er. Viele Menschen sehen sich mit ökonomischen Problemen konfrontiert, vermieten oder verkaufen. Mit sieben, acht Hotels und Pensionen, Campingplätzen, Skiliften, Loipen „funktioniert der Tourismus ganz gut. Forni lebt davon".

Zwischen Forni di Sopra (superiore) und Forni di Sotto (inferiore) „gibt es schon ein paar Differenzen". Es ist die Sprache, ein anderer Dialekt, es sind die Traditionen. Auch ist dort der Tourismus nicht so ausgeprägt. Früher habe es noch mehr Querelen gegeben, „heute wird aber auch von oben nach unten und umgekehrt geheiratet".

Die Menschen von Forni di Sopra sind sehr naturverbunden, sie lieben die Dolomiten, gehen gern in die Berge, zum Wandern und Skifahren. So wie „Timilin", den ich nun am Ende unseres gemeinsamen Tages nach Hause begleiten darf. Vor der – wie immer in Karnien unversperrten – Haustür steht „i barbari alle porte": „Barbaren müssen draußen bleiben". Ich darf eintreten in das Reich des Autors voller Bücher, Ordner, Fotos, Post- und Landkarten. Hier verbringt der umtriebige Geist viele Stunden, um zu arbeiten. Er erzählt mir von seinem neuen Buchprojekt, und ich freue mich schon heute darauf, darin noch ein bisschen mehr von den „Fornesi" zu erfahren.

10. Etappe

Forni di Sopra → Sauris di Sotto

Diese lange und anstrengende, aber landschaftlich sehr reizvolle Etappe verbindet zwei wichtige Orte in den Bergen. Über zwei Almen – die Casera dal'Aip (1 598 m) und die Casera Tragonia (1 760 m) – erreicht man über blühende Hochweiden den höchsten Punkt auf 1 973 Meter, bevor es wieder abwärts über die Casera Mediana (1 661 m) geht. Man hat Aussicht sowohl auf die zerklüfteten Kämme der Friauler Dolomiten als auch auf die sanfteren Karnischen Alpen. Stets abwärts bewegt man sich dann zum Talboden des Torrente Lumiei (1 116 m) und steigt dann wieder zum 1 394 Meter hoch gelegenen Sauris di Sopra an, um kurz darauf das knapp 200 Meter tiefer liegende Dorf Sauris di Sotto zu erreichen. [Karte Seite 108]

17,5 km | 7 Stunden | 1 336 hm bergauf, 1 036 hm bergab

In Anbetracht der Höhenunterschiede und der Länge der Strecke kann die Etappe zur Marscherleichterung auch

- auf zwei Tage aufgeteilt werden, und zwar mit einer Übernachtung in der Casera Tragonia (Reservierung bei Daniele Cedolin, Tel. 0039/333 273 29 24, Mail: malga.tragonia@gmail.com) nach 4,5 Kilometern und 900 Höhenmetern
- oder ab Forni di Sopra mit dem Sessellift bezwungen werden. Damit verringert sich der Höhenunterschied eklatant. Mit dem Lift fährt man bis zur Casera Varmost (1 758 m), folgt zu Fuß dem Wegweiser CAI 211 zur Casera Tartoi (1 711 m – etwa eine Stunde Gehzeit) und geht dann auf dem Karrenweg (an der Gabelung links abbiegen) zur Casera Tragonia hinunter. Bis dorthin sind es zwar 5,9 Kilometer, jedoch nur 323 Höhenmeter bergauf und 166 Höhenmeter bergab.

Nach meinem freien Tag mache ich mich gestärkt vom Albergo Tarandan in Vico in östlicher Richtung über den alten Hauptplatz zur Brücke über den Torrente Tolina auf, um hier links den Wanderweg Nr. 209 (rot-weiße Markierung) einzuschlagen. Es ist 8.15 Uhr, bewölkt und hat 17 Grad. Dass mir heute noch heiß werden wird, ist kein Geheimnis: Denn es stehen über 1 300 Höhenmeter auf dem Programm, der Großteil bereits zu Beginn der Etappe. Relativ steil steige ich auf einem alten Verbindungsweg durch einen schönen Fichten-Blockwald bergan, vorbei an einem dicht verwachsenen verfallenen Steinhaus.

Nach gut eineinhalb Stunden erreiche ich nach 700 Höhenmetern die im Jahr 2007 restaurierte Casera dal'Aip. Die Alpini aus Forni di Sopra haben hier mit einer Vielzahl an Freiwilligen ganze Arbeit geleistet, 4 000 unbezahlte Stunden lang. Mühsam haben sie die alte Almhütte aus 1924 zwischen 2006 und 2009 zu dem gemacht, was sie heute ist. Dank ihnen ist es auch für mich heute ein schöner Platz für eine Pause – erfrischendes Quellwasser aus dem Brunnen inklusive. Die Hütte mit offener Feuerstelle, Herd, Tisch und Bank ist immer geöffnet, mit der Bitte, sie im selbigen (guten) Zustand zu hinterlassen.

Bald mache ich mich aber wieder auf, die nächste steile Etappe zu bezwingen. Rosa blühender Almrausch, lila Drachenmaul, gelbe Trollblumen säumen meinen Weg. Wenige eingetrocknete Kuhfladen zeugen davon, dass hier Vieh aufgetrieben wurde. Nicht viel, wie sich später herausstellen wird. Auf einer Lichtung – kurz danach führt eine dreistämmige Brücke über den Wildbach – erblicke ich die Casera Tragonia, die in geschützter Lage eingebettet im Talkessel, umgeben von einem Lärchenwald, vor mir liegt.

Die Almhütte ist heute leider geschlossen. Wie gerne würde ich eine Pasta oder Polenta, die verheißungsvoll auf der Tafel neben dem Fenster angepriesen wird, auf der Terrasse genießen. So muss mein mitgebrachtes Panino eben reichen, und ich genieße die Aussicht auf die im Süden gelegenen Cridola- und die Monfalconi-Gruppen der Dolomiten. Die Hütte ist normalerweise von Mitte Juni bis Mitte September geöffnet und verfügt über zwölf Betten,

zehn Notbetten im angrenzenden Biwak sowie Bäder mit warmen Duschen. Über Jahrhunderte hinweg war diese kommunale Alm von großer Bedeutung. Erst nach dem Ersten Weltkrieg wurde der typische viereckige Unterstand aufgegeben und durch die beiden großen Ställe darüber ersetzt. Wo sich am heutigen Tag nur ein paar schwarz-weiß gefleckte Kalbinnen tummeln, waren es Anfang des 20. Jahrhunderts noch 200 Milchkühe, 50 Kalbinnen und 100 Kälber. In Tragonia wurden jährlich etwa 2 500 kg Käse,

350 kg Butter und 300 kg Ricotta hergestellt. Im Jahr 1993 wurde die Alm modernisiert und bietet nun ausreichend Platz für Gäste.

Ich lasse die paar neugierigen Kühe auf dem CAI 209 hinter mir, und dann tauche ich ein in nach Vanille und Jasmin duftende und in vielen Farben leuchtende Almmatten mit Wald-Storchschnabel, Gold-Pippau, Bergnelkenwurz, Clusius-Enzian und Rosen-Schwarzwurzel. In diesem Gebiet leben Birkhuhn und Kreuzotter, wobei Letztgenannte meinen Weg kreuzt, bevor sie unaufgeregt im hohen Gras verschwindet.

Auch ich begebe mich nun kurz vor der Località Risumiela auf 1950 Meter, die mit vielen Wegweisern gespickt ist, links in eine Senke. In dem fast vollständig trockengelegten Sumpf gibt es allerlei zu entdecken. Er ist Brutplatz des Bergmolchs, der Erdkröte und des Grasfroschs. Die paar Meter Umweg zahlen sich allemal aus, ob man nun diese Tiere entdeckt oder nicht. Nun gehe ich weiter zum höchsten Punkt meiner heutigen Wanderung, der Forcella della Croce di Tragonia auf 1973 Meter. Genau beim Blick auf mein heutiges Ziel, ins Sauris-Becken, höre ich um Punkt 12 Uhr Mittag die Glocken der Chiesa di San Lorenzo von Sauris di Sopra läuten. Noch sind es aber zehn Kilometer bis dorthin. Und tiefgraue Wolken ziehen auf. Der Regen wird wohl nicht ewig auf sich warten lassen. Solange kein Gewitter aufkommt – davor fürchte ich mich in den Bergen – ist alles okay. Abgelenkt werde ich bei meinem Weg steil bergab von Flächen mit gelben Trollblumen, blauen Enzianen und rosa Almrausch. Schnellen Schrittes erreiche ich die Casera Mediana (1661 m). Der Fichtenforst auf dem Hang gegenüber ist voller entwurzelter Bäume, die orkanartigen Sturmböen Ende Oktober 2018 zum Opfer fielen. An dieses Unwetter werde ich bei meiner weiteren Wanderung noch mehrmals erinnert, wenn Wege aufgrunddessen schwer begehbar sind.

Von hier aus biege ich nach rechts auf eine Straße, die für Holzarbeiten genutzt wird. Tiefe Furchen in der Forststraße begleiten mich zu Beginn serpentinenmäßig bergab. Danach tauche ich wieder in einen Buchenmischwald mit Tannen und Fichten ein und genieße die Ruhe.

Nach fast zwei Stunden erreiche ich die breite Furt über den Wildbach Lumiei (1 118 m). Beim Überqueren spüre ich Nässe an meinen Füßen. Nicht nur das, das Wasser kommt nun auch von oben. Es beginnt zu regnen – und zu donnern! Ein Lichtblick ist die Tatsache, dass ich den letzten Teil der heutigen Etappe in eineinhalb Stunden schaffen sollte; auf Asphalt erst 220 Höhenmeter hinauf nach Sauris di Sopra (1394 m), dann hinunter nach Sauris di Sotto (1 205 m), das zum einen durch die Wallfahrtskirche San Osvaldo, zum anderen durch die Prosciutteria Wolf Bekanntheit erlangte. Es schüttet in Strömen und um 17 Uhr erreiche ich mein Ziel zwar völlig durchnässt, aber glücklich.

Chiesa di San Lorenzo – Sauris di Sopra

Das Gebäude im gotischen Stil deutschen Typs zeichnet sich durch den hoch aufragenden, an das linke Seitenschiff angelehnten Glockenturm aus, dessen Aufhängung mit Schindeln bedeckt ist. Im Inneren ist das bedeutendste Werk der Flügelaltar von 1551, ebenfalls von Michele Parth, der im zentralen Flachreliefaltar das letzte Abendmahl, den Einzug in Jerusalem und das Gebet im Garten darstellt.

Interessant ist auch der reich ausgestaltete Altar aus dem 17. Jahrhundert aus der Werkstatt von Francesco Comuzzo, dem leider nach einem Diebstahl einige Statuen fehlen. Die Orgel aus dem 19. Jahrhundert wurde Ende des vergangenen Jahrhunderts restauriert.

Leider zerstörte ein Brand im Jahr 1758 das Pfarrhaus in Sauris di Sopra. Die dort gelagerten Dokumente hätten wahrscheinlich viel über den Ursprung der Ansiedlung preisgeben können.

Augusto Petris – Sauris di Sopra
Kulturbotschafter singt Liadlan in Zahrer Sproche

Sauris ist die erste Sprach-Insel von insgesamt dreien, die ich bei meinem Cammino kennenlernen darf. Hier wird ein südbayerischer Dialekt gesprochen, der jenem in Kärnten und Tirol sehr ähnlich ist. Umso spannender ist das Gespräch – teils italienisch, teils im deutschen Dialekt – mit Augusto Petris (73) in Sauris di Sopra. Er pflegt und verbreitet die „Zahrer Sproche" und war einer der ersten im Dorf, der vor 40 Jahren aus seinem traditionellen Bauernhaus eine Bed-and-Breakfast-Unterkunft machte.

In der gemütlichen Stube in der „Pa' Mairlan" treffe ich diesen Mann, dessen Herz für „sein" Sauris schlägt. In unserem knapp einstündigen Gespräch geht es um die Kultur, Traditionen, Sprache und natürlich die Menschen in den Bergdörfern von Sauris di Sotto, Sauris di Sopra und Lateis.

Um 1280 – urkundlich belegt – wanderten aus Österreich, der Grenze zwischen Tirol und Kärnten, aus Ober- und Untertilliach und Maria Luggau Menschen hierher und gründeten Sauris „Zahre" mit den Ortsteilen Sauris di Sotto (Dorf), Sauris di Sopra (Zahre, Plotzn) und Lateis. Je nach Dorf seien die Bewohner nicht sehr verschieden, lediglich in der Aussprache ihrer „Zahrer Sproche" sei ein Unterschied bemerkbar. Als Beispiel nennt Augusto Petris das Wort „Kirche", das in Sauris di Sotto „Kurche", in Sauris di Sopra „Dikirche" und in Lateis „Kürche" ausgesprochen wird.

An die 400 Personen umfasst „diese einzigartige Gemeinschaft" voller offener Persönlichkeiten. „Manche Leute sind überrascht von unserer Offenheit und Gastfreundschaft. Wir sind ein kleines Dorf in den Bergen, wir sind aber nie eine geschlossene Insel gewesen", sagt Augusto Petris. Grund dafür mag sein, dass sie jahrhundertelang als Wanderhändler Produkte ihrer landwirtschaftlichen Betriebe (Butter, Käse, Schinken) verkauft und dafür beispielsweise Salz, Essig, Reis und Weizen mitgebracht haben. „Wir mussten uns unseren Nachbarn öffnen", sagt Augusto. Angebaut wurde hier Getreide und Gemüse mit kurzer Reifezeit, um dem rauen Klima standzuhalten: Gerste, Roggen, Hafer,

Buchweizen, Rüben, Rote Rüben, Ackerbohnen, Kraut, Leinen und Hanf. Die beiden Letztgenannten wurden mit der Wolle der Schafe versponnen und verwebt.

Einer der Handelswege führte über den Passo del Pura nach Ampezzo: Gehzeit: acht Stunden. Weiters gab es noch den Weg nach Cadore über den Passo Razzo, den Weg nach Forni di Sopra über den Passo Forcella (wie ich ihn tags zuvor gegangen bin) und den Weg ins Pesarina-Tal über den Passo Elbel sowie über den Passo della Digola nach Sappada.

Jedes Jahr im September pilgern etwa 50 bis 60 Personen aus Sauris auf den Spuren der Vergangenheit über Sappada zur Wallfahrtskirche Maria Luggau im Kärntner Lesachtal. Vor 22 Jahren wurde diese 500 Jahre alte Tradition mit dem Priester aus Sauris, Pietro Piller, wieder aufgenommen. Vier Tage brauchen die Pilger für den 120 Kilometer langen Hin- und Rückweg von Sauris zur Gnadenmutter Maria Luggau. Von Forni aus nehmen etwa 20 Personen den um zwei Tage längeren Weg auf sich. Die meisten Pilger zählt Sappada mit 400 bis 500 Gläubigen.

Stark verbunden sind die Einwohner aus Sauris auch im Hinblick auf die Kultur. In den 1980er-Jahren fand eine Konferenz statt, bei der auch österreichische Professoren und Gelehrte der Universität Udine teilgenommen haben. „Wir waren auf der Suche nach der eigenen kulturellen Identität", sagt Augusto Petris. Er lebt nachweislich in fünfter Generation in Sauris di Sopra. Mit seiner Frau Armida Plozzer hat er zwei Kinder. Matteo führt den Agriturismo-Betrieb „Pa' Mairlan" im traditionellen Bauernhaus aus 1850, und gemeinsam mit seiner Frau produziert er Kräuter-Produkte aus „pflegenden Gräsern". So ergibt sich der Name dafür: „Pflegngreiser". Hier entstehen Cremes, Tinkturen und Salben für Gesundheit und Schönheit. Marta, die Tochter Augustos und Armidas, ist Ärztin in Sappada.

Während der Zeit des Faschismus in Italien (1922–1943) und nach dem Krieg „waren wir nicht gerne gesehen, eine deutsche Minderheit, von den Autoritäten nicht anerkannt. Aber Schritt für Schritt haben wir den Wert der stark verwurzelten Traditionen, Sprache und Kultur wiederentdeckt, und konnten dank der Projekte der Achtzigerjahre die touristische Entwicklung forcieren. Auch auf die Architektur – „sie ist

ähnlich der österreichischen" – wurde ein Augenmerk gelegt. „Wir haben verstanden, dass unsere eigene Sprache ein Erbe großen Wertes darstellt". So haben mehrere Initiativen an der Erhaltung alter Gedichte, Texte, Gesänge und Traditionen gearbeitet. Die Mitglieder des „Zahrer Cors" singen seit 1975 „Liadlan in Zahrer Sproche". Die Musikwissenschafterin Josefine Gartner aus Klagenfurt (1893–1968) hat alle Volkslieder aufgenommen und in einem Werk zusammengefasst.

Augusto Petris ist Gründungsmitglied des Chors, er singt seit 56 Jahren. Der Chor stärkt mit Konzerten und Auftritten – auch in Österreich – über die Grenzen hinweg die sprachliche und kulturelle Identität.

Die Sprache wird natürlich nicht in Melodien vorgetragen. Sie ist Umgangssprache der Einheimischen, die aber nicht mehr alle beherrschen. Es gibt immer mehr „gemischte" Hochzeiten von Paaren aus Sauris und zum Beispiel Udine. „Die Sprache verschwindet piano, piano." Wären da nicht jene Initiativen, die sich um den Erhalt der alten Sprache bemühen. Auch in Kindergarten und Volksschule gibt es wöchentlich Sprachunterricht. „Ein Kulturkreis bietet Sprachkurse – auch für Touristen – an, es gibt ein Grammatik- und Vokabelwerk,

Bücher, Wegweiser, Speisekarten und Ähnliches in Zahrer Sproche. So stirbt sie nicht aus", sagt er.

1980 war ein ganz wichtiges Jahr. Das 700-Jahre-Jubiläum von Sauris wurde gefeiert und ein Gesetz im Rahmen des „Projekts Sauris" erlassen, das Geld für Tourismus und Architektur bereitstellte. „Es entstanden Pensionen, Gasthäuser, der Kursaal und viele Initiativen wirtschaftlicher und touristischer Natur." Nach 40 Jahren resümiert Augusto Petris, dass eines der Projekte abgeschlossen ist, andere begonnen haben, weitere noch nicht. „Die jetzigen Resultate sind aber sehr befriedigend", sagt er. Jedenfalls kann hier jeder Bewohner von Sauris „anständig leben", und es ist gelungen, eine Abwanderung zu stoppen. „Jedoch hat es hier nicht wirklich große Emigrationen gegeben, die Familien sind immer wieder nach Sauris zurückgekehrt. "

Die Haupteinnahmequelle in Sauris ist heute zweifellos der Tourismus. Im Sommer wie im Winter, wo zwei kleine Pisten auf die Touristen warten. Doch das Wandern mit Schneeschuhen sei nun der absolute Renner. „Früher waren sie aus Holz mit Lederband, ‚Schneeraffl' haben wir sie genannt. Heute ist ja alles aus Plastik. "

Pro Jahr kommen 40 000 bis 50 000 Touristen hierher. „Das ist gut so. Mehr Betten wollen wir nicht, denn das Dorf ist klein. Die Menschen, die kommen, sollen hier gut leben können", sagt Augusto Petris. Er und seine Familie kümmern sich freundschaftlich um die Gäste im „Pa' Mairlan". In der Küche duftet es nach Kuchen. Armida nimmt die „Bocca della donna" – wie sie übersetzt: „der Mund der Frau" – aus dem Rohr. Das biskuitartige Gebäck ist fürs Frühstück für die Hausgäste gedacht. Schade, dass ich somit nicht in den Genuss kommen werde.

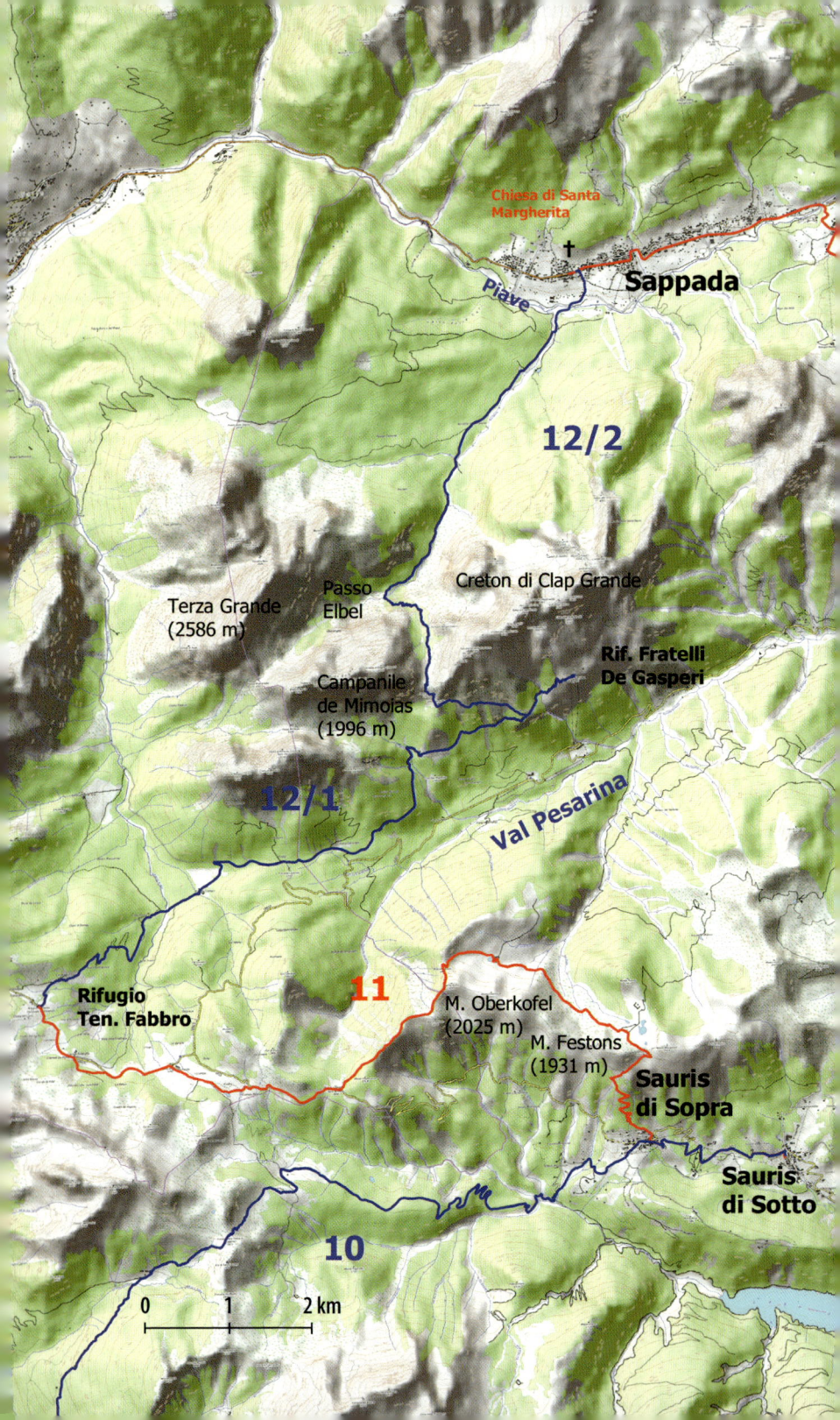

11. Etappe

Sauris di Sotto →
Rifugio Tenente Fabbro (Vigo di Cadore)

Nach einer anfänglich steilen Strecke ist die Route eine schöne Durchquerung von Wäldern und blumenbedeckten Hochweiden. Diese Etappe gewährt wunderbare Ausblicke auf die Pesariner Dolomiten und die Karnischen Alpen. Hochebenen und Almen säumen den abwechslungsreichen Weg, der uns heute ins westliche Veneto führt.

15,1 km | 5 ½ Stunden | 997 hm bergauf, 432 hm bergab

Man kann die Etappe auch in Sauris di Sopra beginnen, je nachdem, wo man übernachtet. Sollte das der Fall sein, verkürzt sich die Strecke um etwa eine Stunde.
Noch einmal eine Stunde weniger braucht man, wenn man sich ab Forni di Sopra für den CAI 206 beziehungsweise den „Trail Orchidee" entscheidet. Er führt über den Südhang des Monte Festòns und des Oberkofel. Man vermeidet hier zwar den steilen Aufstieg zur Malga Rioda, dafür verpasst man aber das herrliche Panorama auf die Pesariner Dolomiten und die Zentralkarnischen Alpen bei der Malga Festòns.

Heute ist ein wunderschöner Tag. Um 8 Uhr morgens ist die Luft herrlich frisch. Von Sauris di Sotto – zu allererst statte ich der Wallfahrtskirche St. Oswald einen Besuch ab – führt mich mein Weg wieder nach Sauris di Sopra zurück. Ohne Regen ist das Wandern ein Vergnügen. Nach einer guten Stunde erreiche ich Sauris di Sopra mit seinen gepflegten Bauernhäusern und Höfen. Auf Höhe des Dorfbrunnens bei der Bushaltestelle biege ich nun rechts ein – hier beginnen die Wanderwege 204, 205 – auf die schmale, mit roten Kopfsteinen gepflasterte Straße. Schnell gewinne ich auf vielen Kehren an Höhe. Durch Lärchen- und Mischwälder erreiche ich auf einem Schotterweg eine hügelige Lichtung, die von Schafen beweidet wird.

Die Blumenpracht ist überwältigend, die Teufelskralle und die Gewöhnliche Kreuzblume leuchten Blau, die Trichterlilie besticht mit ihren weißen Blüten im grünen Wiesenmeer. Der Blick zurück auf den Monte Bivera über Sauris lohnt ebenso. Und dann nach der letzten Kurve übermannt mich auf dem Festòns-Sattel (1860 m), der „Sella Festòns", die Aussicht auf die etwa 2500 Meter hohen zerklüfteten Gipfel der Pesariner Dolomiten im Norden. Eine kurze Rast bietet sich auf dem Monte Morgenleit auf der dafür vorgesehenen Bank vor dem Wegweiser des „Sentiero della Fede" nach Maria Luggau an. Der Ausblick auf die Bergwelt und die in der Senke vor mir liegende Alm mit ihren dunklen Torfmooren ist ein Genuss.

Nachdem der erste anstrengende Teil der Strecke überwunden ist, führt der Forstweg nun in leichtem Auf und Ab Richtung Westen (Wegweiser CAI 205, an den beiden ersten Kreuzungen links halten) bis zur Casera Rioda (1784 m). Almrausch, Farne und vereinzelt stehende Lärchen und Fichten säumen den Weg. Im quadratisch angelegten Stall der Alm stehen an die 100 „Limousinen". Dabei handelt es sich nicht etwa um Kraftfahrzeuge, sondern um eine mittelbraune Fleischkuhrasse aus Belgien, die ein Züchter aus Enemonzo nach Karnien holte.

Die steinernen Ruinen der alten Käserei bezeugen, dass vor Ort schon lange kein Käse mehr produziert wird. Nun halte ich mich links und passiere auffallend viele kleine Seen und Torfmoore. Es

Auf dem Festòns-Sattel (1860 m)
angelangt, erwartet einen diese Kulisse.

gibt hier reichlich Niederschlag, dazu wasserundurchlässigen Boden. Auf dem steilen Verbindungsweg, auf dem man mit etwas Glück Birkhühner sehen kann, erreiche ich nach etwa einer halben Stunde die Forcella Rioda auf 1946 Meter.

Das Glück ist auf meiner Seite. Besonders bei dieser Etappe jagt eine tolle Aussicht die nächste. Im Westen reicht sie bis zu den teils schneebedeckten Marmarole in den Cadorischen Dolomiten. Nun ist eine Pause fällig, die Höhenmeter sind gemacht, und zur Feier des Tages – ich habe heute Geburtstag – öffne ich mein original Zahrer Bier aus Sauris.

Bei meiner Rast betrachte ich die mich umgebende Blütenpracht. Entlang des folgenden schmalen Pfades, der nach zirka 300 Metern auf den CAI 206 und alsbald zur „Sella di Rioda" – auf den Rioda-Sattel – führt, erfreuen mich die vielen Alpen-Waldreben mit ihren blau bis lila leuchtenden Blüten.

Das südliche Gebiet zwischen dem Monte Palone und dem Monte Pezzocucco befindet sich nun bereits im Veneto und ist immer wieder von ausgedehnten Erdrutschen betroffen, die seit

Jahrhunderten die Straße zwischen Sauris und Casera Razzo in Mitleidenschaft ziehen.

Auf Wanderwegen durch ausgedehnte Almweiden erreiche ich die Straße zur Casera Razzo mit der braunen mit einer Vielzahl von Aufklebern „geschmückten" Ortstafel „Sella di Rioda – 1800 m.s.l.m." Wanderer sind auf der Pass-Straße über den Sella Ciampigotto ein seltener Anblick. Sie wird vorwiegend von Motorrad- oder Rennradfahrern genutzt. Der Asphaltstraße folge ich die nächsten 2,4 Kilometer, wobei das letzte Stück (Wegweiser beachten!), links über eine Weide mit Kühen zur Casera Razzo (1 800 m, Vigo di Cadore, Belluno) führt.

An der Front des langgedehnten Stallgebäudes der Käserei, die malerisch vor den Pesariner Dolomiten liegt, prangt die bronzene Büste von Papst Johannes Paul II, der in ganz Italien hoch verehrt wird. Ob die Kühe durch diesen päpstlichen Segen mehr Milch geben, sei dahingestellt. Eines ist aber sicher: Im Milchverarbeitungsbetrieb, der 203 Hektar Weideland umfasst und an der „Strada dei formaggi" liegt, werden sehr schmackhafte Käsesorten produziert und verkauft: der Caciotta, ein halbfester Schnittkäse mit mildem aromatischem Geschmack, junger und gereifter Almkäse sowie geräucherter und frischer Ricotta.

Gestärkt mache ich mich auf, das letzte Stück für heute anzugehen. Ich wandere etwa eine Dreiviertelstunde auf der Provinzstraße SP 619 zum Rifugio Tenente Fabbro. Nun freue ich mich auf eine ausgedehnte Rast an meinem heutigen Endpunkt, der Alpinhütte Tenente Fabbro auf 1 783 Meter. Die beiden Labradore des Hauses „Nuvola" und „Nicy" – beide sehr gut genährt – heißen mich freundlich schwanzwedelnd willkommen. Nach dem Beziehen meines Zimmers, einer Dusche und einer köstlichen Pasta mit Steinpilzen falle ich zufrieden ins Bett.

Im Dorf Sauris wird vor allem der heilige Oswald verehrt, der englischen Ursprungs ist, aber um das 12. Jahrhundert in den deutschen Ländern sehr beliebt war, insbesondere als Helfer gegen ansteckende Krankheiten.

Diese Kirche ist ein bedeutendes Heiligtum, das ziemlich isoliert von den wichtigsten städtischen Zentren liegt. Es war vor allem in den vergangenen Jahrhunderten häufig das Ziel von Pilgerfahrten aus ganz Friaul und aus Venetien. Die Kirche verdankt ihre Berühmtheit einer Reliquie, einem Daumen des heiligen Oswald, der in einem silbernen Reliquienschrein aufbewahrt wird und von dem man glaubt, dass er die Gemeinde von Sauris im Jahr 1348 vor einer Pestepidemie bewahrt hat. Seitdem werden dem Heiligen wundertätige Kräfte zugeschrieben.

Der ursprüngliche Bau der Kirche geht auf das Jahr 1328 zurück, mit verschiedenen späteren Umbauten, bis zur Erweiterung Anfang des 18. Jahrhunderts, die ihr die heutige Struktur mit einer einfachen Fassade und einem dreischiffigen Innenraum gab. Der Glockenturm mit zwiebelförmigem Abschluss ist nach deutschem Vorbild in den Baukörper eingefügt.

Im Inneren der Wallfahrtskirche finden sich wertvolle Gegenstände: Schenkungen und Vermächtnisse der zahlreichen Gläubigen, die vor allem im 17. und 18. Jahrhundert hierher pilgerten. Sauris wurde zu einem der bekanntesten und prestigeträchtigsten Wallfahrtsorte der Republik Venedig, Ziel Hunderter Pilger aus Friaul, Cadore, den Städten Venetiens. Die Spuren davon sind bei der jüngsten Restaurierung zum Vorschein gekommen: so wie einige der Fresken, eine Sonnenuhr aus 1785 und zahlreiche Schriftspuren, die von Pilgern hinterlassen wurden.

Eines der bedeutendsten und spektakulärsten Werke in seiner plastischen und erzählerischen Darstellung ist der Flügelaltar von Michele Parth aus dem Jahr 1524, aus bemaltem und vergoldetem Holz. Er malte auch den Christus zwischen der Madonna und dem heiligen Johannes sowie Adam und Eva nach der Vertreibung aus dem Paradies. Dieser bedeutende Künstler aus Bruneck schuf einige Jahre später (1551) ein weiteres spektakuläres Polyptychon für die Kirche San Lorenzo di Sauris di Sopra.

Auch der Altar aus dem 17. Jahrhundert von Giovanni Francesco Comuzzo aus Gemona del Friuli (1658) mit einem Altarbild aus dem 19. Jahrhundert, das den heiligen Oswald darstellt, ist erwähnenswert. In der Mitte des linken Schiffes befindet sich der Altar der Madonna mit dem Gürtel (17. oder 18. Jahrhundert).

Helen Gasperina und Filippo Baldan, Rifugio Tenente Fabbro
Leben und Jagen rund um die Hütte des Leutnant Fabbro

„Gästezimmer frei" heißt es neben dem Eingang in das Haus, das den Namen des Leutnants „Tenente" Giuseppe Fabbro trägt. Neben dem Cammino delle Pievi führt hier auch der Dolomitenweg, der „Cammino delle Dolomiti", vorbei. Deutschsprachige Gäste kommen aufgrund der Nähe zur Grenze nach Österreich und Südtirol nicht wenige vorbei.

Neben vielen Stammgästen, die hier besonders die Hausmannskost des Chefs Filippo schätzen, kommen Touristen per Motorrad, Fahrrad oder Auto hierher. Die Alpinhütte auf knapp 1 800 Meter wurde nach jenem Leutnant der Alpini, der italienischen Gebirgsjäger, benannt, der nach dem Zweiten Weltkrieg mit der Tapferkeitsmedaille in Bronze ausgezeichnet wurde.

Giuseppe Fabbro kam am 5. Oktober 1942 während eines Truppentransports im Mittelmeer ums Leben. Der Dampfer wurde von einem feindlichen U-Boot torpediert. Giuseppe Fabbro verzichtete darauf, sich ans nahe Ufer zu retten. Er blieb an Deck, um den vielen Schwerverletzten Erste Hilfe zu leisten. Dabei wurde er selbst tödlich getroffen. „Der glorreiche Tod ereilte ihn, in der Absicht, brüderliche Solidarität zu leisten. Das ist ein klares Beispiel für militärische und zivile Tugenden." So heißt es auf dem eingerahmten, bereits etwas vergilbten Nachruf, der im Gastzimmer an der Wand hängt.

Ebenso sind hier alte Fotografien der Hütte, die es seit 1951 gibt, zu sehen, wie auch vom Schlepplift gegenüber, der schon seit vielen Jahren Geschichte ist. Auch ohne Lift kommen im Winter Touristen hierher, um ein paar Tage im Schnee zu verbringen. „Es gibt Bobbahnen, leichte Abfahrten und Neuschnee für Skitouren, zudem viele Schneeschuhwanderwege."

Seit 13 Jahren wird die Herberge familiär geführt und zwar von Filippo Baldan und seiner Frau Helen Gasperina. Lucia Piazza, die im Rifugio lebt, und Umberto Da Podestà sind unverzichtbare Mitarbeiter des Hauses. Helen ist passionierte Jägerin. Es gibt hier zahlreiche Gämsen, Rehe und Hirsche. Ein Umstand, der sich beizeiten in der Speisekarte niederschlägt.

Die Einsamkeit hier oben macht den Gastgebern nichts aus. Sie sind nicht immer allein, es kommen ja auch Besucher, „über die wir uns sehr freuen". Ihnen zeigen sie, dass „man hier sehr, sehr gut lebt, und dass diese Gegend zwar kaum bekannt und wenig überlaufen, dafür umso reizvoller ist". Die meisten Touristen kommen im Sommer.
Für Nächtigungsgäste stehen 16 Betten zur Verfügung, die Zimmer sind einfach und gemütlich. „Wir haben immer wieder renoviert, jedes Jahr etwas anderes", sagt Helen. Hausgäste fühlen sich willkommen und erfreuen sich an den Kochkünsten von Chef Filippo. Er zaubert Orzotto (Gersteneintopf), Frico (Käse-Kartoffel-Laibchen), Tagliatelle mit Filetspitzen vom Reh oder Polenta auf die Teller der hungrigen Gäste. Den beiden vierbeinigen Familienmitgliedern, der semmelfarbenen „Nuvola" und der schwarzen „Nicy", entgeht kein noch so winziges Brösel, das beim Essen unachtsam vom Tisch auf dem steinernen Boden landet. Wie zwei „Staubsauger" durchforsten die Hunde ihr Revier – bestens genährt und immer freundlich schwanzwedelnd.

Infos und Reservierung unter Tel. 0039/340/226 6121.

Rifugio Tenente Fabbro → Rifugio Fratelli De Gasperi

Die Etappe 12 zählt zu den längeren und anspruchsvolleren Abschnitten des Cammino delle Pievi. Es gibt hier zwei Varianten: Die von mir gewählte ist zweifellos bergsteigerischer und anspruchsvoller als die Basisroute, aber auch unvergleichlich schöner. Wir sind unterwegs im westlichen Teil der Pesariner Dolomiten und das erlaubt uns, das Gebiet der Karnischen Alpen – insbesondere die Brentoni- und die Terze-Gruppe–, die das Sappada-Becken im Westen einschließen, aus einem anderen, besonders attraktiven Blickwinkel kennenzulernen. Kurz nach der Forcella Lavardèt betritt man wieder Friauler Terrain. Auf 1770 Metern erwartet uns das Rifugio Fratelli De Gasperi mit einem wunderbaren Ausblick auf den Creton di Clap Grande (2 487 m). [Karte Seite 134]

10,5 km | 4 Stunden | 616 hm bergauf, 656 hm bergab

Man kann selbstverständlich die gesamte 12er-Route auch an einem Tag gehen, wobei man dann mit 19 Kilometern (ohne Einkehr im Rifugio Fratelli De Gasperi) oder 20 Kilometern (mit einer Rast in der Hütte) und einer Gehzeit von etwa acht Stunden rechnen muss. Um einiges entspannter ist die Aufteilung.

Die zweitägige Etappe nach Sappada mache ich im Rahmen einer geführten Tour an einem Wochenende. Die Führung übernimmt Bruno Mongiat höchstpersönlich. Er kennt jeden Stein auf dem gesamten Weg des „Cammino". Und es ist eine wahre Freude für uns alle – die Gruppe besteht aus zehn Frauen und einem Mann – den Ausführungen des agilen und immer gut aufgelegten „Bergfex" zu lauschen. Er kennt und liebt die karnische Bergwelt wie kaum ein anderer. Und davon profitiert die ganze Gruppe.

Von der Tenente-Fabbro-Hütte aus schlagen wir den Saumpfad, der am Parkplatz beginnt und kurz darauf in einen Karrenweg übergeht, nach rechts ein. Stets bergab nähern wir uns der Casera Campo und dem Storta-Tal. Wir setzen über das Bachbett des Frison und haben nach etwa 50 Minuten die Almhütte „Casera Campo" auf 1 441 Meter erreicht.

Danach setzen wir den Weg knapp eineinhalb Kilometer bis zur Kreuzung mit der alten Regionalstraße SR 465 fort. Hier gehen wir rechts einen halben Kilometer weiter Richtung Forcella Lavardèt auf 1 491 Meter. An der Gabelung in der Nähe des Passes halten wir uns links und folgen einem leicht unebenen Karrenweg, der bei der Casera Lavardèt vorbei geradeaus auf dem CAI 203 zur Casera Mimoias führt. Hier kommen wir immer wieder bei umgestürzten Nadelbäumen vorbei, und an den Böschungen erfreut eine Vielzahl karnischer Glockenblumen, Schwalbenwurz-Enziane und weißer Studentenröschen unsere Augen. Rund um das verfallene Steingebäude grasen etwa ein Dutzend hellbraun-gefleckte Kalbinnen. Sie lassen uns brav über die Hochweiden der Alm weitergehen.

Im darauf folgenden Mischwald aus Fichten und Buchen liegen wieder viele umgestürzte Bäume, die meisten, die auf dem schmalen Pfad gelandet waren, sind bereits beseitigt. Bald befinden wir uns auf dem Wanderweg CAI 201, der laut Tafel in einer Dreiviertelstunde zum Rifugio Fratelli De Gasperi führt. Baumriesen stehen hier am Wegesrand. Manche haben sogar ein Gesicht und beobachten uns mit großen Augen. Aufmerksamkeit schenken wir entlang des weiterführenden Weges den kleinen lustigen geschnitzten Holzfiguren.

Kurz danach – vor der Rampe, die zum Plateau der Ruinen der Käserei Clap Piccolo führt – treffen wir auf jenen Weg (315), der über den Passo Elbel weitere gut zehn Kilometer nach Sappada führt. Wir hingegen werden diesen heutigen Tag entspannt auf der Hütte ausklingen lassen. Darauf freut sich die gesamte Gruppe.

So gehen wir beschwingt rechts bergab – wir befinden uns nun auch auf dem „Halterbuben-Weg". Bei der Furt des Baches Pradibosco mit einem kleinen Wasserfall zieht schön langsam Nebel auf. Und dann beginnt der gewundene und etwas mühsame Aufstieg zur Schutzhütte Fratelli De Gasperi. Auf dem letzten Stück durch den Fichtenwald ist der Nebel so dicht, dass ich das große weiße Gebäude mit seinen roten Fensterbalken erst sehe, als ich bereits knapp davorstehe.

Wir haben großes Glück, denn kurz nach unserem Eintreffen im warmen Inneren zieht ein Gewitter auf und der Regen prasselt nur so herunter. Wie schön, dass wir nun in geselliger Runde im warmen Gastraum sitzen. In dieser netten Gruppe haben wir noch lange viel Spaß und sacken am Ende des Abends müde und voller neuer Eindrücke und Erfahrungen in eines der Stockbetten.

Simone Gonano, Rifugio Fratelli De Gasperi
Von Nepal in die karnische Berghütte

Simone Gonano war oft in Nepal. „Es ist wunderschön dort. Alle drei Jahre zieht es mich dahin", sagt der weltoffene Hüttenwirt. Er lebte in Australien für ein Jahr, monatelang in Spanien und in Griechenland, „aber mein Zuhause ist hier".

Simone Gonano aus Sutrio ist 2021 das fünfte Jahr auf der Berghütte Fratelli De Gasperi. „Diese Hütte ist meine Liebe, meine Frau." Leider kommen sehr wenige Menschen hierher. Umso schöner, dass sich die Hütte für eine Übernachtung am Cammino delle Pievi anbietet. Es wäre schade, diesen Ort inmitten der Dolomiten nicht kennenzulernen, denn Simone und sein Team – in der Hochsaison sind es sechs Angestellte – arbeiten hier Tag und Nacht, um den Wanderern eine gemütliche Bleibe und köstliche Hausmannskost anzubieten. Seit 1995 wird die Hütte immer wieder renoviert, auch in den vergangenen Jahren waren Erneuerungen nötig, „die ich gemeinsam mit dem Alpenverein von Tolmezzo durchgeführt habe", sagt Simone.

Im Winter ist der 38-Jährige, der sich wie 20 fühlt, Tischler. Das er-
klärt auch die lustigen Holzfiguren im Wald und rund um die Hütte,
die ein Werk Simones sind. „Es ist ein schönes Handwerk, das heute
leider nur mehr Wenige erlernen. Man braucht dafür viel Zeit, man ist
immer staubig, das Leben heute ist anders." Die Holzelfen – Musiker,
Tänzer, Handwerker – hat der Kunsthandwerker und Naturliebhaber
eigentlich für Kinder gemacht, um ihnen die Langeweile beim Wan-
dern zu nehmen.

Zur Hütte auf 1770 Meter kommen meist Wanderer – besonders aus
Österreich und Deutschland –, die den Weg „Alta Via dei Dolomiti
Nr. 6 dei Silenzi" gehen. Er ist berühmter als der Cammino delle Pievi
und schlängelt sich in elf Etappen über eine Strecke von etwa 180 Kilo-
metern von Sappada nach Vittorio Veneto.

Kletterer – so wie Simone selbst – kommen öfter ins Rifugio. Die längs-
te Kletterstrecke in ganz Friaul, die „Ferrata dei 50", wartet hier auf
Kletterer und Bergsteiger. Jedes Jahr in der ersten Augustwoche findet
ein Kletterkurs der Alpinschule aus Tolmezzo „Scuola di Alpinismo
e Scialpinismo ‚Cirillo Floranini'", einer Sektion des CAI Tolmezzo,
statt. „Bestens organisiert", wie Simone erklärt. Für Gäste und Kurs-
teilnehmer stehen insgesamt 64 Betten, aufgeteilt auf Zweibett- bis
Sechsbett-Zimmer, zur Verfügung. „Es ist also genügend Platz hier",
sagt Simone.

Er arbeitet übrigens auch in der Küche. „Ich schlafe sehr wenig." Auf
der Speisekarte stehen für unsere Gruppe heute entweder „Pasta al
ragú", „Pasta carnica" oder „Frico e Polenta".

Jeden Samstagabend in der Hochsaison gibt es hier Live-Musik vom
Feinsten. Eine weitere geniale Idee des kreativen Hüttenwirts, der
selbst „leider sehr unmusikalisch" ist. An jenem Samstag werden wir
vom italienischen Sänger „Bratiska" mit den durchdringend dunklen
Klängen seiner Stimme willkommen geheißen – ein Konzert inmitten
der karnischen Bergwelt, Sonnenuntergang inklusive.

Rifugio Fratelli De Gasperi → Elbel-Pass → Sappada

Diese zweite Halbstrecke führt ins Herz der Pesariner Dolomiten. Landschaftlich ist sie besonders eindrucksvoll und lässt einen im oberen Teil in das Reich des Kalksteins eintauchen, mit senkrechten Mauern, Türmen und Glockentürmen. Nach etwa zwei Dritteln des Weges hinunter zum Rio Enghe lädt ein kleiner Wasserfall zu einer erfrischenden Pause ein.

Der erste Teil des Weges vom Campanile di Mimoias bis zum Passo Elbel erfordert Trittsicherheit und etwas Aufmerksamkeit, da er leicht ausgesetzt ist. [Karte Seite 134]

9,9 km | 4 Stunden | 480 hm bergauf, 982 hm bergab

Was für ein Glück! Die Wolken sind frühmorgens fast alle verschwunden, und es verspricht, ein schöner Tag zu werden. Erst heute sieht man die atemberaubende Aussicht auf die Dolomiten und Sappada im Tal. Auch die fünfgeschoßige Hütte ist absolut sehenswert, mit ihren nepalesischen Gebetsfahnen vor dem Eingang, den roten Fensterbalken aus Holz und einem hellgrünen Blechdach. Es scheint nun die Sonne, und wir machen uns auf zu dem auf der Anhöhe nahe der Hütte gelegenen Kirchlein, wo Bruno allerlei Informationen mit uns teilt. Die Kapelle zu Ehren der Maria Ausiliatrice (Beschützerin der Bergbewohner) wurde 1930 auf Vorschlag der Salesianer vom „Don Bosco"-Orden in Tolmezzo errichtet. Die Bewohner des Pesarina-Tals leisteten einen großen Beitrag zum Bau; vor allem waren es die Frauen, die das Material mit Körben auf dem Rücken vom Talboden hierher transportierten. Die Weihe der Kapelle fand unter reger Teilnahme der Bevölkerung und von Bergsteigern am 2. August 1931 statt. Monsignore Nogara, Erzbischof von Udine, übernahm die christliche Weihe. Der Tag endete für den Prälaten nicht glorreich, denn als die Besucher klatschten, bockte das Maultier, das ihn transportierte, und er fiel zu Boden.

Nach einem Gruppenfoto mit durchwegs gut gelaunten Wanderinnen und Wanderern und einer herzlichen Verabschiedung von Simone und seinem Team machen wir uns zuerst auf denselben Weg wie gestern. Nur trübt heute kein dichter Nebel unsere Sicht, dass uns Blumen wie die weißen Strauß-Glockenblumen oder der Wiesen-Augentrost nicht verborgen bleiben. Auch erblicken wir noch mehr hölzerne Zwerge als gestern, die uns immer wieder ein Lächeln ins Gesicht zaubern. Den Wegabschnitt bis zu den Ruinen der Käserei Clap Piccolo kennen wir bereits.

Nun folgen wir dem Weg CAI 315 rechts hinauf zum Fuß des Campanile di Mimoias (1 900 m). Im Gänsemarsch gehen wir den schmalen Pfad entlang und die Ausblicke – bei nun fast wolkenlosem Himmel – sind beeindruckend. Aufpassen muss man hier aber trotzdem, denn ab und zu ist der Weg ziemlich abschüssig. Im von Kalkgestein und Latschen dominierten Gebiet gedeiht der

Kurz vor dem Elbel-Pass heißt es gut aufpassen.

Blaugrüne Steinbrech genauso wie der gelbe Wolfseisenhut, Arnika und Salbei. Und als Krönung sichten wir ein paar Alpen-Edelweiß, fast ganz oben auf dem Elbel-Pass auf 1 963 Metern. Nun machen wir nach etwa zwei Stunden eine ausgiebige Pause und haben als Draufgabe zwischen den Cresta di Enghe und den Crete Brusarde einen wunderbaren Blick auf die Bergwelt in Norden von Sappada. Danach beginnt ein Abstieg von 783 Höhenmetern nach Sappada. Besonders zu Beginn ist etwas Aufmerksamkeit vonnöten. Doch auch hier lohnt sich ab und zu ein Blick zurück, um die mystische Atmosphäre mit weißen Wolken und grauen Bergen einzufangen. An einer Gabelung nach etwa 200 Höhenmetern halten wir uns links und erreichen nach einer kurzen Kletterei eine Kaskade, de- ren Wasser sich eisblau in einem tiefen Bassin sammelt. Hartge- sottene nehmen hier ein Bad, andere tauchen nur ihre Füße und Beine ins Nass. Und mit Bruno ist hier eine Pause fällig. Dabei singen wir alle ein Geburtstagsständchen „Tanti auguri a te" für Lucia, die heute ihren Ehrentag feiert. Dann sind alle so richtig beim Singen, und es folgen „La Montanara" und andere Heimatlieder, die mir leider nicht bekannt sind. Anschließend gehen wir weiter und erreichen bald die Furt des Rio Enghe.

Nachdem wir den Bach überquert haben, führt zunächst ein Saumpfad (CAI 314) und dann ein Karrenweg hinunter zu einer Brücke über den Piave bei Sappada. Nun ist es nur noch ein kurzer Aufstieg bis ins Herz von Sappada. Bei der Chiesa di Santa Margherita nehmen wir einen ausgiebigen Schluck Wasser aus dem Brunnen. Danach besuchen wir in der Gruppe die Kirche, beten und singen – wie es sich auf dieser geführten Tour auf dem Cammino delle Pievi so gehört. Was natürlich auch dazugehört, ist ein gemütlicher Ausklang bei einem Bier oder Radler im Gastgarten in der Edelweiß-Stube. Diese gemeinsame Tour wird uns allen noch lange in Erinnerung bleiben, weil sich dabei schöne Freundschaften entwickelt haben.

Anmerkung:
Es gibt auch eine Variante mit weniger Höhenmetern von Rifugio Tenente Fabbro nach Sappada. Diese erfordert aber ebenfalls Kondition und führt mitten durch die Cadorischen Dolomiten entlang der Bretoni- und Terze-Gruppe im Veneto. Sie wäre nur dann vorzuziehen, wenn die Zeit für die längere Variante nicht ausreicht. Sieben Kilometer lang geht es bergab entlang des Wildbaches Frison, um danach zum Digola-Pass auf 1674 Meter aufzusteigen. Genau hier befindet sich die Grenze zwischen dem Veneto und Friaul-Julisch Venetien. Und dann ist Sappada – die zweite Sprachinsel auf der Tour – bergab in gut sechs Kilometern zu erreichen. (21 km | 7 Stunden | 689 hm bergauf, 1 250 hm bergab)

Chiesa di Santa Margherita – Sappada

Die Hauptkirche von ganz Sappada steht im Dorf Granvilla. Am Platz der heutigen Kirche Santa Margherita aus 1779 befand sich einem Dokument zufolge bereits im Jahre 1327 eine Kirche. Diese wurde 1666 erweitert und zwischen 1777 und 1779 von Meister Thomas von Lienz umgebaut. 1790 wurde sie geweiht, ein Jahr später zur Pfarrkirche erhoben.

Der heutige Kirchenbau wurde mit barocken Elementen nach Tiroler Vorbild erbaut. Das Dach ist aus Holzschindeln gefertigt. Die Außenfassade, in der sich die Farben Rosa und Ocker abwechseln, ist in sieben Nischen – mit Fresken des Künstlers Giovanni Moro von Christus, dem heiligen Petrus, dem heiligen Paul und weiteren Heiligen sowie dem Erzengel Michael – gegliedert. Das Innere der Kirche, reich an Verzierungen und Stuckaturen, hat ein einziges Schiff mit vier Seitenkapellen. An der Decke sind die Fresken des Malers Francesco Barazzutti aus Gemona aus dem Jahr 1906 beachtenswert. Hinter dem Hochaltar aus weißem Marmor der Brüder Cavallini aus Pove (Vicenza), 1915, mit Skulpturen von Arturo Ferraroni aus Cremona, befindet sich die von Johann Renzler von St. Lorenzen gemalte Altartafel von 1802, auf der die Heilige Dreifaltigkeit mit der Jungfrau Maria und der heiligen Margherita dargestellt sind. Das Gemälde der Madonna von Einsiedeln stammt aus der zweiten Hälfte des 19. Jahrhunderts. Es wurde von der Schweizer Benediktinerabtei Einsiedeln erworben.

Die Pfarrkirche bewahrt einige relevante Kunstwerke, zwei Holzstatuen an dem ersten Altar auf der linken Seite, die die heilige Margherita und Katharina von Alexandria darstellen, die bis um 1540 zurückreichen und im Stil von Michele Parth geschnitzt wurden.

Der äußere Glockenturm, der sich ganz in der Nähe der Kirche befindet, hat drei Glocken im Glockenstuhl: Eine ist wieder der heiligen Margherita, eine der heiligen Jungfrau Maria und die dritte den Heiligen Hermagoras und Fortunato gewidmet.

Silvio Fauner – Sappada
Olympiasieger im Dorf der Champions

Chefin Alessia Cappellotto vom Albergo Venezia hätte mir gleich drei Olympiasieger aus dem Ort als Interviewpartner verschaffen können. Wo gibt es denn sowas? In Sappada! Getroffen habe ich letztendlich den berühmtesten und erfolgreichsten: Silvio Fauner.

Die Erfolge eines der stärksten italienischen Langläufer aller Zeiten können sich sehen lassen: fünf olympische Medaillen, darunter eine Goldene (1992 bis 1998) und sieben WM-Medaillen (1993 bis 1999). Ein erster Schritt in diese Richtung erfolgte im Salzburger Land. Als 19-Jähriger holte Silvio Fauner im Februar 1988 bei den Nordischen Junioren-Weltmeisterschaften in Saalfelden im Staffelrennen die Silbermedaille. Danach jagte er von Triumph zu Triumph. Als das in seiner Karriere beste Jahr ist ihm 1995 in Erinnerung, als er in Thunder Bay unter anderem im Einzelrennen über 50 Kilometer seinen ersten und einzigen Einzel-Weltmeistertitel erreichte. Der Polizist trainiert die Sportgruppe der Carabinieri und ist seit 2007 Cheftrainer der italienischen Skilanglauf-Nationalmannschaft.

Der Erfolg ist dem sympathischen und bescheidenen Top-Athleten (1968 geboren) nicht zu Kopf gestiegen. Im entspannten Gespräch erzählt er mir in fast dialektfreiem Hochdeutsch von sich und seiner Heimat Sappada. Dieses Gebiet auf gut 1200 Metern Seehöhe wurde vor 1000 Jahren von Einwanderern großteils aus Villgraten besiedelt. „Plodn", wie Sappada von den Einheimischen genannt wird, besteht aus 15 Dörfern, die sich an der Sonnenseite des Tals verteilen. Diese Weiler haben in der Regel eine eigene Kirche oder Kapelle, zumindest aber ein Kruzifix. Und selbstverständlich ihren Dialekt, den sie aus Villgraten mitgebracht haben. Zumindest die älteren Einwohner beherrschen noch das „Ploderische".

Die Menschen von Sappada sind stolz auf ihren Olympiasieger „Sissio", wie er liebevoll genannt wird. Seine Freude ist groß, wenn er an viele weitere junge Sportgrößen aus Sappada, wie etwa Lisa Vittozzi (Biathlon), Pietro Piller-Cottrer (Langlauf) und Emanuele Buzzi (Downhill), denkt. „Wir können bei 1300 Einwohnern zehn

olympische Medaillen in drei Disziplinen vorweisen. Das ist schon sehr gut", sagt er.

Ins Schwärmen gerät Silvio Fauner besonders, wenn's um seinen Sport geht und um den Winter. „Meine Leidenschaft war schon immer der Skisport, bereits als ganz kleiner Bub", sagt er. „Wir waren nach der Schule draußen in der Natur, im Schnee." Vor 20, 30 Jahren gab es hier jeden Winter meterweise von der weißen Pracht. Dann hat sich die Höhe auf etwa 40 bis 50 cm eingependelt. Eine Ausnahme war der Winter 2020/21, als im Jänner bis zu zwei Meter Schnee zu messen waren. Noch heute freut sich der Sportler und Vater dreier erwachsener Kinder jeden Winter über den ersten Schnee, „wie ein Kind". Seine jüngste Tochter Eleonora Fauner (21) hat als einzige wie der Vater eine sportliche Karriere eingeschlagen und ist italienische Juniorenmeisterin im Biathlon.

Silvio Fauner kennt die Berge – wie das Skigebiet Sorgenti di Piave, das Rifugio Calvi oder den Monte Peralba (2694 m) in den karnischen Alpen – wie seine Westentasche. „Beim Training über die Jahre habe ich hier alle Berge kennengelernt", sagt er. Aber Lieblingsberg gibt es keinen, „das sind alle".

Silvio Fauner schwärmt vom Leben im Bergdorf. „Es ist super. Wir haben hier alles." Sappada ist vom Tourismus geprägt, vier Monate im Winter sowie vier Monate im Sommer. „Wir würden ohne Weiteres in der Nebensaison noch Touristen vertragen", sagt er. Die Einwohnerzahl von Sappada blieb in den vergangenen 20 Jahren konstant, „nicht wie in vielen anderen Dörfern der Region. Die Gemeinde macht entsprechend Politik, dass die Leute hierbleiben können."

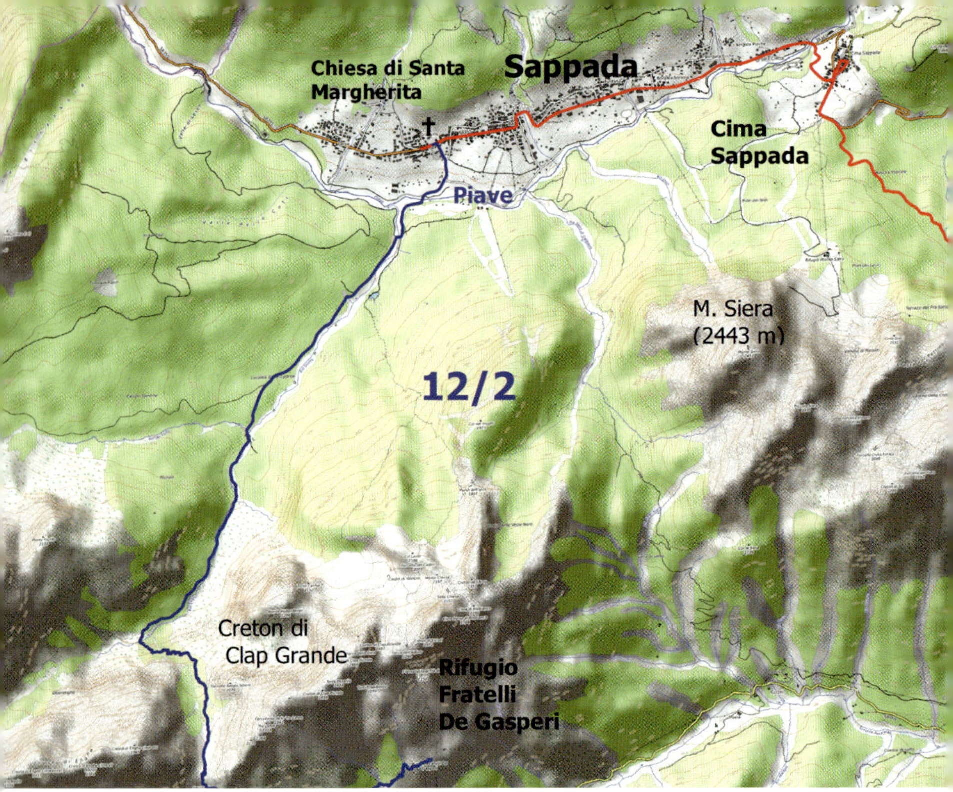

Chiesa di Santa Margherita

Sappada

Cima Sappada

Piave

M. Siera
(2443 m)

12/2

Creton di Clap Grande

Rifugio Fratelli De Gasperi

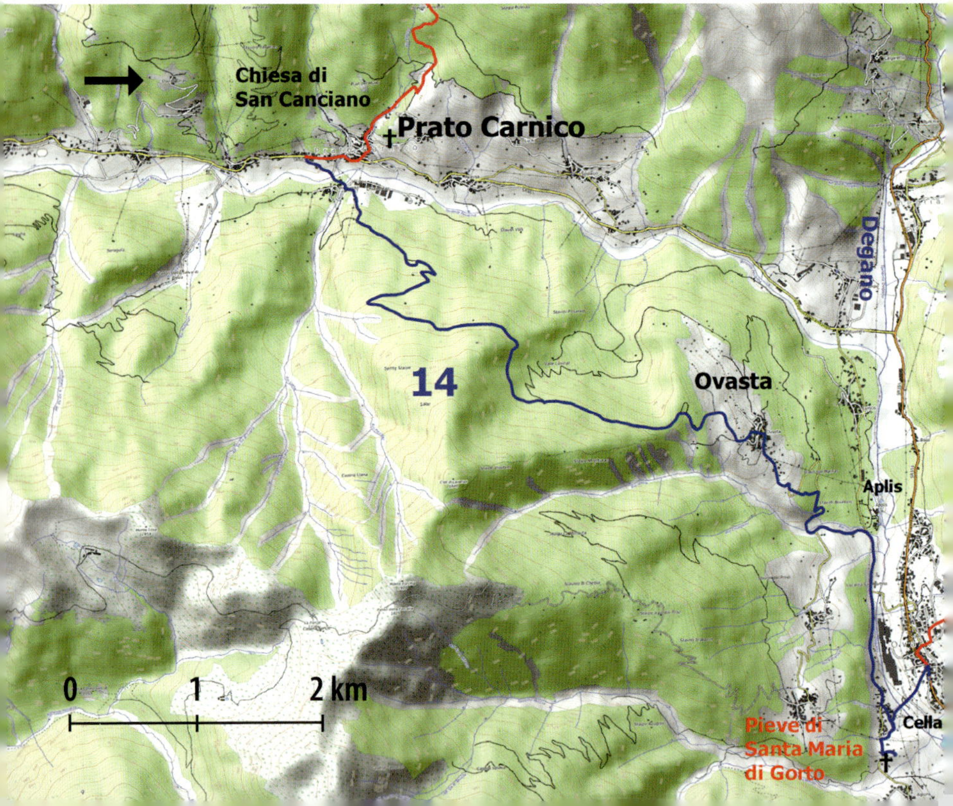

Chiesa di San Canciano

Prato Carnico

Degano

14

Ovasta

Aplis

0   1   2 km

Cella

Pieve di Santa Maria di Gorto

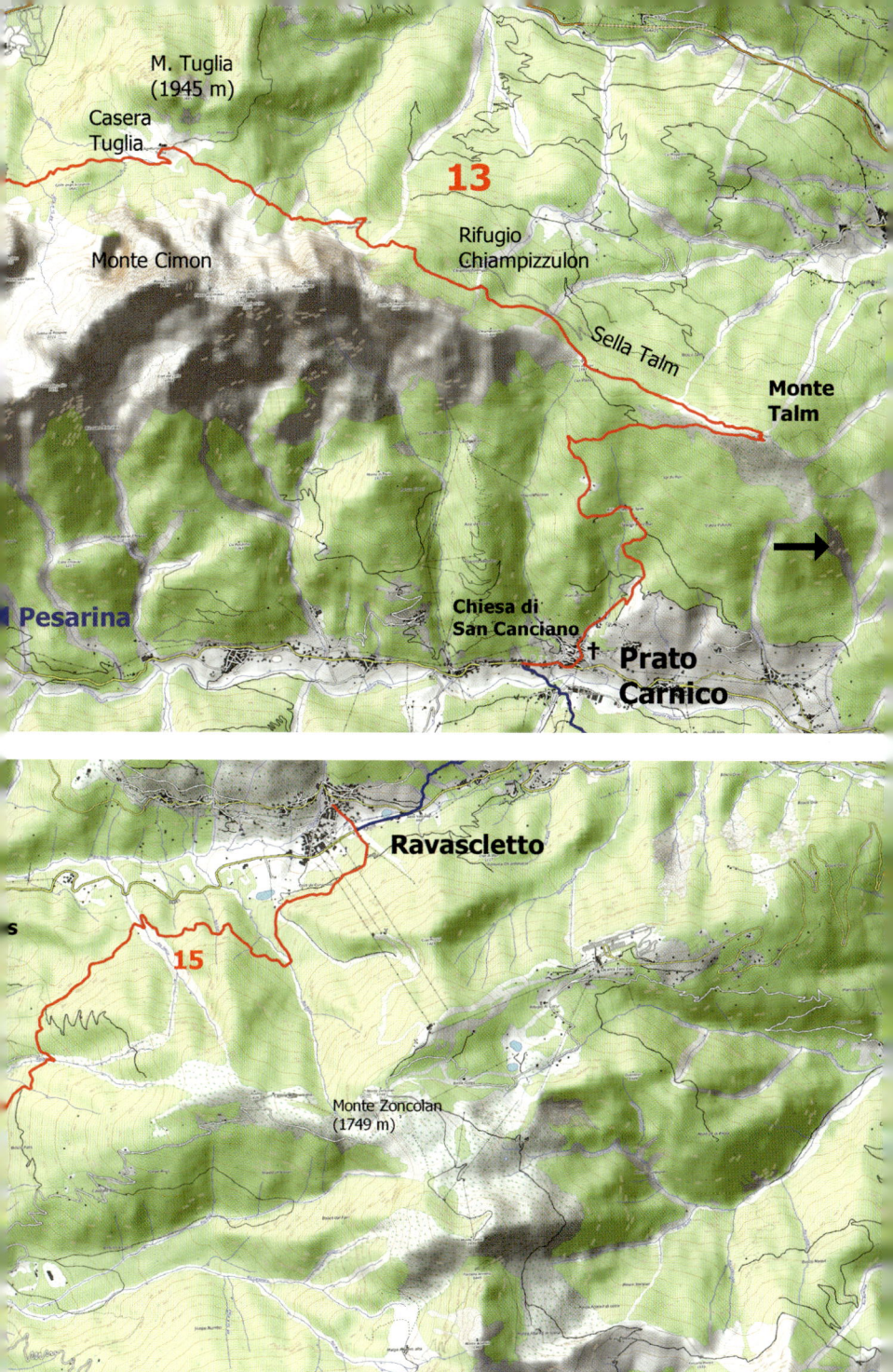

Etappe 13

Sappada → Cima Sappada → Prato Carnico

Eine körperlich anspruchsvolle Route, die zuerst 3,3 Kilometer auf Asphalt von Sappada nach Cima Sappada führt. Dort sollte man sich unbedingt Zeit nehmen, in das museumsgleiche Herz des Dorfes einzutauchen. Dann geht es im Schatten von Buchen- und Mischwäldern auf Wanderwegen bergauf, bis man bei der Casera Tuglia nach insgesamt 9,6 Kilometern auf einer Höhe von etwa 1600 Meter – mit Auf- und Abstiegen – die gesamte Ostseite der Pesariner Dolomiten durchquert und einen schönen Blick auf die Berggruppen von Peralba und Cogliàns hat. Den Aufstieg zum Monte Talm sollte man sich nicht entgehen lassen, denn von hier aus genießt man – bei guten Wetterverhältnissen – einen Rundumblick, der von den Tälern des Torrente Degano bis zu den Karnischen Voralpen reicht. [Karte Seite 156–157]

19,9 km | 7 Stunden | 716 hm bergauf, 1291 hm bergab (über den Monte Talm)

Wer diese lange Etappe gemütlicher gestalten möchte, kann sie durch eine Übernachtung bei der Casera Tuglia nach 7,2 Kilometern oder beim Rifugio Chiampizzulon nach 11,3 Kilometern unterbrechen. Wenn man den Gipfel des Monte Talm (1 727 m) auslässt, hat man zwar 130 Höhenmeter weniger und eineinhalb Stungen weniger Gehzeit zu verzeichnen, versäumt aber einen Höhepunkt des gesamten Cammino delle Pievi.

Ich verlasse das Albergo Venezia, in dem ich heute übernachtet habe. Sappada, das erst 2017 aus dem Veneto in die Region Friaul-Julisch Venetien eingegliedert wurde, besteht aus 15 Weilern, von denen ich die nächsten 3,3 Kilometer Palù, Bach, Mühlbach, Hoffe, Ecche, Soravia und Cretta passiere, bevor ich in Cima Sappada eintreffe. Auf dem Weg komme ich am Gemeindeamt vorbei, an dessen Fassade eine Sonnenuhr mit der Jahreszahl 1078 prangt, darunter stehen die deutschen Worte „Neuer Mut ist Lebensglück". Die Tatsache, dass ich heute lange unterwegs sein werde, beschleunigt meinen Gang. Ganz Sappada ist vom Tourismus geprägt, wobei es trotzdem viele verlassene und verfallene Häuser gibt, die auf einen Investor warten.

In Cretta betrete ich die Cappella della Santissima Trinità aus dem Jahr 1727 – auf Ploderisch: „Hailigedraivoltichkaitmaindl". Sie ist eines der ältesten Bauwerke in Sappada. Nach der Überquerung des Flusses Piave auf Höhe des Alpinparks biege ich nach rechts bei der weißen Kapelle mit Holzdach auf einen Schotterweg ein. Bald offenbart sich mir ein grandiosen Blick auf den Dolomitenkamm des Monte Siera (2 443 m). Postkartenidylle pur! Der Wiesenweg endet beim Ethnographischen Museum Giuseppe Fontana, das 2009 in einem ehemaligen Sprachgymnasium eingerichtet wurde. Die Ausstellung umfasst Objekte aus Landwirtschaft und Handwerk der „Sappadini". Bei mir drängt die Zeit – ich möchte heute noch vor Einbruch der Dunkelheit Prato Carnico erreichen – deshalb sehe ich von einem Besuch des Museums ab.

Wichtiger erscheint mir, das Dorf Cima noch etwas näher zu betrachten. Nach der eingehenden Führung meiner neuen Freundin Caterina Benedetto, die ich zufällig am Friedhof der Kirche Sant' Osvaldo aus dem Jahr 1732 kennengelernt habe, ist es mittlerweile Mittag geworden. Jetzt heißt es aber, sich zu sputen. Es liegen noch etliche Kilometer und Höhenmeter vor mir. Zum Glück sind die Tage lang. Auch das Wetter ist mir hold. „Arrivederci" prangt auf der Holztafel an der Regionalstraße am Ende von Cima Sappada. Nach der Talstation des Sessellifts Monte Siera biege ich rechts in einen Feldweg ein (CAI-Wegmarkierung 320). Das Sträßchen wird zu einem Pfad und quert diagonal den Nordwesthang des Monte Geu (2 109 m). Entlang des Rio Geu wachsen Brunnenkresse, Fetthenne und einige gefleckte Orchideenarten. Das Plätschern des Wildbaches, der sich quer durch den Wald windet, wirkt beruhigend. Ruhig ist es auf diesem Weg ohnehin, lediglich ein Ehepaar mittleren Alters aus Triest treffe ich, mit dem ich ein paar nette Worte wechsle. Der Pfad führt zum Karrenweg (laut Wegweiser noch eine halbe Stunde von der Casera Tuglia entfernt), der Ausblicke vom schroff in den Himmel ragenden Monte Geu im Süden bis zum Monte Tuglio (1 931 m) im Norden und der östlich davon stehenden renovierten Almhütte auf 1 597 Meter bietet.

Auf den Weiden rund um die Alm liegen etwa zwei Dutzend Kühe auf den grünen mit Klee und Hahnenfuß durchsetzten Weiden. Von der Hütte geht es leicht rechts weiter auf dem Saumpfad (CAI 227) zur Casera Campiut di Sopra (1 598 m). Ich durchquere erst eine Mulde, die von einem alpinen Torfmoor eingenommen wird. Der Weg führt sanft weiter durch einen Wechsel von Lärchenwäldern mit Unterholz und alpinen Heiden sowie vegetationslosen Bereichen entlang der Schuttrinnen der Creta della Fuina und des Monte Pleros. Ich erreiche ein Gebiet ehemaliger Weiden, das jetzt wieder von Lärchen und Fichten besiedelt ist. Diese Wiesen sind bunt durchwachsen.

Auf dem nahen Bankerl an der Wanderweg-Kreuzung raste ich kurz und setze danach meinen Weg auf dem CAI 228 fort. Er steigt einige hundert Meter durch einen Lärchen- und Tannenwald an.

In Cima Sappada stehen rustikale Holzhäuser,
wie man sie in ähnlicher Form auch aus Osttirol kennt.

Der schmale Pfad bis zur Aussichtsplattform „Belvedere Cuel di
Ruedo" auf 1700 Meter offenbart auch ohne Info-Tafel traumhafte Ausblicke auf die gegenüberliegende Bergwelt rund um Forni
Avoltri und das Degano-Tal. Rechts ober mir erhebt sich der mächtige Monte Cimon (2442 m). Und was sich direkt auf Augenhöhe entlang des Pfades Nr. 228 mindestens bis zur Kreuzung zur
Chiampizzulon-Hütte abspielt, wird – wie sich herausstellen wird –
in dieser Fülle nicht mehr leicht überboten. Die weißen Blüten der
Silberwurz, der Akeleiblättrigen Wiesenraute und der Preiselbeere
sowie die blauen der Gewöhnlichen Akelei und die lila gesprenkel-
ten der Türkenbundlilie und viele mehr säumen meinen Weg.
Einen kurzen Moment überlege ich mir, ob ich nicht doch einen
Abstecher zur einladend unter mir liegenden Hütte mit dem
großen Gastgarten machen und dort ein kühles Getränk zu mir

nehmen sollte. Aufgrund der Uhrzeit – es ist bereits 15 Uhr – entscheide ich mich dagegen und gehe nun flott bergab und eben bis zum Talm-Sattel „Sella Talm" auf 1600 Metern. Von hier aus beginnt der lange Abstieg nach Prato Carnico.

Hier gibt es zwei Möglichkeiten: Entweder man lässt den Monte Talm (1728 m) im wahrsten Sinn des Wortes links liegen und geht die direkte Route auf dem Weg 226 – sich immer links haltend – zur Monte-Talm-Hütte, oder man unternimmt noch einen Abstecher, atemberaubende Aussicht inklusive, auf den Berg. Aufgrund der tollen Fernsicht habe ich mich nun um 15.39 Uhr für den Berg entschieden und schlage links den Weg 226 a ein. Vorbei an der Jägerhütte „Rifugio cacciatore" von Rigolato geht es leicht bergauf in etwa 40 Minuten zum Gipfel. Die Strapaz am späten Nachmittag wird belohnt: mit einer Aussicht, die von den Karnischen Alpen im Norden – die Hohe Warte (2780 m) ist wolkenverhangen – über das Val Degano bis zum Tagliamento im Südosten und über das Val Pesarina im Süden bis zum Terza Grande und zum Cadore-Tal im Osten reicht.

Auf dem Gipfel steht unübersehbar die gusseiserne mit einem Edelweiß verzierte Freundschaftsglocke „Campana dell'amicizia". Ehemalige Alpin-Soldaten der ANA („Associacione Nazionale Alpini") aus Rigolato haben sie 1985 hier aufgestellt. Die Freundschaftsglocke ist ein Symbol für die Brüderlichkeit unter den Gebirgsjägern, die sich gegenseitig „frádis" (Brüder) nennen. Einmal im Jahr (am letzten Sonntag im August) wird hier eine Heilige Messe gefeiert, um all derer zu gedenken, die in den beiden Weltkriegen gefallen sind. Die Glocke lädt zum krönenden Abschluss des „Gipfelsieges" zum Läuten ein. Mit dem dumpfen Geräusch im Ohr und einer großen Befriedigung, diesen wunderbaren Ort gesehen zu haben, mache ich mich um 16.35 Uhr auf ins Tal.

Um nicht denselben Weg zurückwandern zu müssen, bietet sich der Weg CAI 226 an, der sich rechts vom Gipfel bergab schlängelt. Drei Stunden Abstieg sind laut Wegweiser bis Prato Carnico angeschrieben, das heißt, ich werde etwa um halb acht in meiner Bleibe – der „Casa del Popolo" im Ortsteil Pieria – sein.

Der Monte Talm belohnt alle, die sich der
Freundschaftsglocke nähern, mit dieser Aussicht.

Bald mündet der Weg in eine Straße, die an der heute verlassenen Monte-Talm-Hütte vorbeiführt. Kurz danach biege ich rechts
auf einen Saumpfad ein, der durch Nadelwald bald zu den ersten
Bauernhöfen führt. Jetzt wird es anstrengend, und ich muss mich
konzentrieren, nicht zu stolpern. Erst freue ich mich noch über die
Querrillen, die Hunderte Meter lang in die betonierten Straßen
getrieben sind. Doch auch hier ist das Bergab-Gehen sehr heraus-
fordernd. Ein am Waldrand stehendes Rotes Waldvögelein – eine
Orchideenart – lenkt mich von meinen nun schmerzenden Unter-
schenkeln ab, und ich sehe flugs wieder die schönen Seiten meines
Weges, auch wenn ich mich jetzt schon sehr nach einem Ende der
heutigen Tour sehne. Es folgen noch etwa drei Kilometer Wald-
pfade, die teils überwachsen, teils schottrig und teils mit uralten
Steinen gepflastert sind.
Endlich erreiche ich die ersten Häuser von Prico, einem Ortsteil
von Prato Carnico. Düster und wie aus einer anderen Zeit wirken
die steinernen Gebäude, viele sind verlassen, eines wird restauriert,

ein paar sind wohl noch bewohnt. Bergab komme ich nun zur Kirche, die dem Heiligen Canciano geweiht ist. Nach weiteren 500 Metern der Hauptstraße SS 465 entlang habe ich mein heutiges Ziel, die „Casa del Popolo" und meinen Gastgeber Marco Maieron, um 19.30 Uhr erreicht. Er verwöhnt die müde Wanderin mit selbst gemachter Pasta asciutta, Frico und Polenta, dazu kredenzt er mir ein Glas Vino rosso. Und als „Betthupferl" stoßen wir noch mit einem Kräuterbitter, einem Amaro, an.

Chiesa di San Canciano Martire – Prato Carnico

Die Pfarrkirche von Prato Carnico, die dem heiligen Canciano Martire geweiht ist, beherbergt eine bemerkenswerte Reihe von Altären und Gemälden: Das bedeutendste Werk ist der Flügelaltar aus geschnitztem und vergoldetem Holz, der 1534 von dem Bildhauer Michele Parth aus Brunico geschaffen wurde.

Die am Anfang des Dorfes gelegene Kirche San Canciano ist relativ neu, sie ersetzte ein bereits bestehendes Gebäude, das vielleicht aus dem 14. Jahrhundert stammte und von dem nur noch der äußere gotische Glockenturm erhalten ist. Das Gebäude wurde mehrmals renoviert, insbesondere nach dem Erdbeben von 1700, das das Gebäude schwer beschädigt hatte. Sein heutiges Aussehen verdankt die Kirche einem Projekt von Don Martino De Crignis, Pfarrer von Ravascletto, das dann von Baumeister Girolamo D'Aronco aus Gemona ausgeführt wurde.

Im Inneren der Kirche befindet sich ein Hochaltar aus Marmor, der 1790 von der Pfarrei von Ampezzo erworben wurde. Die Figuren der beiden Titularheiligen Cancio und Canciano, sind aus bemaltem Holz, ein Geschenk eines Verehrers aus dem Jahr 1836. Der Altar der Heiligen Cancio, Canciano und Cancianilla ist ein Polyptychon mit Flügeln (Flügelaltar) von Michele Parth aus Puster, das 1534 angefertigt und von den Dekanen des Canale di San Canciano mit mehr als 200 Dukaten bezahlt wurde.

Dieses interessante Altarbild zeigt im oberen Teil in der zentralen Nische die Titelheiligen und im unteren Teil die Geburt Christi, wobei die geöffneten Türen im oberen Teil die Heiligen Petrus und Paulus präsentieren.

Caterina Benedetto – Cima Sappada
Ein Leben im Freilichtmuseum

Wie so oft auf meinem Weg ist mir das Schicksal gnädig, und ich lerne auf dem Friedhof der Kirche an der Hauptstraße „Chiesa di Sant' Osvaldo" Caterina Benedetto kennen. Die Chemie zwischen uns stimmt sogleich, und ich stelle ihr eine Frage nach der anderen. Welch großes Glück ich habe, denn Caterina nimmt sich über eine Stunde Zeit für mich. Sie zeigt mir „ihr" Cima, und ich darf in traditionelle Wohnhäuser ihrer Freunde eintreten, wie das Voltan- oder das Trojer-Haus. Cima ist mit seinen gepflegten alten Häusern wie ein Freilichtmuseum, in dem echte Menschen wohnen. So wie Margherita Piller und Aldo Fauner – er ist übrigens der Bruder von Silvio Fauner –, die das Voltan-Haus aus dem Jahr 1754 Agriturismo-Gästen zur Verfügung stellen. In ihrer Landwirtschaft züchten sie „Noriker"-Pferde zum Kutschenfahren. Margherita Piller erzählt mir bei der Besichtigung des rustikal mit viel Holz eingerichteten Bauernhauses vom alleinstehenden Schmuggler Antonio Eccher „Voltan", der hier bis 1980 in der alten Stube – jetzt wird sie als Einzelzimmer vermietet – gelebt hat. „Er hat Salz und Zigaretten geschmuggelt, gelebt hat er aber vom Betteln."

Ein paar Häuser weiter sitzt die Dorfälteste mit ihrem Sohn auf der Bank vor dem Haus: die 99-jährige Erminia Colle Tiz und Antonio

Benedetto. Ich darf mich zu Erminia, neben der ein Holzstock lehnt, auf die Bank setzen und ein paar Sätze mit ihr plaudern. „A Johr geht oiwei umma des gonze Lebm", sagt die rüstige zufriedene alte Frau in einem gut verständlichen Tiroler Dialekt. Nach diesem weiteren Geschenk entlang meines Cammino und einem herzlichen „Schanni", was so viel bedeutet wie „Pfiat di" oder das friulanische „Mandi", verlasse ich Cima.

Marco Maieron, Casa del Popolo – Prato Carnico (Pieria)
In ihren Gemäuern schlägt das Herz der Solidarität

Die „Casa del Popolo" ist über 100 Jahre alt und ein wie der Name schon sagt „Haus des Volkes". Im Gastraum hängt das eingerahmte etwas zerknüllte Gründungsmanifest vom 2. Februar 1913. Der Entschluss, das Haus fürs Volk zu bauen, wurde in Dortmund von Auswanderern aus den Tälern gefasst. Und während es in der Heimat 150 freiwillige Arbeiter von 1909 bis 1912 errichteten, kamen die Gelder aus allen Ecken der Welt.
Seit 2013 bewahrt die Casa del Popolo die Geschichte des Pesarina-Tals. Das Gebäude wurde für die Hotelunterbringung renoviert und verfügt nun über fünf Gästezimmer (16 Betten) und ein Bar-Restaurant im Erdgeschoß. Im zweiten Stock befinden sich ein großer Empfangsraum und die Stadtbibliothek, wo Veranstaltungen und Ausstellungen stattfinden.

Marco Maieron mit seiner Mitarbeiterin Paula vor der Casa del Popolo.

Der Gastgeber der Casa del Popolo, Marco Maieron, ist leidenschaft-
licher Radfahrer und Chef der „Rete Bike Friuli-Venezia Giulia Coop. "
Dass er auch gut kocht, wird mir beim gemeinsamen Abendessen mit
ihm und seinem Freund Thomas Rupil bewusst. Wie ich später erfah-
ren musste, ist Thomas noch im selben Jahr beim Schwammerlsuchen
in der Region tödlich verunglückt.
Natürlich stehen Marcos Gästen auch Räder zum Ausleihen zur Ver-
fügung. „Wir kombinieren das Radfahren mit Kost und Logis", sagt der
sympathische Geschäftsmann.
Selbstverständlich sind auch Nicht-Radfahrer, so wie ich, gern gesehene
Gäste. Das Herz des 55-jährigen Marco Maieron schlägt neben dem
Biken auch für so geschichtsträchtige Gebäude wie die „Casa del Popo-
lo". „Es ist die lokale Geschichte, die die Ideale des Sozialismus und der
Solidarität jener Männer und Frauen repräsentiert, die vor über 100
Jahren in diesen revolutionären Prinzipien die Zukunft sahen. Die Zei-
ten haben sich geändert und viele Menschen mussten wegziehen, aber ich
glaube, dass dieses Haus und seine Werte ewig bleiben", sagt er.
Die Bar-Osteria ist ein Treffpunkt für Jung und Alt. So lerne ich hier
einen älteren Herrn aus dem Dorf kennen. Mario kehrt mit seinem
kleinen Langhaardackel-Mischling „Griffo" jeden Tag hier ein – wenn
er sich nicht gerade in seinem Haus in Venedig, in der Via Garibaldi,
aufhält. „Wirklich zu Hause bin ich aber in Carnia", sagt der rüstige
Mario, der mir sein Alter nicht verrät.

Prato Carnico → Ovaro → Pieve di Santa Maria di Gorto

Diese Etappe ist mäßig anspruchsvoll, und so bleibt genug Zeit für Sightseeing oder einen Rast-Nachmittag. Die Route führt vom Val Pesarina zum Ovaro-Becken und verbindet zwei typische Dörfer der zentralen Karnischen Alpen im Herzen Karniens. Der Weg führt durch bewaldete Gebiete, wobei man die Pesarina-Dolomiten hinter sich lässt und sich ein Blick auf die Bergwelt rund um Zoncolan, Tamai und Arvènis eröffnet. [Karte Seite 156–157]

11,9 km | 4 ¼ Stunden | 532 hm bergauf, 678 hm bergab

Die „Casa del Popolo" liegt direkt an der Kreuzung nach Pradumbli, einem Ortsteil von Prato Carnico. Ich lasse den Aufenthalt im netten Albergo mit einem perfekten Frühstück und einem Ratscher mit Marco und seinen Gästen gemütlich ausklingen. Nun aber wird's Zeit zum Aufbruch, und ich wandere hinunter zur Brücke über den Torrente Pesarina bis nach Pradumbli, wo bald eine zweite Brücke über den Rio Liana führt. Der Blick zurück auf Prato Carnico lohnt, das gut eingebettet wie in einem Nest in der dicht bewaldeten Region liegt. Nach etwa 100 Metern weiter rechts – ein renoviertes Steinhaus mit Kapelle passierend – biege ich links auf einen bergauf führenden Feldweg ein. Nach 100 Metern, an einer weiteren Gabelung biege ich abermals nach links, lasse ein schönes Steinhaus rechts liegen und gewinne schnell an Höhe. Der Schweiß steht mir binnen kurzer Zeit auf der Stirn. Das ist nicht so schlimm, denn ich gehe sehr viel im schattigen Wald. Die Aufforstungen, teils mit Rottannen, stammen aus den Sechzigerjahren, und aufgrund des Lichtmangels und des sauren Bodens gibt es hier kaum eine andere Vegetation als Nadelbäume. Die kleine Holzhütte „Sopria", auf die ich bald treffe, ist mit Tisch und Bänken ausgestattet, doch noch ist es für eine Pause zu früh. Bald bin ich am heute höchsten Punkt des Weges auf 1052 Meter angelangt. Immer wieder erhasche ich einen Blick auf das unter mir liegende Val Pesarina. Kurz nach einem schönen Holzmarterl mit einem Bild von Jesus Christus – das fällt auf, weil die Heiligenbilder meist der Madonna gewidmet sind – geht es nach einer Kreuzung links weiter. Der Abstieg kann beginnen. Die Blüten der Bärtigen Glockenblume leuchten Blau im Sonnenlicht. In Valpugesia sieht es dann wieder mehr nach Landwirtschaft aus: Gemähte Wiesen, bewirtschaftete Terrassen, Nuss- und Obstbäume prägen das Bild. Obwohl es sich hier um feuchtigkeitsreiche Gebiete handelt, gibt es zwischen Prato und Ovasta keine Trinkwasserstellen. Erst in Ovasta selbst stehen Dorfbrunnen, die mit dem Wasser aus dem Bach Iesola gespeist werden. An der nächsten Kreuzung, nach etwa 300 Metern, gehe ich rechts weiter, bis ich nun nach etwa zweieinhalb Stunden die ersten Häuser des Dorfes Ovasta (745 m) oberhalb des Torrente Degano erreiche. Vorbei an gackernden Hühnern, Bauernhäusern und Höfen erreiche ich eine kleine Bar in der Via Pusarias di Ovasta Nr. 7. Sie ist, wie sich bald herausstellt, die einzige Bar-Osteria im ganzen Ort. Nach einer Koffeinspritze mit Espresso und Cola und einem netten und informativen Gespräch mit der Inhaberin der „Bar agli amici", Licia Beorchia, setze ich frisch und fröhlich meinen Weg nach Ovaro fort.

Davor schaue ich aber noch beim Gehöft „Casa De Corte" vorbei, einem charakteristischen Beispiel der karnischen Architektur aus dem 17. Jahrhundert. Kurz vor dem Ortsende komme ich an der örtlichen Kirche „Chiesa di Sant'Ulderico" vorbei. Das grüne Ziegeldach ist typisch für bedeutende Bauten in Karnien. Die warmen Grüntöne heben sich fast kitschig vom Azurblau des Himmels ab, sodass ich bei meinem Weg Richtung Ovaro immer wieder zurück auf die Kirche zu Ehren des heiligen Hilderich aus 1327 blicke.

Mein weiterer Weg verläuft an der Hauptstraße abwärts Richtung Talsohle des Degano. An einer Linkskurve biege ich beim gelben Pfeil an der Leitplanke der Straße in einen schmalen Waldweg ein. Er führt an einem renovierungsbedürftigen Marterl vorbei und endet, kurz bevor ich wieder die Hauptstraße erreiche, bei einem zweiten Andachtsplatz. Bei der nächsten Kreuzung halte ich mich links. Rechts unterhalb ist bereits Ovaro in scheinbar „greifbarer Nähe".

Die Ortschaft Prato Carnico von Pradumbli aus gesehen.

Im Valpugesia wird Landwirtschaft groß geschrieben.

Im Tal des Torrente Degano gehe ich rechts weiter. Schon bald erreiche ich die Ortschaft Aplis, die mit einem Naturmuseum, einem restaurierten venezianischen Sägewerk sowie einem Hotel-Restaurant in einem prächtigen renovierten Herrenhaus lockt.
Diese Etappe ist nach den vergangenen Tagen der reinste Spaziergang. Es ist erst 12.30 Uhr, so habe ich alle Zeit der Welt, mich ins Sightseeing zu stürzen und statte Aplis einen ausgedehnten Besuch ab. Nach einem informativen und äußerst netten Aufenthalt bei der Familie Filaferro, die Museum und Hotel betreibt, setze ich meinen Weg zur nächsten Taufkirche fort, nehme mir aber vor, zum Abendessen wieder hierher zurückzukehren. Die vielgerühmte Küche von Papa Roberto möchte ich mir nicht entgehen lassen.
Auf meinem nun noch knapp zwei Kilometer langen Weg zur Pieve di Santa Maria di Gorto, steht linkerhand die kleine Kirche San Martino, wo seit Jahren archäologische Ausgrabungen stattfinden. So kann ich leider nicht ins Innere; nur durchs vergitterte Fenster werfe ich einen Blick hinein. Bis auf den hölzernen Altar gleicht der Innenraum eher einer Baustelle als einer Kirche.
Fast noch mehr interessiert mich die Parte, die am Fenster befestigt ist. Daneben steht eine weiße, bereits weit heruntergebrannte Kerze im bronzenen Ständer. Sie gilt Monsignore Renzo Dentesano. Er war 43 Jahre lang Pfarrer der Gemeinde und starb kürzlich im

Alter von 74 Jahren. Ihm sind die archäologischen Ausgrabungen zu verdanken.

Ich gehe an der Brücke, die nach Ovaro führt, geradeaus vorbei und lasse die Papierfabrik auf der anderen Seite des Degano links liegen. Nun ist es nicht mehr weit bis zum urigen Dorf Cella. Hier befanden sich bis zum Ende des 14. Jahrhunderts fünf Ziegel-Brennereien. Die Region ist reich an Ton, und Ziegel wurden anstelle von Stroh zum Decken der Häuser verwendet. Der letzte Ofen in Cella – hier wurden auch Essschalen, Behälter für Wasser und Öl gefertigt – war bis etwa 1950 in Betrieb. Billigere Ware aus dem unteren Friaul versetzte der letzten Brennerei den Todesstoß. Hat man einen Blick für das Außergewöhnliche, sticht einem das Gebäude, dessen ovale Fensteröffnungen mit roten, teils grünen Ziegelsteinen eingefasst sind, ganz sicher ins Auge.

Nun aber weiter zur Mutterkirche, der Pieve di Santa Maria di Gorto, die inmitten eines Friedhofes auf einem Hügel thront. Von hier aus ist die Sicht aufs Degano-Tal und die dahinterliegende Bergwelt der Karnischen Alpen wunderbar. Es ist so leicht nachvollziehbar, warum hier einst eine Burg zur Verteidigung stand.

Nach dem Besuch dieses geschichtsträchtigen Ortes verlasse ich Cella über die Via Rosas und komme Richtung Ovaro an der Chiesa di San Rocco vorbei, bevor ich die schmale Fußgängerbrücke über den Degano nehme. Und dann liegt da noch die Chiesetta di San Vigilio auf meinem Weg. Das liebevoll restaurierte Kirchlein am Ufer des Degano birgt allerlei Schätze. Im Eingangsportal ist die Malerei des heiligen Vigilio ein Blickfang.

Nun aber „basta" mit Kultur. Jetzt gilt mein Augenmerk meinem körperlichen Wohlbefinden mit einer Dusche und ein bisschen Schlaf. Signora Illaria vom Bed-and-Breakfast „A Due Passi" mitten in Ovaro hat dafür ein gemütliches Appartement für mich vorbereitet – mit wunderbarem Blick auf die Pieve. Wie eine Freundin begrüßt sie mich, und so fühle ich mich sofort wie zu Hause.

Nach einer ausgiebigen Pause mache ich mich gegen Abend wieder zu Fuß auf, die 1,7 Kilometer ins Hotel Aplis zurückzulegen, um im gediegenen Ambiente ein Abendessen vom Feinsten zu genießen.

Pieve di Santa Maria di Gorto – Ovaro
Herrin über das Degano- und Pesarina-Tal

Fast gegenüber von Ovaro, auf einer Anhöhe zwischen Cella und Agrons, erhebt sich die antike Pieve di Santa Maria di Gorto. Sie ist der heiligen Maria gewidmet und wird zum ersten Mal in der Gründungsurkunde der Abtei von Moggio (1119) erwähnt; die Kirche geht aber auf eine noch frühere Zeit zurück. Das erste Gebäude wurde wahrscheinlich im 8. Jahrhundert errichtet, während das heute sichtbare eine Anmutung wie aus dem 18. Jahrhundert hat.

In der Vergangenheit erstreckte sich das Einflussgebiet der Pieve über das gesamte Degano- und Pesarina-Tal bis nach Sappada und Cercivento.

Es besteht kein Zweifel, dass die Burg von Agrons, die aus dem Mittelalter stammt und später von den Truppen des Patriarchen von Aquileia dem Erdboden gleichgemacht wurde, ursprünglich auf demselben Hügel gestanden hatte. Der von der Kirche losgelöste und anders ausgerichtete Glockenturm der Pieve war vermutlich ein Turm des Gutshofes.

Die mittelalterliche Kirche Santa Maria erlitt einen ersten Brand im Jahr 1370 und einen zweiten im Jahr 1430, sodass die Gemeinde beschloss, sie im Jahr 1431 von Meister Stefano fu Simone di Mena wieder aufbauen zu lassen, der sie aller Wahrscheinlichkeit nach 1464 fertigstellte, wie eine außerhalb der Kirche eingemauerte Jahreszahl bekundet.

Im Jahr 1600 wurde der Haupteingang, der sich im Süden befand, geschlossen und in Richtung Westen mit der Treppe, die heute noch unter dem Gang des Haupteingangs zu sehen ist, umgebaut. Bis zum 18. Jahrhundert gab es auf dem Hügel noch drei weitere Kirchen, die dem heiligen Michael und der heiligen Helena gewidmet und als Beinhaus genutzt wurden. Diese Gebäude, die durch das Erdbeben von 1700 schwer beschädigt wurden, wurden später abgerissen.

Die Pfarrkirche, die ebenfalls durch dieses schreckliche Erdbeben zerstört wurde, wurde ab 1722 von den Brüdern Nicolò und Giovanni Battista Zamolo aus Venzone wieder aufgebaut.

Das Innere der Pfarrkirche ist in drei Schiffe unterteilt, mit einem Presbyterium mit quadratischem Grundriss, das von zwei Sakristeien flankiert wird. Alle drei Altäre stammen aus dem 18. Jahrhundert. Die Pieve bewahrt auch noch interessante Zeugnisse der früheren Bauten, wie den Freskenzyklus aus dem beginnenden dreizehnten Jahrhundert (entdeckt bei den Restaurierungsarbeiten des Gebäudes nach dem Erdbeben von 1976), der sich im Chor der Kirche befindet.

Die antiken Fresken aus dem Jahr 1200 stellen das Gleichnis der zehn Jungfrauen dar. Darüber hinaus gibt es auch eine Orgel von Giovanni Battista de Corte di Ovasta aus dem Jahr 1778. Neben diesen prächtigen Kunstwerken kann man das kleine Museum besuchen, in dem Tuffsteinbüsten, bemerkenswerte Gewänder, Stoffe und Gemälde aus dem 16. und 17. Jahrhundert sowie einige archäologische Funde ausgestellt sind, die bei den Renovierungsarbeiten entdeckt wurden.

Eine Ansicht des Ovaro-Beckens ist auf dem Gemälde des Malers aus San Vito al Tagliamento, Giuseppe Furnio, aus dem 16. Jahrhundert mit der Heiligen Jungfrau, Petrus und Johannes (1567) dargestellt.

In der Kirche wurde auch die wertvolle Holzgruppe mit dem Heiligen Martin und dem armen Mann von Domenico da Tolmezzo (um 1500) aufbewahrt, die aus der nahe gelegenen Kirche San Martino in der Nähe des Degano-Baches stammt. Sie kann jetzt in dem kleinen und gemütlichen Museum für sakrale Kunst „Museu de Plêf" bewundert werden, das 2010 in der alten Käserei neben den ersten Häusern von Cella eröffnet wurde. Das Museum enthält auch barocke künstlerische Zeugnisse der karnischen Schule der Holzschnitzerei, wie das Tabernakel aus vergoldetem Holz aus dem 17. Jahrhundert und einen Christus aus dem 16. Jahrhundert.

Infos und Öffnungszeiten bei Carnia Musei, Tel. 0039/0433/487779, E-Mail: info@carniamusei.org.
Geöffnet jeden Sonntag und an Feiertagen von 10 bis 12 Uhr. Für weitere Informationen wenden Sie sich an die Pfarrei Santa Maria di Gorto (Don Giuseppe Carniello: Tel. 0039/0433/60358 oder 0039/0433/67268) und den Tourismusverband „Pro Ovaro" (Tel. 0039/0433/677782).

Archäologische Ausgrabungen – Chiesa di San Martino

Es waren Gräber, die zwischen 1993 und 1995 bei archäologischen Grabungen im Gebiet von San Martino di Ovaro entdeckt wurden. Sie machten den Anfang und die Gemeinde Ovaro finanzierte zwischen 2000 und 2005 weitere Ausgrabungen unter der wissenschaftlichen Leitung der Archäologischen Aufsichtsbehörde von

Friaul-Julisch-Venetien. Hauptsächlich Studierende italienischer und ausländischer Universitäten untersuchten eine Fläche von über 450 Quadratmetern rund um die Kirche San Martino sowie den Bereich unter dem Boden des Gotteshauses.

Die Abtragung von etwa 900 Kubikmetern Erde hat eine Reihe von Mauern, Böden und Skeletten ans Licht gebracht, die eine Spanne von 16. Jahrhunderten abdecken, beginnend mit dem 4. Jahrhundert nach Christus.

So wurde ein auffällig gegliederter Komplex aus dem 5. Jahrhundert mit zwei parallelen Sälen und einem monumentalen Baptisterium mit polygonalem Sockel erforscht. Ende des 4. Jahrhunderts n. Chr. wurde in der Nähe des Flusses ein 250 Quadratmeter großes Gebäude errichtet, das aus kleinen Räumen bestand – einige davon waren beheizt und mit Fresken versehen –, die sich zu einem zentralen Hof hin öffneten. Neben den Wohnräumen gab es weitere Zimmer mit gepflasterten Böden und kahlen Wänden, die wahrscheinlich zum Arbeiten genutzt wurden. Die Lage des Gebäudes – so nahe am Fluss Degano und gleichzeitig an der Via Iulia Augusta, die zum Plöckenpass nach Noricum führte – lässt vermuten, dass es als Raststation für Reisende und ihre Tiere genutzt wurde.

In den ersten Jahrzehnten des 5. Jahrhunderts wurden die beheizten und mit Fresken ausgestatteten Räume zerstört und der Schutt

als Füllmaterial für einen Neubau verwendet: eine frühchristliche Basilika mit Taufkapelle.

Es ist nicht gesichert, aber anzunehmen, dass die antike Straßenstation aus der römischen Zeit, die vielleicht dem Staat gehörte, der Kirche von Aquileia übergeben wurde, die zu Beginn des 5. Jahrhunderts einen wichtigen Expansionsprozess in Richtung Friaul und Alpengebiet begann. Vor der Basilika mit einem einzigen rechteckigen Saal befand sich ein quadratischer eingezäunter Bereich, der ursprünglich über den Rest der Halle erhöht war. Von hier aus erfolgte die Predigt an die Gläubigen.

Zwischen dem Ende des 6. und dem Beginn des 7. Jahrhunderts fanden große Umwälzungen statt. Ein großer Teil der Basilika war von Siedlungen eingerahmt, wie die Reste von Feuerstellen und Brandkeramik auf den Böden zeigen. Liturgische Funktionen fanden nur im Bereich des Baptisteriums statt, außerhalb dessen mehrere Gräber angeordnet waren. Einige von ihnen waren eine Art Familiengräber, die jedes Mal wieder geöffnet wurden, wenn ein neuer Verstorbener zu bestatten war. Andere, durch Steinplatten abgegrenzt, trugen Spuren eines ungewöhnlichen, sicher nicht christlichen Rituals, das das Entzünden von drei Feuern auf dem Leichnam vorsah: auf dem Kopf, auf der Brust und auf den Füßen. Ähnliche Rituale der Halbverbrennung sollten die Rückkehr des Verstorbenen aus dem Jenseits abwenden.

Zu dieser Zeit wurde das Hauptgebäude durch einen Brand zerstört, wahrscheinlich als Folge der damit verbundenen Barbareneinfälle. Nach dem Brand bewahrte der frühchristliche Komplex in der Nähe des Flusses jedoch das Taufbecken und die damit verbundene Funktion und nahm den Titel San Martino an. Es ist wahrscheinlich, dass die heutige Pieve di Santa Maria bald darauf, zwischen dem 7. und 9. Jahrhundert, an einem sichereren und schützenswerteren Ort errichtet wurde.

Die Entdeckung der frühchristlichen Basilika des Ortes San Martino di Gorto bestätigte zwar einerseits das Alter der Gründung der Pieve di Gorto, warf andererseits aber auch neue Fragen auf, da drei große Kirchenbauten relativ nahe beieinander lagen (Zuglio, Invillino und Gorto) und jeder von ihnen mit Merkmalen ausgestattet war, die eines Bischofssitzes würdig waren.

Im Gegensatz zum Bereich der antiken Basilika, der nach und nach aufgegeben wurde, blieb das Baptisterium bis zum 12. Jahrhundert in Gebrauch, als die Pieve di Santa Maria die einzige Taufkirche im Valle di Gorto wurde.

Museo del Legno e della Segheria Veneziana – Aplis
Sägewerk und Holzmuseum

Die Ausbeutung der Waldressourcen in der Holzindustrie ist in Ovaro ab dem 18. Jahrhundert dokumentiert. Venedig benötigte Holz für seine Arsenale. Gegen Mitte des 18. Jahrhunderts gab es im „Canale di Gorto", also im Degano-Tal, mindestens neun, wahrscheinlich sogar mehr Sägewerke: in Rigolato, Comeglians, Entrampo, Luincis, Chialina und Ovaro. Das zu verwendende Holz wurde mit Flößen auf dem Wasser flussabwärts Richtung Tagliamento geschickt. In Baûs – kurz nach dem Zusammenfluss der Wildbäche Pesarina und Degano gab es eine große künstliche Holzbarriere, an der die Baumstämme gesammelt und aufgetürmt wurden.

Das Sägewerk der Familie Micoli-Toscano in der Ortschaft Aplis war einst Dreh- und Angelpunkt der produktiven Haupttätigkeit. Das Wasser des nahegelegenen Wildbachs Degano wurde als Energiequelle für die Erstverarbeitung des Holzes genutzt. Dann waren da noch der Kalkofen und die Steinbrüche für das Baumaterial; die Mühle für das Mahlen von selbst angebautem Getreide; Ställe und Scheunen für Kühe und Pferde, die zum Ziehen von Holzstämmen im Wald und für deren Transport benötigt wurden. Gemüsegärten versorgten die Arbeiter. Und später lieferte ein Wasserkraftwerk Strom für den gesamten Gebäudekomplex.

Im Jahr 1754 begann Zuane Crosilla Toscano mit dem Bau von Aplis. Das Projekt umfasste eine Mühle, zwei Sägewerke und einen kleinen Stall. In kurzer Zeit beschaffte Crosilla Toscano den

Kalk, das Holz und die notwendigen Beschläge für die Säge: Bereits im Januar 1755 konnte mit der Arbeit im Sägewerk begonnen werden.

Wie in dieser antiken hydraulischen Fabrik gearbeitet wird, zeigt das Museum direkt im alten Betrieb. Hier werden die Techniken der Holzverarbeitung den Besuchern nähergebracht. Ein Bereich des Museums ist den Ziegelbrennereien in Oberkarnien und einer der ansässigen Fauna gewidmet – mit einer großen Sammlung von über hundert Exemplaren, meist von autochthonen Vogelarten. Ein Wildgehege mit Rehen und Damwild und zwei Teiche in einer parkähnlichen Umgebung direkt am Degano laden zu einem Spaziergang ein.

www.storiadellachiesa.it/glossary/pieve-e-la-chiesa-in-italia

Normalerweise kann das Museum bei freiem Eintritt von Dienstag bis Samstag, 16 bis 18 Uhr, besichtigt werden, mehr Infos unter Tel. 0039/0433/619008

Licia Beorchia – Ovasta
„Ich bin es gewohnt, hier zu sein"

Die Zeit scheint hier irgendwann vor Jahren stehen geblieben zu sein. Einfache Holzstühle und Holzsessel stehen auf dem mosaikförmigen dunklen Steinboden. Könnten die ausgestopften Rehe, der Fasan und das Wildschwein sprechen, die an der Wand befestigt sind, würden sie es wohl über frühere Zeiten tun. Denn da war noch mehr los in der Bar-Osteria „agli amici" in Ovasta. In ihrer gemusterten Bluse steht Licia Beorchia hinter dem Tresen.

Gerne macht mir die sympathische Barchefin einen Espresso macchiato, während ihr Mann auf dem Stammplatz unterhalb des Eberkopfes müde an seinem Bier nippt. Nur kurz folgt er unserem Gespräch, bis er sich ohne Worte in seinen privaten Bereich zurückzieht.

Seit 52 Jahren steht seine Frau tagein, tagaus in der einzigen Bar des 100 Einwohner zählenden Ortes. Erst ist sie etwas skeptisch mir gegenüber, doch bald ist das Eis gebrochen, und Licia Beorchia beginnt zu erzählen. Heuer wird sie 80 Jahre alt. Noch vor vier Jahren betrieben sie und ihre Familie ein Lebensmittelgeschäft gleich neben der Bar. Eine Wurstschneidemaschine steht wie vergessen nebenan, für sie gibt es nun keine Verwendung mehr. „Früher gab es zwei Alimentari hier. Heute keines mehr", sagt sie. „Es rentierte sich nicht mehr, und es war mir dann zu viel." Auch die Bar sei kein Geschäft mehr. „Aber wenn auch ich noch zumache, dann gibt es hier gar nichts mehr."

Licia erzählt von früher, und da funkelt es in ihren müden Augen, und etwas sentimental wird sie auch, als sie von den vielen Männern erzählt, die nach Frankreich ausgewandert sind, um dort als Maurer zu arbeiten. „Wenige sind in der Papierfabrik in Ovaro untergekommen, und die Frauen haben sich um die Landwirtschaft gekümmert."

Licia hat schon öfters ans Zusperren gedacht. Doch was ist die Alternative? „Ich mache es immer noch gerne und kann mir nicht vorstellen, den ganzen Tag vor dem Fernseher zu verbringen, wie es viele in meinem Alter hier so tun", sagt sie. „Mir gefällt es, mit Leuten zu sprechen. Wenn ich zumache, dann sehe ich niemanden mehr. Und das ist traurig. Mir geht es immer besser, wenn ich mit jemandem

geredet habe." So ist sie es gewohnt, hier zu sein, Getränke und Speisen – wie das typische lokale Gericht „Mesta", eine Mischung aus Polenta, Ricotta, Butter und Milch – zuzubereiten, und es macht ihr Freude. Viele Leute finden heute nicht mehr den Weg zu ihr. „Am Samstagabend kommen ein paar mehr, auch meine Kinder, die treffen sich hier mit Kollegen. Da habe ich dann genug Arbeit", sagt sie. Untertags und gar unter der Woche „verirren" sich nur wenige in die Via Pusarias di Ovasta 7. „Wenn die Leute von der Arbeit kommen, trinken sie einen Kaffee, ein Bier bei mir. Bis 16 Uhr kommt niemand, dann ab 17 Uhr bis 19, höchstens 20 Uhr sind es ein paar wenige Gäste und dann ‚basta'."

Etappe 15

Ovaro → Ravascletto

Im ersten Teil, dem Aufstieg, ist man inmitten der herrlichen Landschaft des hohen Degano- und des Pesarina-Tals. Nach einer schönen Strecke mit Auf und Ab im Wald, dessen Schatten, Duft und Stille man genießen kann, folgt ein Abstieg, der neben den Naturschönheiten auch die Auswirkungen der Eingriffe des Menschen in die Umwelt – in Ravascletto für den Tourismus – mit ihren positiven und negativen Folgen zeigt. [Karte Seite 156–157]

9,8 km | 3 ¾ Stunden | 714 hm bergauf, 265 hm bergab

Eigentlich ginge Etappe 15 bis Cercivento di Sopra und wäre 16,1 km lang. Aufgrund eines einsetzenden Dauer-Starkregens auf Höhe von Ravascletto entschließe ich mich, die Etappe vorzeitig zu beenden. Auch ohne Regen ist es ratsam, hier zu bleiben, denn aufgrund des Tourismus im Ort gibt es mehr Möglichkeiten des Übernachtens als in den folgenden Orten Zovello oder Cercivento.

Heute scheint das Wetter umzuschlagen. Es ist bewölkt, Gewitter und Regen sind angesagt. Mein Weg führt mich nun nach einem herzlichen „A la prossima!" – „bis zum nächsten Mal!" vom Bed-and-Breakfast „A Due Passi" von der Hauptstraße SP 123 – ich folge den Wegweisern nach Liariis – in nordöstlicher Richtung zur Pfarrkirche „Parrocchia della Santissima Trinità" mit ihrem schön anzusehenden freistehenden Turm. Ein weiterer Blickfang ist auf gleicher Höhe auf der anderen Straßenseite ein komplett mit grünen Dachziegeln traditionell gedecktes Haus. Nach dem Friedhof erreiche ich die kleine Kirche „Chiesa della Beata Vergine del Carmine". Ihre Tür ist verschlossen, so bleibt mir wieder einmal nichts anderes übrig, als durchs Fenster hineinzuschauen. Ein vergoldeter Altar mit einer Vielzahl von Heiligenfiguren fällt ins Auge.

Nun bin ich schon in Liariis auf 680 Meter angekommen, wo an vielen Steinhäusern mit geschlossen Fensterbalken ein Schild mit dem Wortlaut „se vende" – „zu verkaufen" – prangt. Das ist in der gesamten Region Karnien immer wieder zu beobachten.

Es tröpfelt ein bisschen. Nun folge ich dem Wegweiser nach Clavais, wobei ich die Hauptstraße an der Via Vit di Clavais links verlasse und hier – mit Ausblicken auf Ovasta und den Monte Forchia – das Zentrum des Dörfchens erreiche. Bei der Bushaltestelle gehe ich geradeaus vorbei, vorüber an schönen gepflegten Häusern mit einer bunten Blumenpracht in Garten und Töpfen. Aufgeregtes Hundegebell begleitet mich bis zur Allee mit Buchen und Fichten. Leider ist diese asphaltiert, doch mit dem nun einfallenden Nebel ergibt sich trotzdem eine mystische Stimmung zwischen all den Baumriesen. Bald darauf geht es auf einem unbefestigten Weg bergauf. An der ersten Gabelung halte ich mich rechts, an der zweiten links. Hier weisen mir auch die „Cammino delle Pievi"-Schilder den Weg. Bald quere ich den Rio Navas und folge einem schmalen Waldweg bergauf. Mannshohe Baumfarne haben ihren Platz im Wald, überall wachsen Pilze.

Nach etwa einem Kilometer, leicht absteigend, komme ich aus dem Wald heraus, ignoriere die beiden Forstwege, die meinen Weg kreuzen und überquere alsbald den Rio Secco auf 925 Meter. Kurz

Auf der Strecke zwischen Ovaro und Ravascletto
zeigen sich die Dörfer von ihrer traditionellen Seite.

darauf wende ich mich nach rechts, komme auf eine Straße, die zunächst ansteigt und dann an Höhe verliert.

Die dunkelgrauen Wolken verheißen nichts Gutes; auch das tiefe Grollen des Donners in der Ferne. Die Regentropfen werden schwerer. Nach etwa zwei Kilometern, an der Abzweigung nach der Brücke über den Rio Muss, halte ich mich links und sehe nun bereits das Dorf Ravascletto mit knapp 600 Einwohnern vor mir auf der anderen Straßenseite.

Ravascletto im Herzen des Valcalda ist eines der wichtigsten Ferienziele in der Region Friaul-Julisch Venetien. Im Winter locken die Skipisten am Monte Zoncolan (1 700 m) mit 12 Seilbahnen und Liften. Aber auch im Sommer ist Ravascletto beliebt bei Berg- und Wanderfreunden. Oberhalb des Speicherteichs begebe ich mich geradeaus auf den „Sentiero degli Sbilfs", den „Weg der Elfen". Die geschnitzte übergroße Hand des Künstlers Stefano Comelli weist den Weg zu den hölzernen Fabelwesen. Auf den nächsten etwa 1200 Metern begleiten mich die lustigen Holzstatuen aus der karnischen Märchenwelt. Wer Näheres wissen möchte,

Der Nebel lichtet sich um die Kirche von Ovaro mit ihrem freistehenden Turm.

findet die Geschichten über die kleinen Fabelwesen Karniens auf *www.friulani.net*

Es beginnt, immer stärker zu regnen. Mein Entschluss steht fest, ich werde in Ravascletto bleiben. Hier dürfte es kein Problem sein, eine Bleibe zu finden. Doch zuerst schaue ich noch zum schönen kleinen Kirchlein in der Via Santo Spirito, auch um Unterschlupf im Trockenen zu finden. Doch die Kirche ist geschlossen. Es gießt in Strömen. An die Kirchenmauer gepresst warte ich geduldig, bis der Regen etwas nachlässt. Im mir am nächsten liegenden Hotel, dem „La Perla", einem Familienbetrieb seit 65 Jahren, ergattere ich das letzte Einzelzimmer. Dieser Tage findet im Vier-Sterne-Haus ein Fußballcamp für Kinder und Jugendliche statt. Ein Wellness-Bereich lädt zum Entspannen ein, und zum Abendessen gibt's Gnocchi mit Ricotta, eine Musetta (Kochwurst) mit Birnenchutney und Salat und als Krönung ein Eis. Herz, was willst du mehr?

Chiesa di San Matteo Apostolo – Ravascletto

Die Pfarrkirche von San Matteo in der Via Don Martino de Crignis ist einen Besuch wert. Die 1323 erstmals erwähnte Kirche wurde mehrmals umgebaut, bis sie 1764 geweiht wurde. Die letzte Restaurierung hat bemerkenswerte Fresken aus dem 19. Jahrhundert sowie den ursprünglichen Steinfußboden ans Tageslicht gebracht. Im Inneren der Kirche befindet sich ein wertvolles Triptychon aus dem 16. Jahrhundert, das die Madonna mit dem Kind, San Rocco und Sebastiano darstellt, sowie Fresken von Giovanni Moro. Das Presbyterium wird von zwei großen Gemälden aus dem 17. Jahrhundert geschmückt, die die Ankunft des Heiligen Geistes und das Letzte Abendmahl darstellen. Außerdem gibt es zwei hölzerne Seitenaltäre vom Ende des 18. Jahrhunderts mit Holzstatuen aus Grödner Werkstätten aus dem 20. Jahrhundert. Der prächtige, vom Kirchenkörper losgelöste Glockenturm wurde im Jahr 1787 errichtet.

Viaggio in Friuli Venezia Giulia | Ravascletto – Chiesa di San Matteo Apostolo (viaggioinfriuliveneziagiulia.it)

Im Dorf Ravascletto gibt es viel zu sehen und mehrere Übernachtungsmöglichkeiten.

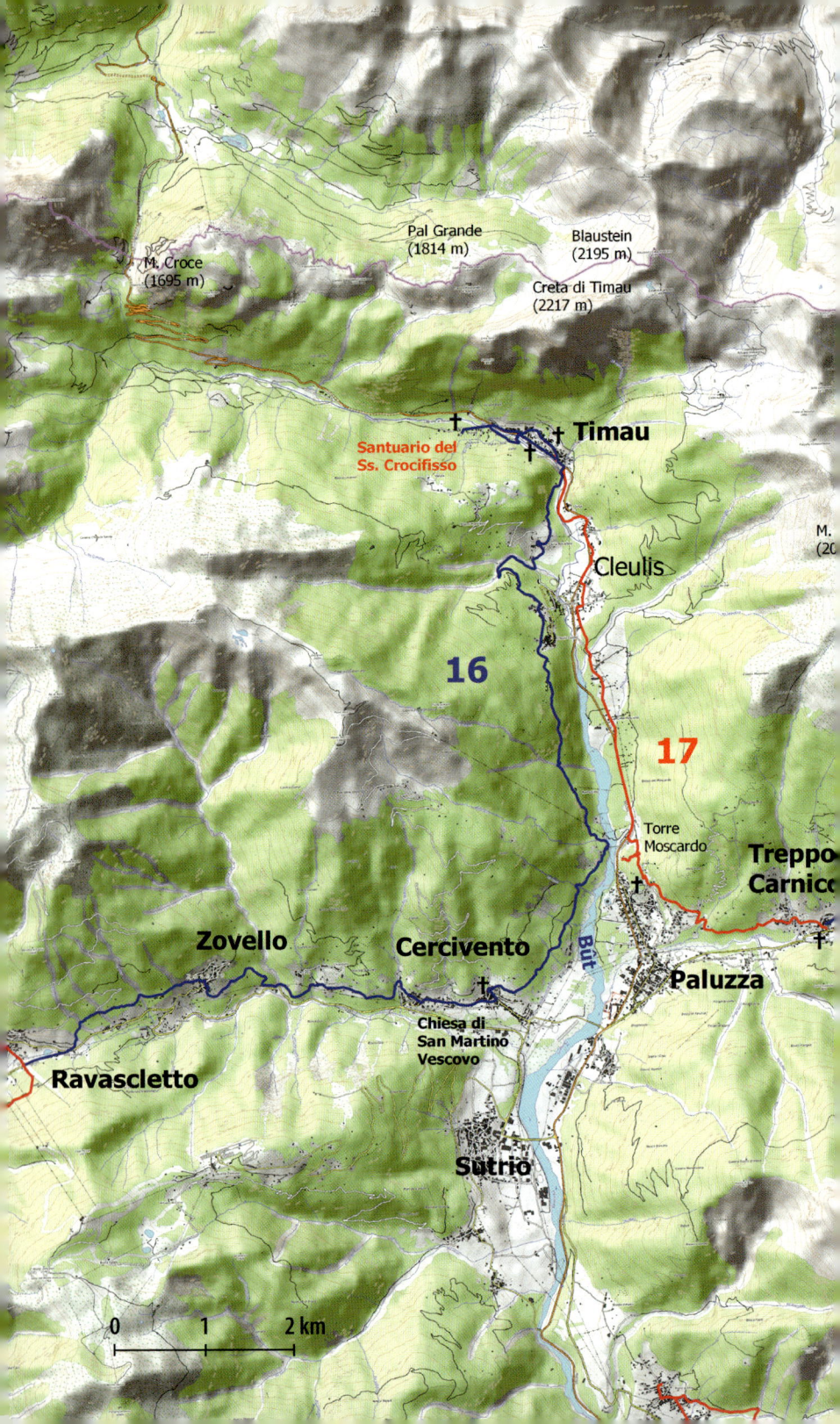

Pal Grande
(1814 m)

Blaustein
(2195 m)

M. Croce
(1695 m)

Creta di Timau
(2217 m)

Santuario del
Ss. Crocifisso

✝ Timau

Cleulis

M.
(20

16

17

Torre
Moscardo

Treppo
Carnico

Zovello

Cercivento

Paluzza

Ravascletto

Chiesa di
San Martino
Vescovo

But

Sutrio

0   1   2 km

Etappe 16

Ravascletto → Cercivento → Timau

Diese Etappe ist wieder ziemlich lange. Im ersten Teil der Route passiert man die Sella Valcalda, dann Zovello und Cercivento di Sopra; dann kommt man mit dem Bût-Tal, dem Val Pontaiba und den östlichen Karnischen Alpen in Kontakt. Erst nach etwa elf Kilometern geht es für gut drei Kilometer bergauf und das ist somit relativ anstrengend. Das Schöne ist dabei, dass man auf der alten römischen Straße „Iulia Augusta" geht, die von Aquileia nach Aguntum in der Nähe des heutigen Lienz führte. Auf der gesamten Strecke, die hauptsächlich auf bequemen Saumpfaden und Waldwegen und fast immer im Schatten üppiger Baumvegetation verläuft, kann man Gebäude bewundern, die nach traditioneller karnischer Weise geschmackvoll restauriert wurden. Und der Endpunkt ist die letzte Sprachinsel auf diesem Weg: Timau oder Tischelwang beziehungsweise Tischlbong.

18,5 km | 6 ½ Stunden | 675 hm bergauf, 771 hm bergab

Kurz vor Timau – nach insgesamt 14,5 Kilometern – hätte man die Möglichkeit, von Aip aus direkt an den Bût (auf dem CAI 161) zu gehen, und diesem auf der orographisch rechten Seite bis nach Timau zu folgen. Die landschaftlich schönere Variante – sie ist auch hochwassersicher – wird folgend beschrieben.

Der Dauerregen von gestern ist vergessen. Wie ausgewaschen zeigt sich der blaue Himmel nun beim Blick aus dem Hotelfenster. Nach einem ordentlichen Frühstück im „La Perla" gehe ich wieder zur Hauptstraße SR 465 zurück und biege nach links in Richtung Zovello und Sutrio ab. Auf Höhe der „Sella Valcalda" auf 958 Meter bei einem Marterl geht es links das kleine Sträßchen Richtung Monte Crostis hinauf. Ich begebe mich nun auf die „Panoramica delle Vette", eine aussichtsreiche Straße auf viele Gipfel. Auf einem unübersehbaren weißen Transparent steht geschrieben: „Kreuzung von Mythen und Legenden des Radsports". Hier verläuft eine Etappe des legendären Giro d'Italia. Nicht per Rennrad, sondern – wie immer – zu Fuß wandere ich motiviert bergauf, bis ich nach 600 Metern rechts (Nr. 5) in einen Wiesenweg einbiege. Das nächste Dorf Zovello ist in 40 Minuten erreicht. Manche Bauernhäuser aus Stein, die ich hinter mir lasse, sind liebevoll renoviert worden. Andere entlang des CAI 162 wiederum sind dem Verfall preisgegeben. Der Weg ist angenehm schattig und nach einer Felsformation mit Heiligenfiguren und Trinkwasserquelle erreiche ich den oberen Ortsrand von Zovello beim Friedhof. Von hier aus bietet sich ein prächtiger Ausblick auf die Kirche „Chiesa di Sant'Andrea Apostolo", die Dächer des Dorfes und die Bergwelt im Osten. Nach dem Besuch der Kirche, an deren Schiff mich die Grabplatten von im Ersten Weltkrieg getöteten jungen Soldaten nachdenklich machen, gehe ich zum Hauptplatz. Hier an der Piazza 1 Maggio, gönne ich mir ein eiskaltes Cola an der Bar von „Harry's Hotel".

Danach begebe ich mich bergab am Parkplatz vorbei auf die Via de Bosch, wo ich auf Höhe der Via Fontanili nach links weiter auf einem Wanderweg mit der Nr. 7 gehe. Hier passiere ich ein großes überdachtes Waschhaus, erreiche sogleich ein Marterl, das dem heiligen Antonius gewidmet ist, und bald darauf die auf einer Lichtung stehende kleine Kapelle Santa Maria del Rosario, die „Maina dal Pic". Diese Kapelle wurde 1917 erbaut und geweiht und ist immer noch in hervorragendem Zustand.

Ich befinde mich übrigens hier auf dem „Sentiero della fede", dem Wallfahrtsweg zwischen Tolmezzo und Maria Luggau. Nun geht's ab in den Wald mit Bergahorn, Hainbuche, Esche, Kastanie und Eiche, auf teilweise unebenem Untergrund. Bald habe ich aber wieder allzu festen Boden unter den Füßen: Asphalt auf der SR 465. Genau hier sollte ich eigentlich auf einer schmalen Brücke über den Rio Marasso übersetzen. Diese Brücke ist aber aufgrund eines Erdrutsches gesperrt, so bleibt mir nichts anderes übrig, als den Weg bis Cercivento – das sind noch etwa eineinhalb Kilometer – auf der Hauptstraße zu absolvieren. Normalerweise geht es nach der Brücke weiter auf einem Saumpfad, der mit leicht ansteigenden und flachen Abschnitten nach Casali Vidal führt, wo man auf die Asphaltstraße nach Cercivento di Sopra trifft.

Um die Mittagszeit ist der 670 Einwohner zählende Ort wie ausgestorben. In diesem typischen Bergdorf gibt es noch viele antike Häuser mit den typischen Bogengängen, wie die Casa Ferace in der Via Taviele. Schon bald werde ich auf eine Freiluftbibel aufmerksam. Das Projekt „Una Bibbia a cielo aperto" besteht aus mehr als 30 Gemälden, Mosaiken und Fresken an Häusern und auf Plätzen, die Szenen aus der Bibel darstellen.

Darüber hinaus ist Cercivento ein Hotspot des Kräuteranbaus. Felder mit Streifen von Ringelblumen, Lavendel oder Rosmarin säumen meinen Weg. Seit Jahrhunderten sind Heilkräuter in Karnien für viele eine Quelle des Überlebens – gesundheitlich wie wirtschaftlich. 2013 wurde das Projekt „Saût" des Sozialvereins „Taviele" gegründet. Hier werden beim Anbau Menschen mit sozialen Benachteiligungen beschäftigt und Qualitätsprodukte wie Kosmetika, Salze oder Salben produziert. Jedes Jahr im Juni findet darüber hinaus das mehrtägige Fest „Jerbas e tradision" – „Kräuter und Tradition" statt.

Das kleine Lebensmittelgeschäft im Zentrum ist geschlossen, und so führt mich mein Weg direttissima zur Kirche „Chiesa di San Martino Vescovo". Auf dem Vorplatz der Kirche betrachte ich die vielen Kunstwerke nahe der „Fontana del vento".

Nach so viel Kultur entfliehe ich der Mittagshitze und gönne mir eine Pause im Schatten auf einer Bank gegenüber der Kirche. Meinen Weg setze ich nach der kleinen Rast geradeaus fort, bis zur

Die Römerstraße Iulia Augusta führt an der Casa Ramazàs vorbei.

nahen Abzweigung, wo ich links hinauf den Wegweisern Richtung Monte Tenchia folge. Auf Höhe des Friedhofs biege ich rechts ab, wandere zunächst für ein kurzes Stück auf einer Asphaltstraße und dann auf einem Pfad, um nach Cercivento di Sotto zu kommen. Hier überquere ich die Brücke und gehe ein paar Dutzend Meter geradeaus, bis ich eine Kurve erreiche, wo mein Weg links abzweigt – das Cammino-Schild liegt auf einem Mauervorsprung – und mit leichtem Auf und Ab auf Wiesen zum Rio di Vignes führt. Hier beginnt rechts ein Waldweg, dem ich folge. Ich befinde mich laut Schild wieder auf der ehrwürdigen antiken „Via Iulia Augusta". Etwas weiter geht die Strecke in einen richtigen Feldweg (mit CAI 161 gekennzeichnet) über, der nahe der Ortschaft Museis auch als Radweg genutzt wird.

In weiterem leichtem Auf und Ab geht es im Fichtenwald ein Stück am rechten Ufer des Wildbachs Bût hinauf. Dort steht ein altes Steinhaus mit dunkelbraunen geschlossenen Fensterbalken, das mich sofort in seinen Bann zieht. Seine beste Zeit ist wohl schon lange vorüber, nun lädt es zu einer Rast auf der hölzernen Bank neben der Eingangstür. Über dem Portal steht ein Schild mit „Ani & Dadi" sowie der lateinische Schriftzug: „A solis orto, usque ad occasum, laudabile nomen domini", was so viel heißt wie: „Vom Sonnenaufgang bis zu ihrem Untergang sei der Name des Herrn gelobt". Diese Gottgläubigkeit haben die einstigen Bewohner noch mit zwei Bildern von Jesus Christus an der Pforte untermalt. Genussvoll beiße ich hier in meinen Apfel und blicke auf das Grün vor mir, das einst ein Garten war. Wie schön wäre es, die Uhr zurückdrehen zu können, um zu sehen, wer hier wie lebte.

Nach ein paar Minuten, mit den Gedanken weit in der Vergangenheit, sehe ich die große Hängebrücke über den Torrente Bût vor mir, der mich nun bis Timau begleiten wird. An der dritten Serpentine folge ich einem Pfad auf der linken Seite in den dichten Wald und komme nach etwa hundert flachen Metern auf eine kleine Straße mit dickem Steinbelag. Schon bald erreiche ich das nächste Kleinod der Strecke: die Casa Ramazàs (Ramazzano) der Familie Maier aus den Anfängen des 19. Jahrhunderts.

Aber der Kleinode noch nicht genug, denn nun beginnt es erst, so richtig romantisch zu werden. Nach der gelben Kapelle zeigt sich die alte Römerstraße von einer ihrer schönsten Seiten: Ich wandle dahin auf Pflastersteinen, die bereits von den alten Römern begangen wurden. Grün bemooste antike Steinmauern begrenzen den Weg, und als visueller Höhepunkt wird ein Teil davon von den hellblauen Blütentrauben eines Hortensienbusches umschlungen. Ich genieße jeden Meter auf dem Römerweg, lausche dem Wind in den Bäumen und dem gleichmäßigen Geräusch meiner Schritte. Im Nachhinein kann ich behaupten, dass dieses Stück bis nach Cleulis für mich eine der schönsten Strecken des gesamten Cammino delle Pievi war.

An mehreren Scheunen und einem Brunnen mit Rastplatz vorbei – es geht nun immer leicht bergauf – erreiche ich die Kapelle von Ramazzano „Santa Maria protettrice dei viandanti" auf 830 Meter Höhe. Maria soll hier alle Reisenden und Wanderer beschützen.

Da kann es nicht schaden, in das kleine Gotteshaus mit dem freistehenden hölzernen Glockenturm einzutreten. Papst Johannes Paul II. höchstpersönlich hat dem Arzt Ferdinando Maieron und seiner Familie für die Renovierung der Kapelle im Jahr 1995 seinen Dank ausgesprochen. Das Dokument hat einen Ehrenplatz an der weißen – ansonsten gold-weiß verschnörkelten – Wand. Im aufgeschlagenen Gästebuch, das mittels rosarotem Rosenkranz als Lesezeichen offengehalten wird, haben sich bereits einige Wanderer eingetragen. Nun bin ich an der Reihe.

Es ist 14 Uhr, und ich setze meinen Weg auf den alten Pflastersteinen fort. Diese Straße wurde in den vergangenen Jahrhunderten bis Mitte des 20. Jahrhunderts auch von den „Cramârs", den Händlern, von März bis November/Dezember genutzt, die nach Österreich und Bayern gingen. Es geht es viel bergauf und bergab; so wäre es wohl leichter gewesen, die normale Route zum Plöckenpass (Passo di Monte Croce Carnico, 1357 m) entlang des linken Ufers des Bût zu nehmen. Im Frühjahr, als die Händler sich aufmachten, gab es aber öfter Überschwemmungen, die die Straße zerstörten. So nahmen sie den alten römischen Weg, um sicher ans Ziel zu kommen.

Bald überquere ich einen Bach. Die Holzbrücke wurde weggerissen und liegt ein paar Meter abseits. Das Wasser schießt spektakulär über einen rostroten Felsen. Bald danach treffe ich wieder auf einen „Maieron". Ein Kreuz mit einem Gedenkstein weist auf ein Unglück im Jahr 2000 hin, das Paolo Maieron 50-jährig hier ereilte.

Schnell wieder zurück ins Leben und zu diesem herrlichen Weg. Nun sind es die vielen alten „Stavoli", die mich in ihren Bann ziehen. Die Hütten für Hirten, Vieh und Heu wurden ursprünglich aus Holz gebaut, später durch Stein ergänzt. Ihre Blütezeit hatten sie im 19. Jahrhundert und noch bis ins frühe 20. Jahrhundert waren sie weit verbreitet. Immer wieder liegen diese Bauten verlassen am Wegesrand. Einige wenige werden renoviert und dienen als Wochenendhäuser. Bei den Stavoli Raut bin ich heute auf dem höchsten Punkt der Wanderung auf 1008 Meter angekommen. Kurz darauf geht's auf der Asphaltstraße Richtung Cleulis.

Natur pur an der römischen Straße kurz nach der Kapelle von Ramazzano.

Dieses Dorf ist von Landwirtschaft geprägt: Kühe weiden auf den Wiesen, eine Familie recht Heu zusammen, Obstbäume und gepflegte Gemüsegärten dominieren das Bild. Immer wieder hat man einen schönen Blick auf das Bût-Tal und die Karnischen Alpen. Den kleinen Dorfplatz an der Via San Osvaldo ziert eine jahrhundertealte Linde vor der Kirche. Ich gehe Richtung Norden auf der Via Monte Terzo, bis ich auf die Straße treffe, die von Cleulis zur Casera Lavareit führt. Die Forststraße führt zum Bach „Rio Coll'Alto". Kurz vor der Haarnadelkurve treffe ich Marco und seine Schwester Cristina mit ihren zwei Hausziegen „Bella" und „Stella". Sie suchen für ihre Tiere die besten Plätze mit saftigem Gras, damit sie weiterhin gut Milch geben. Nach diesem netten Kennenlernen geht's weiter zur Brücke, die über den Bach nach Aip führt. Nach etwa hundert Metern geht es rechts hinunter zum Agriturismo Al Borg, noch ein kurzes Stück weiter geradeaus, dann beim Stavolo links bis zur Asphaltstraße, die zur Casera Lavareit führt.

Ein paar Meter weiter halte ich mich rechts, zuerst auf der Straße und dann auf einem Traktorweg, bis man zu einer eingezäunten Scheune kommt, wo der Weg hinunter bis zur Ebene von Timau führt. Das etwa 400 Einwohner zählenden Dorf, in dem drei Sprachen gesprochen werden, liegt wie im Dornröschenschlaf am Ufer des Bût und unterhalb des 2 217 Meter hohen Felsbandes der Creta di Timau mit dem Gamsspitz im Nordosten.

Ich erreiche nun die Brücke auf Höhe des Fußballplatzes, die man normalerweise nicht überqueren müsste, um zum Beinhaus-Tempel, meinem heutigen Endpunkt, zu kommen. Aufgrund von Bachregulierungen muss man jedoch durch den Ort an der Straße entlanggehen – es ist kaum ein Umweg und auch kein Nachteil, denn ich trinke bei der Bar „Alla fermata" ein Cola, obwohl es hier sogar Salzburger Stiegl-Bier gibt. Weiter geht's bei der kleinen Kirche der heiligen Gertrude und bei meinem heutigen Schlafplatz, dem Albergo „Da Otto", vorbei. Eines weiß ich gewiss, ich werde morgen nach dem Frühstück etwas mehr in den Ort „Tischlbong" auf 820 Meter eintauchen, wie etwa in die überdimensionale Kirche „Cristo Re di Santissimo Crocifisso" und das Kriegsmuseum „Museo della grande guerra". Nun aber noch den letzten Kilometer für heute – es ist bereits 18.30 Uhr – zum Beinhaus „Tempio Ossario di Timau", wo die Gebeine von 1763 Gefallenen des Ersten Weltkrieges ihren Ruheplatz gefunden haben. Zwei Kanonen stehen anklagend vor dem großen mit Säulengängen umgebenen Gotteshaus. Müde und betroffen ob der sinnlosen Kriege, die so viel Leid mit sich bringen, wende ich mich nun etwas Schönerem zu: meinem netten Zimmer im „Da Otto" bei Diego Matiz und einem wunderbaren Essen von seiner Frau Antonietta. Auf einen üppigen Vorspeisenteller folgen Cjarsons vom Feinsten. Sie heißen hier „Chropfn" und sind mittlerweile meine Lieblingsspeise geworden. Mit vollem Bauch, müde und glücklich falle ich ins Bett.

Im Herzen von Timau.

Pfarrkirche „Cristo Re di Santa Gertrude"
Kirche „Chiesa di Santa Gertrude"

Imposant und unübersehbar steht das moderne Kirchengebäude mit
der Aufschrift „Christo Regi" direkt an der SS 52 neben dem Museum des Ersten Weltkrieges. Drei Minuten zu Fuß entfernt lädt das
beschauliche, viel kleinere Gotteshaus, die „Chiesa di Santa Gertrude" am Ortseingang in der Via Maria Plozner Mentil zum Eintreten.
Die der heiligen Gertrud geweihte kleinere Kirche sowie das einstige
Dorf Timau standen 400 Jahre lang dort, wo sich heute das Beinhaus „Santissimo Crocifisso" befindet. Nach der großen Flut 1729
wurde das Dorf etwa einen Kilometer weiter unten im Tal wieder
aufgebaut. Im Jahre 1732, als die neuen Häuser der Bewohner standen, wurde die Kirche zur heiligen Gertrude gebaut. Der Entwurf
stammte von Martino Echill aus Tirol. Der Altar wurde aus vergoldetem Holz gefertigt, dekoriert vom Maler Lorenzo Staidel, dem
berühmten Vergolder aus Mauthen. 1760 erhielt die Kirche einen
eigenen Pfarrer, 1827 einen Taufstein. 1867 wurde sie vergrößert
und die Sakristei angebaut. 1923 wurde der Glockenturm erhöht,

der fünf Jahre später eine Uhr erhielt. Restaurierungen folgten zwischen 2003 und 2009.

An der Hauptstraße hat ihre „große Schwester" ihre linke hohe und schmale Pforte geöffnet. Ein Besuch lohnt allemal, man möchte ja unbedingt das 12 Meter hohe und 3,3 Tonnen schwere Holzkreuz des Grödner Bildhauers Peppi Senoner sehen. Das erblickt man freilich bereits von Weitem, seine Größe ist aus der Entfernung noch einmal so imposant. Ansonsten ist das Kirchenschiff mit seinen ockerfarbenen Säulen und der klein getäfelten Holzdecke eher karg.

Im Jahr 1946 hat die Gemeinde von Timau dank der Geldspende eines deutschen Kommandanten an den Pfarrer Don Ludovico Morassi beschlossen, eine neue Kirche zu errichten – auch im Gedenken an die Kosaken, die Ende April 1945 über Timau nach Österreich ins Drautal zogen. So wird die Kirche auch „Kosakenkirche" genannt. Am 6. März begannen die Arbeiten nach den Plänen des Architekten Vittorio Orlando von Tolmezzo. 1964 wurde die Kirche nach Überwindung von unzähligen Schwierigkeiten und dank Fron- und Freiwilligenarbeit sowie zahlreicher Spenden der ansässigen Bevölkerung fertiggestellt. 1969 erfolgte die Vervollständigung der Vorhalle; die Mosaikschule von Spilimbergo hat über dem Eingangsportal das große Mosaik „Christus, der Auferstandene" realisiert. Das imposante Holzkruzifix im Presbyterium wurde 1975 errichtet. Und die Holztafeln des Kreuzweges stammen aus der Hand des Bildhauers Giuseppe Stuflesser aus St. Ulrich im Grödnertal, Südtirol. In den Jahren nach dem Erdbeben 1976 wurden bis ins Jahr 1980 wichtige statische Festigungsarbeiten durchgeführt. Weitere Renovierungsarbeiten folgten 2014 und 2015.

Museo della Grande Guerra – Timau

An diesem Denkmal kommt man nicht vorbei. Das meterlange Bronze-Werk von Antonino Tinaglia aus Udine ziert den Hauptplatz neben der gewaltigen Kirche „Cristo Re". Es ist den Trägerinnen gewidmet, die im Ersten Weltkrieg die Kampftruppen an

Am Ortsende von Timau steht unübersehbar
das Beinhaus „Santuario del Santissimo Crocifisso".

der Front unterstützten. Sie trugen ein rotes Armband, worauf der
Name der Abteilung, welcher sie angehörten, aufgedruckt war. Ihre
Bestimmung war, die erste Frontlinie mit Nachschub zu versorgen.
Sie transportierten jedes Mal 30, 40 oder sogar mehr Kilogramm
Last in einem Korb auf ihrem Rücken zu den Soldaten. In Notfäl-
len wurden die 12- bis 60-jährigen Mädchen und Frauen zu jeder
Stunde am Tag und in der Nacht angefordert und gegebenenfalls
von jungen oder älteren Männern unterstützt. Ihr Entgelt ent-
sprach einer Lira und fünfzig Cent pro Gang. Einige unter ihnen
wurden verwundet und eine tödlich verletzt: Maria Plozner Mentil
aus Timau. „Maria war eine einzigartige Frau, welche sich durch
ihre Herzensgüte und Selbstlosigkeit auszeichnete", so heißt es auf
der Infotafel seitlich des Kunstwerkes. Sie war die Leiterin aller
Trägerinnen. Immer in vorderster Linie war sie während der Bom-
bardierungen der österreichischen Artillerien und wenn der Kampf
wütete, diejenige, die den anderen Frauen Mut zusprach. Am
15. Februar 1916 wurde sie nahe Pramosio, oberhalb von Timau
verwundet, während sie sich einen Augenblick ausruhte, nachdem

sie den Korb mit schwerer Munition abgeladen hatte. In derselben Nacht starb sie im Feldlazarett in Paluzza, beigestanden von einem Onkel, während ihr Ehemann als Soldat kämpfte. Sie war 31, hinterließ vier kleine Kinder zwischen 10 Jahren und 6 Monaten. Sie wurde am Friedhof von Paluzza begraben, wo ihr Leichnam bis 3. Juni 1934 verblieb, bevor sie auf den Kriegsfriedhof von Timau verlegt wurde. 1937 wurden ihre Überreste ins Beinhaus zu den anderen Gefallenen des Großen Krieges gelegt. 1997 wurde ihr vom damaligen Staatspräsidenten Oscar Luigi Scalfaro die Goldmedaille für militärische Verdienste verliehen.

Im Jahr 1988 wurde auf Initiative von Lindo Unfer ein „Komitee zum Andenken von Maria Plozner Mentil für die karnischen Trägerinnen" gegründet – mit der Absicht, an die Opfer von über tausend karnischen Frauen mit einem Denkmal zu erinnern. Unter großer Anteilnahme wurde es am 5. Juli 1992 auf dem Stadtplatz eingeweiht. Dazu fand im ehemaligen Kindergarten von Timau eine historische Ausstellung statt, die sich auf die Kriegsoperationen bezog, die im Frontgebiet zwischen dem Berg Peralba und dem Berg Rombon – genannt „Carnia Zone" – stattfanden. Der Erfolg der Ausstellung übertraf alle Erwartungen. Das Komitee wurde mit vielen Talbewohnern zum „Verein der Freunde der Karnischen Alpen", und dieser wandelte die Ausstellung in ein ständiges Museum um.

In den Räumlichkeiten des „Museo della Grande Guerra" warten Tausende von Exponaten, die Erinnerungen an eine Vergangenheit, die sich tief ins Bewusstsein der Karnier gegraben hat, preisgeben.

Öffnungszeiten: Juni und Okt.: Sa/So: 9–12, 14–18 Uhr; Juli und Sept.: Di bis Fr: 14.30–18.30 Uhr; Sa/So: 9–12, 14.30–18.30 Uhr; August: täglich: 9–12, 15–19 Uhr. www.museograndeguerratimau.com, Tel.: 0039/0433/779168

Santuario del Santissimo Crocifisso – Beinhaus-Tempel

Es ist ein fürwahr geschichtsträchtiger Ort. Heute steht die Kirche „zum Heiligsten Kruzifix" dort. Im 13. Jahrhundert wurde auf den Ruinen eines heidnischen Tempels – dem Flussgott Timavo gewidmet – eine Kirche gebaut. Rundherum bauten Bergmannsfamilien aus Kärnten – dem Gaital und vom Weißensee –, die in den Silber-Kupfer-Minen des Pal Piccolo, Pal Grande, Promosio und Creta arbeiteten, ihr Dorf nahe dem „Fontanon", einer ergiebigen Karst-Quelle, die ihren Ursprung am Monte Cogliàns, der Hohen Warte, hat.

In der Nacht vom 28. auf den 29. Oktober 1729 kam es nach einem Erdrutsch zu einer gewaltigen Überschwemmung, die das alte Dorf zerstörte, ohne Opfer zu fordern, wobei die Kirche zumindest teilweise gerettet werden konnte. Das hölzerne Kruzifix von 1527, das über einer Wasserquelle stand, blieb unbeschadet. Die Einwohner bauten einen Kilometer weiter unten im Tal ein neues Dorf auf und nannten es Timau Novo (dort, wo sich heute das Dorf befindet). Sie errichteten dort die Kirche wieder, wobei sie die Widmung für die deutschstämmige Heilige beibehielten.

Die alte, halb zerstörte Kirche war viele Jahre lang verlassen, bis im Jahr 1752 eine schreckliche Invasion von Raupen die gesamte Ernte auf dem Land vernichtete. Einige Hirten beschlossen, die Wiesen und Felder mit Wasser aus einer Quelle in der alten Kirche zu besprengen. Nach dem Besprühen sollen die Raupen verschwunden sein, und die Ernte war gerettet. Dann bauten die Einwohner von Timau, beeindruckt von dem wundersamen Ereignis, das alte Gebäude wieder auf, öffneten es für die Anbetung und gaben ihm den Namen Verehrungsstätte des Heiligen Kruzifixes.

Das Wunder verbreitete sich schnell in Karnien und im nahen Kärnten. Vor allem im 18. und 19. Jahrhundert war das Heiligtum Gegenstand großer Verehrung, wovon zahlreiche Votivgaben zeugen. Die Pilger, die nach Timau kamen, baten um Schutz vor Krankheiten, Unglücken wie Bränden, Überschwemmungen oder Pestepidemien. Dazu kamen die vielen Wanderer und Reisenden, die in die Länder jenseits der Alpen wollten, wie die vielen Cramârs, Straßenhändler, die vor allem im 18. und 19. Jahrhundert zum Plöckenpass unterwegs waren.

Während des Ersten Weltkrieges 1915 bis 1918 durchschlug eine Granate das Dach der Kirche und fiel zu Füßen des Christusaltars, wo sie aber wie durch ein Wunder nicht explodierte. Während des Rückzugs der italienischen Truppen und nach der Niederlage von Caporetto (Karfreit) 1917 wurde das Heiligtum, das zu einem Lager für Kriegsmaterial verkommen war, von der italienischen Armee aus Sicherheitsgründen in Brand gesetzt, mit ihm das wundertätige Kruzifix. Gerettet wurden lediglich drei Gemälde aus dem 18. Jahrhundert.

1921 wurde die Kirche wieder aufgebaut und 1923 erneut geweiht. Nach den Bestimmungen des Gesetzes, das in den 1930er-Jahren die Aufhebung der verschiedenen Kriegsfriedhöfe vorsah, hätten die sterblichen Überreste der in Timau begrabenen Soldaten anderswohin überführt werden müssen. Aber dank des damaligen Pfarrers, Don Titta Bulfon (1869–1944), wurde das alte Heiligtum Christi letztendlich und nach langem Drängen als Beinhaus genutzt.

Die Arbeiten zur Umgestaltung begannen im Jahr 1936. Das Projekt wurde Giannino Castiglioni anvertraut. Das Beinhaus wurde im Mai 1939, kurz vor Ausbruch des Zweiten Weltkrieges, geweiht. Hier sind nun die sterblichen Überreste von 1764 Gefallenen an der karnischen Front untergebracht, die in Nischen unter den Bögen des äußeren Portikus und im Inneren der Kirche in alphabetischer Reihenfolge liegen, darunter befinden sich auch 73 österreichische Gefallene.

Im Gebäudeinneren ist eine Gemäldekomposition von Marino Sopracasa zu sehen, die aus acht Tafeln besteht und sich am friulanischen Lied „Stelutis alpinis" (Edelweiß) inspiriert. Unter dem Fresko zu den karnischen Trägerinnen befinden sich die sterblichen Überreste von Maria Plozner Mentil. Auf dem Altar ist schließlich der „Gekreuzigte Infanterist" zu sehen, ein Werk des Bildhauers Giannino Castiglioni, und die „Madonna delle Nevi", die 1916 vom Künstler Fragiacomo di Venezia gemalt wurde.

Timau → Treppo Carnico

Diese kurze Etappe erfordert wenig körperliche Anstrengung. Im ersten Abschnitt wandert man auf der linken Seite des Bût – bei Etappe 16 war es die rechte – bis Paluzza, teils auf unbefestigten Straßen, teils auf Asphalt der SS 52. Im mittleren Teil sollte man sich den Moscarda-Turm auf dem gleichnamigen Hügel nicht entgehen lassen. Dann geht's zur Kirche von San Daniele Profeta in Paluzza hinunter. Und zuletzt steigt man das Pontaiba-Tal über die Dörfer Naunina und Zenobis bis Treppo Carnico hinauf. Dies ist ein relativ wenig bekannter Abschnitt Karniens, dafür ist er umso reizvoller. [Karte Seite 188]

8,8 km | 2 ¾ Stunden | 114 hm bergauf, 268 hm bergab

Aufgrund der Kürze der Etappe man kann diese auch mit der nächsten zusammenhängen. Bis Dierico di Paularo sind es dann insgesamt knapp 20 Kilometer.

Zum Frühstück serviert mir Antonietta vom „Albergo Da Otto" einen köstlichen selbst gemachten Kuchen zum Cappuccino. Bei schönem Wetter – nur ein paar harmlose Wolken sind am Himmel zu sehen – verlasse ich das Zentrum Timaus mit einer Menge von Eindrücken in Richtung Fußballplatz. Hier folge ich dem Feldweg rechts am Zaun entlang und gehe hinunter zur Furt des Bût. Ein Dickicht aus Weiden, Erlen und Pappeln säumt meinen Weg. Hier sind nicht selten Graureiher zu beobachten, leider habe ich heute Morgen kein Glück. Weiter geht's links hinauf, um wieder auf die Staatsstraße SS 52 zu stoßen. Auch heute werde ich die Gedanken an den Ersten Weltkrieg nicht los, denn immer wieder ist man entlang des Weges damit konfrontiert. Ich komme and einem Munitionsstollen und der Talstation der Kriegsseilbahn vorbei. Wer tiefer in dieses Thema eintauchen möchte, dem kann ich das Freilichtmuseum am Plöckenpass mit dem rund einstündigen „Weg des Friedens" empfehlen.

Ich wende mich jedoch wieder meinem Cammino delle Pievi zu und verlasse auch gedanklich die Kriegsschauplätze. Entlang der Hauptstraße nehme ich bald links die Via Giobatta Unfer, komme aber wieder zur SS 52 zurück, bevor ich gleich nach der Schule des Weilers „Casali Sega" links abzweige, kurz darauf zweimal rechts einbiege, bis ich die erste Bar meiner heutigen Strecke, die Bar „Da Pacai", erreiche. Hier gönne ich mir meinen zweiten Cappuccino. Es ist 10 Uhr vormittags und ich habe erst 2,3 Kilometer meiner heutigen Etappe geschafft.

Nun gehe ich geradeaus an der Bar vorbei auf der alten Landstraße weiter. Hier ist im Gegensatz zur parallel verlaufenden neuen deutlich weniger Verkehr. Ich wandere in Ruhe in einem Fichten- und Lärchenwald und genieße linkerhand die Aussicht auf die dicht bewaldeten Ausläufer des Monte Paularo. Nun überquere ich die Hängebrücke über den Rio Moscarda, der laut Info-Tafel in der Vergangenheit immer wieder Überschwemmungen – besonders im Dorf Casteons – verursachte. Auch heute im Hochsommer führt der Bach relativ viel Wasser. Bei einem geringeren Wasserstand hätte ich anstatt der Brücke die Furt queren können. Noch ein kurzes

Stück auf der Staatsstraße, dann biege ich in einer weiten Kurve links auf einen Weg ein und gehe eine Rampe hinauf, die zum mittelalterlichen Turm „Torre Moscarda" führt, den man schon von Weitem erblickt. Auch hier trete ich wieder in Kontakt mit dem „Grande Guerra", dem Ersten Weltkrieg; ich befinde mich nahe der Verteidigungslinie von Paluzza, wo ich eine Bunkeranlage unterhalb des Turms aus dem 13. Jahrhundert besichtige. Der Hügel war durch seine Lage über dem Bût und dem Tal schon Jahrhunderte früher eine Schlüsselstelle für die Verteidigung gegen Feinde. Nach der eingehenden Besichtigung gehe ich nun auf einem Pfad weiter zur Via San Daniele, wo ich nach etwa einem halben Kilometer zum Friedhof und zur Kirche San Daniele Profeta komme. Sie ist vom üppigen Grün bewaldeter Hügel umgeben, dahinter stechen in östlicher Richtung die Gipfel Paularos grau hervor. Nach dem Besuch des Gotteshauses folge ich oberhalb links einem Wiesenweg ins Dorf Naunina. Zahlreiche Haselnussstauden deuten darauf hin, dass hier einst Wiesen bewirtschaftet wurden. Darauf weist auch das eine oder andere verfallene Stall- und Wohngebäude hin. Die gelb-weiße Markierung weist mir den Weg entlang einer bemoosten Mauer, rechts unterhalb sehe ich auf Paluzza hinab. Der Blick zurück auf die Kirche lohnt ebenso. Auf dem schattigen Weg, mit einer dichten Buchenreihe begrenzt, erreiche ich das Dorf. Besonders freue ich mich über den steinernen Brunnen, der mir frisches Wasser liefert. Nicht zu übersehen ist das „Cammino delle Pievi"-Schild an der Hausmauer der Casa Brunetti. Dieses Anwesen ziert ein zweites Schild, auf dem zu lesen ist, dass es einst Paolo Zotto (gestorben 1504), einem reichen Grundbesitzer in Paluzza und Naunina, gehörte.

Nun setze ich meinen Weg linkerhand – oberhalb Nauninas – fort; streife durch blühende Wiesen mit blauem Storchschnabel, gelber Königskerze, Acker-Witwenblumen, Margeriten ... Mit dem Summen der Bienen in den Ohren erreiche ich bald eine schmale Asphaltstraße, kurz darauf eine Kreuzung, vor mir eine schöne Kapelle aus dem Jahr 1707. Bei der Kreuzung wende ich mich links in Richtung des Rio Bavous. Auf einem Forstweg spaziere ich auf der Via Naunina bis Zenodis.

Ich passiere das verschlafene Dorf mit seinen Steinhäusern und gepflegten Gärten mit großen Hortensien-Büschen. Nach der Brücke über den Rio Major halte ich mich kurz darauf links – Richtung Friedhof – auf der Via IV Novembre, bis ich die Kirche „Chiesa di Sant'Agnese" von Treppo Carnico erreiche. Danach setze ich meinen Weg wieder links auf die Via Matteotti zum Albergo Ristorante Cristofoli fort.

Es ist 12.30 Uhr. Normalerweise vermeide ich es mittags, viel zu essen, weil ich dann zu schlapp bin, meinen Weg fortzusetzen. Doch in diesem gemütlichen Gastgarten mache ich eine Ausnahme. Novella Craighero mit ihrer Enkelin Elodia auf dem Arm verköstigt mich vom Feinsten mit einem großen Antipasti-Teller voller Prosciutto, Lardo und Käse aus der Region, dazu gibt es ein Glas Friulano. Eigentlich ist dieser Ort Endpunkt der Etappe 17. Ich habe mich aber aufgrund des Wetters und der noch frühen Uhrzeit entschieden, eine weitere dranzuhängen, sonst hätte sich hier auch wunderbar übernachten lassen. „Seit über 45 Jahren versucht unser Restaurant mit seinen Gerichten, die ältesten Traditionen der typisch karnischen Küche weiterzugeben", sagt Novella. Das Drei-Stern-Hotel, renoviert 2009, war bereits Ende des 19. Jahrhunderts ein Gasthaus mit einem Verkaufsstand für die Cramârs, die fahrenden Händler aus Karnien, die mit ihren Handwerksprodukten auf dem Weg nach Österreich waren.

Chiesa di San Daniele Profeta – Paluzza

Erbaut in der Nähe des Castrum Moscardum, das die Straße zum wichtigen Pass des Monte Croce (Plöckenpass) kontrollierte, existierte die Kirche bereits Ende des 13. Jahrhunderts. Die ersten Dokumente, in denen sie erwähnt wird, stammen aus dem Jahr 1327. Die heutige Kirche wurde 1736 erbaut und 1745 geweiht. Sie ist ein einfaches Gebäude mit einem schlanken Glockenturm. Von den früheren Bauten ist dieser auf der rechten Seite erhalten geblieben, mit einer alten schmiedeeisernen Tür. Auf dem Glockenturm, der 1911 wieder aufgebaut wurde, befindet sich eine Inschrift, die besagt, dass er ursprünglich zur mittelalterlichen Burg gehörte. Die heutige schlanke Turmspitze hat die alte Konstruktion aus dem 18. Jahrhundert mit einem Holzschindeldach ersetzt, die zu Beginn des 20. Jahrhunderts sehr verfallen war.

Im Inneren der Kirche sind wertvolle Fresken (1764) mit zarten Pastellfarben des Malers Antonio Schiavi aus Tolmezzo erhalten. Sie stellen im Chorgewölbe in der Mitte die Dreifaltigkeit, die vier Evangelisten, abwechselnd mit den vier Tugenden dar; an der Decke der Aula befinden sich der heilige Daniel in der Löwengrube, Johannes der Täufer und Jakobus der Ältere; in der Mitte die Himmelfahrt Jesu. Für diese Arbeit erhielt Schiavi „254 Lire". Das Altarbild mit der Darstellung Johannes des Täufers, der mit seiner rechten Hand das Lamm hält, stammt von Giovanni Antonio Agostini aus Udine, signiert und datiert 1593.

Besonders interessant ist die Statue der Madonna mit Kind, die den Zügen der berühmten „Schwarzen Madonna" nachempfunden ist, die noch in der Wallfahrtskirche von Altötting erhalten ist. Die ursprüngliche Statue wurde im 14. Jahrhundert von einem rheinischen Künstler aus Lindenholz geschnitzt und verdankt ihre dunkle Farbe der Witterung und dem Kerzenrauch. Die in Paluzza aufbewahrte Skulptur ist sicherlich ein Geschenk eines Händlers, der aus jenen deutschen Landen kam, um die Ursprungskirche zu ehren. Eine weitere in San Daniele aufbewahrte Malerei, die die Madonna mit Kind darstellt, stammt ebenfalls aus der deutschen Schule; genauso wie die prächtigen Holzskulpturen zweier bischöflicher Heiliger und die wertvolle Holzkanzel, die 1741 von dem deutschen Bildhauer Hans Müller angefertigt wurde. Das jetzt eingelagerte Altarbild, auf dem ursprünglich die „Schwarze Madonna" von Altötting stand, zeigt unter anderen den heiligen Antonius, Johannes den Täufer und den Heiligen Geist, entstanden 1762.

Bemerkenswert ist die 1760 von Giacomo Sellenati, einem Orgelbaumeister aus Sutrio, gebaute Orgel, die 1851 von Pietro De Corte restauriert und auf der Chorempore über dem Hauptportal installiert wurde. Das Instrument stammt aus der Kirche Santa

Maria di Paluzza. Die Orgel wurde 1913 hierher übersiedelt, als die alte Kirche in Paluzza abgerissen wurde, um Platz für das heutige Gebäude zu schaffen.

Chiesa di Sant'Agnese – Treppo Carnico

Die Kirche Sant'Agnese wurde um eine frühere Kapelle herumgebaut, die um 1700 errichtet wurde und deren Fundamente unter dem Pflaster zu sehen sind. Der heutige Sakralbau wurde zwischen 1809 und 1813 nach einem Projekt von Angelo Schiavi errichtet. Schiavis Vater, Francesco, war der Erschaffer des eleganten Glockenturms im Kärntner Stil, der 42 Meter in die Höhe wächst; die zwiebelförmige Kupferkuppel ist das Werk von Hermann von Hermagor und stammt aus dem Jahr 1801. Die 1929 geweihten Glocken tragen die Namen Maria-Dolores (die Große), Agnese (die Mittlere), Antonia (die Kleine) und Giuseppina (die Schmerzhafte).

In der kleinen Kirche wurden die Priester in zwei Gräbern beigesetzt. Es ist gewiss, dass im 17. und 18. Jahrhundert fünf Priester dort begraben wurden. Ihre Namen wurden auf einer Granittafel eingemeißelt, die im Korridor des Kirchenschiffs angebracht ist.

In der Kirche im Stil der Romanik und des 18. Jahrhunderts befinden sich fünf Altäre sowie Nischen und verschiedene Fresken, von denen einige von dem aus dem nahen Dorf Ligosullo stammenden Maler Giovanni Moro (1877–1949) gemalt wurden. Das Gewölbe der Apsis, innen mit Fresken versehen, stellt die Seligpreisung Gottes dar, ein Werk des Malers Fantoni aus Gemona. Über dem Hochaltar befindet sich ein Gemälde von Jesus im Ölgarten, das von dem Maler Basilio Lazzara aus Treppo stammt.

Das Altarbild des Hochaltars mit der Darstellung der heiligen Agnes, des heiligen Georg, der heiligen Ermacora und Fortunato stammt aus dem Jahr 1670. Über dem Haupteingang befindet sich ein antikes Altarbild der Rosenkranzmadonna mit Kind, das 1723 von Silvestro Noselli aus Raveo auf Leinwand gemalt wurde.

In den übrigen Altären stehen die Statuen, die eine 1907 in Rom von Papst Pius X. im Petersdom gesegnete Kopie der Pietà darstellen, die Rosenkranzmadonna und in der Nische zwischen den beiden Altären die Madonna von Lourdes. Das Baptisterium in Marmorstruktur stammt aus dem Jahr 1764, und an den Wänden sind 14 Holztafeln angeordnet, die den Kreuzweg darstellen, eine aktuelle Arbeit von Handwerkern und Künstlern aus St. Ulrich. In der Sakristei ist ein wertvolles Garderobenmeisterstück mit Intarsien erhalten, das vermutlich zwischen 1700 und 1800 entstanden ist, sowie ein Altarbild auf Leinwand des heiligen Antonius von 1728. Letzteres zeigt im Hintergrund die Stadt Salzburg mit ihrem Dom, dem Kapitelplatz und der alten Pferdetränke.
www.treppocarnico.org

Torre Moscarda – Paluzza

Der Moscarda-Turm von Paluzza ist das, was von einer Verteidigungsgarnison, dem Castrum Moscardum an der Via Iulia Augusta übriggeblieben ist. Der Turm befindet sich in der Ortschaft „Enfretors", was so viel wie „zwischen den Türmen" heißt. Tatsächlich gab es einen weiteren Turm auf dem gegenüberliegenden Flussufer, der 1836 zerstört wurde.
Der Moscarda-Turm wurde erstmals 1264 erwähnt und auf den Überresten früherer Verteidigungsanlagen aus der Römerzeit errichtet. Aufgrund ihrer strategisch günstigen Lage wurde die Burg oft belagert, sowohl während der Herrschaft des Patriarchen, als auch während der venezianischen Herrschaft. Bis zum 17. Jahrhundert verstärkte Venedig häufig die Verteidigungsanlagen dieses befestigten Komplexes, der 1507 von Bartolomeo d'Alviano beschrieben und von Girolamo Savorgnan als äußerst wichtig für die Verteidigung von Karnien angesehen wurde. Die Burg war sehr groß und umfasste zwei Türme am Ost- und Westufer des Flusses Bût sowie weitere kleinere Befestigungen, die bis zum Berg Paularo reichten. Alles, was erhalten geblieben ist, sind Fragmente von

Mauern und ein Turm aus dem 13. Jahrhundert, der auf der einen Seite durch den Berg und auf der anderen durch einen direkt in den Felsen gehauenen Graben geschützt war. Der etwa zehn Meter hohe Turm wurde vor Kurzem restauriert; an seinen Wänden befinden sich Pfeilscharten, einige kleine Fenster und ein Pfostentor als einziger Zugang zum Turm, der sich mehrere Meter über dem Boden befindet.

Heute ist der Turm in drei vertikal angeordneten Räumen Ort für Ausstellungen, die mit der Region in Verbindung stehen.

www.consorziocastelli.it

Kunstgalerie Enrico De Cillia – Treppo Carnico

Schräg gegenüber vom Albergo Cristofoli in der Via Giacomo Matteotti in Treppo Carnico lädt die Galerie für moderne Kunst Enrico De Cillia zu einem Besuch. Sie ist eines der bedeutendsten Museen in ganz Karnien und wurde 1975, dank der Schenkung von 50 Werken großer karnischer Künstler an die Gemeinde, gegründet.

Die Galerie trägt den Namen von Enrico De Cillia. Er wurde am 31. August 1910 in Treppo Carnico geboren. Im Alter von acht Jahren, mitten im Krieg, wurde er Vollwaise und war mit nur 13 Jahren gezwungen, seine Heimatstadt zu verlassen und nach Udine zu gehen, wo er in das Atelier des karnischen Malers Giovanni Moro eintrat. Dort lernte er fünf Jahre lang den Beruf des Dekorateurs und widmete sich der Freskenmalerei zahlreicher Kirchen in Friaul. Bis 1940 arbeitete er in diesem Beruf, aber gleichzeitig pflegte er seine Leidenschaft für die Malerei und stellte in einigen Ausstellungen in Udine und Venedig Bilder mit kleinen Landschaften und Stillleben in dunklen Tönen aus. In den Vierzigerjahren etablierte sich De Cillia als Maler; er trat in den wichtigsten Ausstellungen von Udine als Vorreiter des Realismus in Friaul auf. 1954 eröffnete er die „Galleria del Girasole" in Udine.

Es wurden mehr als fünfhundert Ausstellungen veranstaltet. Nachdem er seine künstlerische Reife erreicht hatte, machte sich Enrico De Cillia als „Maler des Karstes" einen Namen, denn es ist diese Landschaft, die seine Leinwände dominiert. Mit der Absicht, seine Heimatstadt mit einem Erbe auszustatten, das die Kultur und die Kunst, vor allem bei den neuen Generationen, anregt, schenkte De Cillia 1975 der Gemeinde Treppo Carnico einen Kern von 50 Werken, die nicht nur das friulanische Kunstpanorama repräsentieren, sondern auch geeignet sind, das Wissen über große italienische und ausländische Künstler zu erhellen. Das Ausstellungsgut wurde um Zeichnungen, Drucke und Skulpturen erweitert und umfasst eine Zahl von über 70 Objekten. Darunter nimmt eine Serie von Ölgemälden einen wichtigen Platz ein, die der Künstler selbst angefertigt hat. Der Maestro starb am 10. Mai 1993 in Udine.

www.beniculturali.regione.fvg.it

Öffnungszeiten: Juni, September: Samstag: 16–18 Uhr, Sonn- und Feiertage: 15–18 Uhr. Juli und August: Dienstag bis Samstag: 16–18 Uhr, Sonn- und Feiertage: 15–18 Uhr. Tel.-Nr. 0039/0433/777 023

Diego Matiz – Timau
Im „Da Otto" spricht man Tischlbongarisch

Diego Matiz führt gemeinsam mit seiner Frau Antonietta Batigelli das Albergo-Ristorante „Da Otto" im Herzen Timaus. In der Sprachinsel nahe der österreichischen Grenze und dem Plöckenpass beherrschen alle älteren Leute neben Friulanisch und Italienisch das „Tischlbongarische", einen südbairischen Dialekt. Kinder und Jugendliche sprechen es kaum mehr. Es gibt aber auch Ausnahmen wie Diegos kleine Enkelin, die spricht „olleweil nur Tischlbongarisch", sagt er voller Stolz. „De Sproch is guad, dass' weitergeht", sagt er im verständlichen Dialekt. Seine Vorfahren zogen vor etwa 700 Jahren aus dem Gailtal hierher. Timau ist ein kleines Bergdorf, „aber seine geografische Lage macht es zu einem lebendigen Dorf, das von Menschen von jenseits der Grenze oder von italienischen Touristen besucht wird. Sie besuchen es für einen Urlaub in den Bergen, um sich in völliger Ruhe zu entspannen oder Ausflüge zu wunderbaren Orten, wie Sie auf Ihrem Weg sehen konnten, zu unternehmen", sagt der sympathische Gastwirt. Angesprochen auf die Entvölkerung – hier lebten einmal 1200 Menschen, heute sind es knapp 400 – ist diese „hauptsächlich auf den Mangel an Arbeit zurückzuführen. In der Tat war Timau schon immer ein Land der Auswanderer. Die jungen Leute von heute gehen aus den gleichen Gründen weg wie damals. Sie suchen sich einen Job, gehen dafür in größere Zentren mit mehr Annehmlichkeiten."
Das Hotel in der Via Maria Plozner Mentil entstand in der zweiten Hälfte des 18. Jahrhunderts. Damals war es eine Unterkunft mit einer Küche; es umfasste nur zwei Zimmer und bot seine Dienste den Händlern an, die nach Österreich unterwegs waren. „Wenn ich die Geschichte des Ortes zurückverfolge, komme ich zu meinen Urgroßeltern, die zuerst langsam begannen, das Hotel auszubauen. Mein Urgroßvater hieß Ottavio, fiel im Ersten Weltkrieg im Karst, meine Urgroßmutter war schwanger und nannte ihren Sohn Ottavio, nach seinem verstorbenen Vater."
Diegos Vater Ottavio wurde von allen im Dorf „Otto" genannt. Als er aus dem Zweiten Weltkrieg zurückkam, vergrößerte er zusammen mit

Diegos Mutter Oliva das Hotel. 1973 starb Otto „und ich übernahm die Geschäftsführung. 1975 kam meine Frau – sie ist aus San Daniele – dazu, und wir führen das Geschäft bis heute weiter. Wir behielten den Namen ‚Otto' zu Ehren meines Vaters bei", sagt der 68-jährige Diego.

Das Hotel und das Restaurant führen sie mit viel Liebe. Es verfügt über zehn gemütliche und kürzlich renovierte Zimmer. Antonietta kümmert sich „ganz ohne Küchenmaschine" um die Küche. „Ich versuche, die typische lokale Kochkunst beizubehalten, verwende regionale Produkte und gebe der Hausmannskost teils auch einen modernen Ton", sagt die gut gelaunte Köchin.

Antonietta und Diego haben zwei Söhne, beide mit Hochschulabschluss, die andere Wege eingeschlagen haben. „Aber wir haben sechs Enkelkinder und hoffen, dass sich vielleicht eines von ihnen für die Arbeit im ‚Da Otto' begeistern wird."

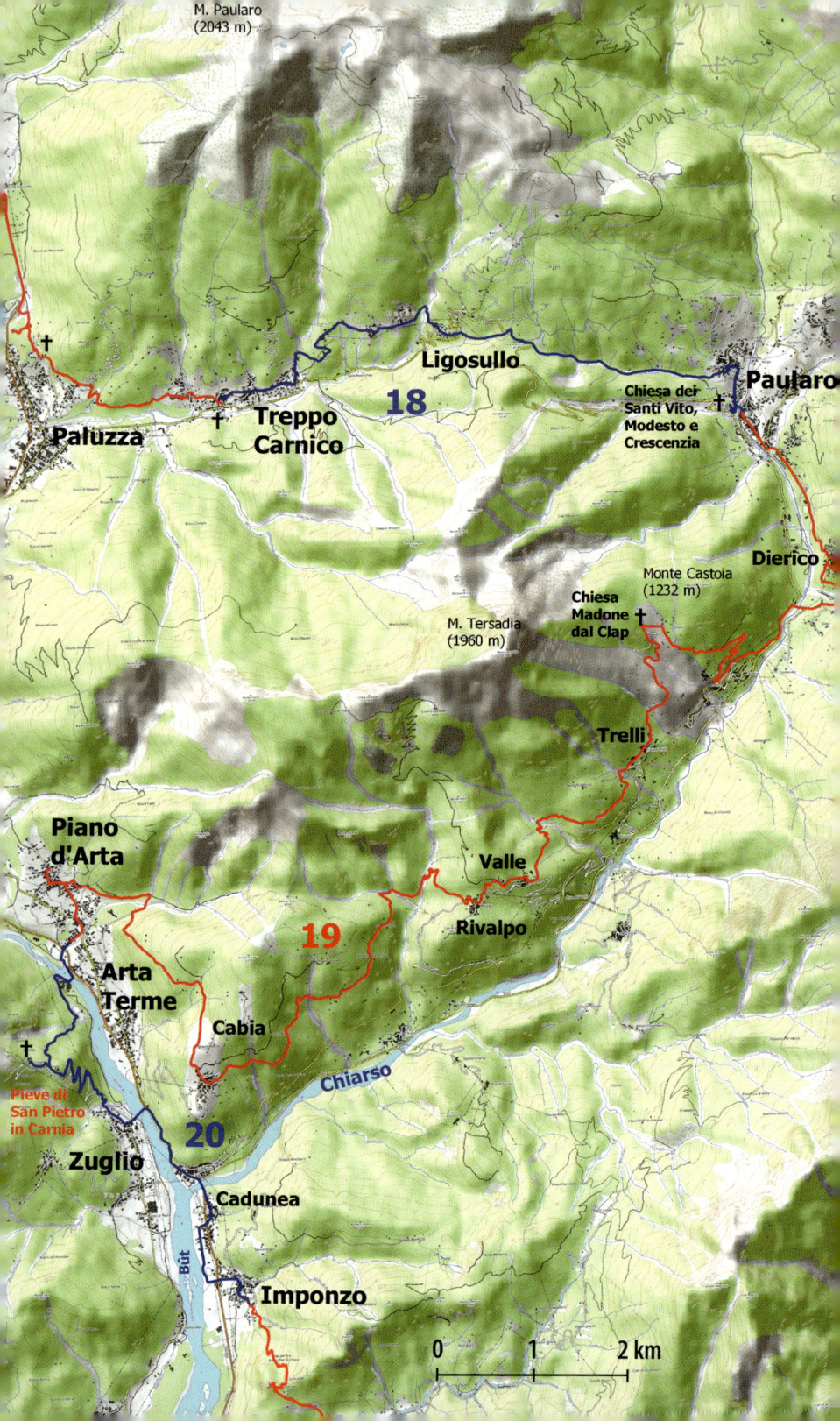

M. Paularo
(2043 m)

Ligosullo

18

Chiesa dei
Santi Vito,
Modesto e
Crescenzia

✝ **Paularo**

Paluzza

✝ **Treppo
Carnico**

Dierico

Monte Castoia
(1232 m)

Chiesa
Madone ✝
dal Clap

M. Tersadia
(1960 m)

Trelli

**Piano
d'Arta**

Valle

19

Rivalpo

**Arta
Terme**

✝

Cabia

Chiarso

Pieve di
San Pietro
in Carnia

20

Zuglio

Cadunea

Bût

Imponzo

0   1   2 km

Etappe 18

Treppo Carnico → Paularo

Von Treppo Carnico aus führt die Route in verschlafene Dörfer des Pontaiba-Tals und des oberen Chiarsò-Tals (Val d'Incaroio). Durch oft unberührte Natur wandelt man zwischen 670 und 1060 Meter Seehöhe durch ein ursprüngliches Karnien voller großartiger Ausblicke auf die Bergwelt rund um den Monte Tersadia und Monte Sernio im Süden sowie den Monte Salinchiet im Osten. Lediglich der etwa zwei Kilometer lange Abstieg von der Forcella di Liûs nach Villafuori erfordert Aufmerksamkeit, um nicht vom Weg abzukommen. In Paularo wartet eine lebendige Kleinstadt mit Geschäften, Bars und der einen oder anderen Osteria.

9,2 km | 3 ¼ Stunden | 414 hm bergauf – 426 hm bergab

Mein Weg führt vom schattigen Gastgarten des Ristorantes „Cristofoli" am Museum für Moderne Kunst vorbei bergauf zur Hauptstraße, der Via Giacomo Leopardi, auf Höhe der Macelleria Lazzaro Claudio. Diese Metzgerei ist wohl schon länger Geschichte. Immer wieder geschlossene Fensterläden an den Häusern verheißen nichts Gutes, an vielen Mauern prangt das Schild „Vendesi". Ich folge der Via Dante Alighieri für 700 Meter, dann biege ich im Dorf Gleris links in die Via Primo Maggio ein. Alsbald erreiche ich rechts eine Schotterstraße, die entlang des Rio Mauràn, und nach 100 Metern über eine Holzbrücke führt. Hier beginnt der Saumpfad, der mit einem steilen, aber kurzen Anstieg zur Gemeindestraße und dann in die Dörfer Tavella, Tausia, Murzalis und Ligosullo führt. Urig verläuft der Pfad durch schattigen Wald, bei Ruinen und Marterln vorbei. Rechterhand werfe ich einen Blick auf das darunterliegende Gleris. Bald komme ich wieder zur Hauptstraße, folge ihr links über einen kleinen idyllischen Friedhof. Er gehört zum Dorf Taviella, dem ich mich nun auf Asphalt nähere. Ein kleiner Dorfbrunnen, mit einem steinernen Edelweiß dekoriert, veranlasst mich, meine Wasserreserven aufzufüllen. Das kann bei Sommertemperaturen um 35 Grad Celsius auf keinen Fall schaden. Das nächste Dorf Tausia empfängt mich mit einem modernen gläsernen Haltestellen-Häuschen, das so gar nicht in dieses rustikale, altertümliche Dorf passt. Die paar Meter Umweg zur kleinen Kirche „Madonna delle Grazie" lohnen, allein schon wegen der fulminanten Aussicht aus 930 Meter Höhe ins Tal auf Treppo Carnico und die dahinter liegenden Berge, wie den Monte Tersadia (1 959 m). Nach dem lohnenden Abstecher begebe ich mich wieder zur Straße, die mich bald nach Murzalis und zur „Capella degli emigranti" bringt.

Danach wandere ich zur Brücke über den Rio Pit und erreiche das Dorf, über das ich kurz davor einiges erfahren durfte. Beim Parkplatz durchschneide ich den Ortskern linkerhand. Vor einer Rechtskurve erreiche ich wieder die Hauptstraße, die sich in Serpentinen weiter nach Paularo schlängelt. Auf Höhe des Parkplatzes in der Kurve sind die Graffiti von Radfahrern und Langläufern ein Hingucker. Nach der Kurve geht es noch weitere etwa 100 Meter die Straße hinauf. Unterhalb des gelben Verkehrsschildes prangt das „Cammino delle Pievi"-Schild. Und genau hier heißt es, die Treppe nach unten zu nehmen. Der hier beginnende etwa 900 Meter lange Pfad führt erst durch dichtes Gras, bald ist es ein Waldweg, der rechterhand von einem Holzzaun begrenzt und gesichert wird. Nach dem Passieren einer vergessenen kleinen Kapelle mit bemoostem Dach bekomme ich wieder festeren Boden unter meine Füße: die Landstraße SP 24.

Nun befinde ich mich auf dem höchsten Punkt meiner heutigen Etappe auf 1 056 Meter. Von nun an geht's bergab bis Paularo, aber erst einmal bis zur Radlerstele der „Forcella di Liûs" auf 1 040 Meter. Dieser Gedenkstein wurde im Andenken an die Giro-d'Italia-Etappe 2010 von Paularo über die Forcella di Liûs nach Paluzza und dann über die Sella Valcalda zur Bergankunft auf dem Monte Zoncolan errichtet. Für Rad- sowie für Motorradfahrer ist diese Strecke sehr attraktiv. Ich bevorzuge Wald- und Wiesenwege, so ist es mir eine Freude, dass ich nach etwa 200 Metern auf befahrener Straße – den ersten linken Waldweg außer Acht lassend – am Anfang einer weiten Kurve links in einen Saumpfad einbiegen kann. Dieser war einst die einzige Verbindung zwischen dem Val d'Incaroio und dem Val Pontaiba. Im späten Frühjahr und im Frühsommer sind hier Wiesen voller gelber Butterblumen und auf unbewirtschafteten Flächen rote Liliennester zu bewundern. Dieser Saumpfad, der lange Zeit aufgrund von Erdrutschen unpassierbar war, wurde vor Kurzem durch die „Amici della Montagna" (Freunde des Berges) von Paularo wieder nutzbar gemacht. Hier wechseln sich daher Abschnitte auf schmalen Wegen mit den in Erdrutsch-Bereiche gehauenen Pfaden ab. Die gesamte Route verläuft im Schatten eines dichten Mischwaldes aus Nadelbäumen und Koniferen, mit einigen prächtigen Exemplaren von Buche, Fichte und Weißtanne.

Auf jeden Fall heißt es hier aufpassen. Zuerst gehe ich noch zielgerecht auf einem gut erkennbaren schmalen Weg durch den Wald, doch bald auf einer Lichtung ist er – überwachsen mit hohem Farn – kaum mehr auszumachen. Ein hölzernes Marterl verdeutlicht mir aber, dass ich richtig bin. Erleichtert gehe ich bergab,

Postkartenmotiv: der Kirchturm von Paularo vor den Gipfeln der Creta di Mezzodi und des Monte Sernio.

immer auf der linken Seite des Rio Minischitte, der teils in tiefen Schluchten von Kreide und Sandstein fließt. Später treffe ich direkt auf diesen Bach, dessen Wasser meinen müden Füßen eine Erfrischung verschafft. Wieder auf einem Waldweg erreiche ich eine Wehr, biege danach erneut in einen Pfad im Wald ein, der zum Dorf Villafuori hinunterführt. Vereinzelte Häuser, gepflegte Gemüsegärten, Obstbäume, Äcker und gemähte Wiesen erfreuen mein Auge, genauso wie der Anblick des sich in der Ferne aufbäumende Monte Salinchiet (1 857 m) im Osten.

Bei einer Weggabelung nehme ich die Schotterstraße links, die ins Dorf führt. Und dann überwältigt mich der Ausblick auf Paularo. Wie auf einer Postkarte ragt nur der Turm der Pfarrkirche aus dem dichten Grün von Laubbäumen hervor, und dahinter türmt sich die Bergwelt rund um die Creta di Mezzodi und den Monte Sernio (2 187 m) im Süden auf.

Das Dorf Villafuori, das ich kurz darauf erreiche und dessen Name so viel bedeutet wie „das Dorf außerhalb" erstrahlt in einer bunten

Blumenpracht auf Balkonen, in Gärten, an Hausmauern. Meterhohe rosarote Kletterrosen, duftender Jasmin, Geranien in allen Farben begrüßen mich im Herzen des Dorfes. Auf einem kleinen quadratischen Platz, den mittelalterliche Steinhäuser begrenzen, an deren Mauern wilder Wein wuchert, halte ich inne, um den Anblick auf mich wirken zu lassen. Der mittelalterliche ovale Durchgang weist mir den Weg links weiter zur romantischen kleinen Kirche „Chiesa di San Fabiano e San Sebastiano". Ebenso „mini" ist der CRAI-Supermarkt ein paar Meter weiter. Danach halte ich mich rechts und passiere in Villamezzo das Musik-Museum „La Mozartina".

Ich habe ein Zimmer im „Il Niu" im Zentrum Paulaross gefunden. Doch zuvor nehme ich mir noch Zeit, die Pfarrkirche zu besuchen: Diese habe ich bereits von Weitem bewundert, sie liegt etwas erhöht über dem Stadtkern. Die Kirche ist drei Heiligen geweiht: den Märtyrern Vito, Modesto und Crescenzia. Mit einem so großen Heiligen-Aufgebot mache ich mich danach über die Brücke über den Torrente Chiarsò auf zu meinem Hotel.

Dominant steht das bereits seit Jahren geschlossene und dem Verfall preisgegebene Hotel „Albergo Impero" direkt am Wildbach. Über eine Revitalisierung beziehungsweise Renovierung wird seit Jahren diskutiert, dafür stünden 400 000 Euro Förderung aus einem regionalen Fonds für die Beteiligung am Bau einer Jugendherberge zur Verfügung. Selbstverständlich ist es mit diesem Betrag nicht getan, so bleibt ungewiss, wann die Sache letztendlich in die Hand genommen werden kann.

Trotz dieser Hotelruine mit verriegelten Fenstern, zerbrochenem Glas, abbröckelndem Putz und dem hängenden „I" von „Impero" ist Paularo mit seinen etwa 2 500 Einwohnern deutlich lebendiger als die meisten zuvor besuchten Orte entlang des Cammino delle Pievi: Es gibt Gasthäuser, Bars, Geschäfte.

Aus Paularo stammt einer der größten Textilfabrikanten im Europa des 18. Jahrhunderts: Jacopo Linussio. Er war einer der erfolgreichsten Unternehmer der damaligen Zeit und kann mit der heutigen Benetton-Familie verglichen werden.

Ihm ist die Bronzeskulptur am Ufer des Chiarsò auf der Piazza Nascimbeni Bernardino gewidmet. Ganz nahe – in der Via Monte Croce – lockt mich nun aber das Hotel „Il Niu", das an einem idyllischen Innenhof gelegen, keine Wünsche offenlässt.

Pfarrkirche San Vito
„Chiesa dei Santi Vito, Modesto e Crescenzia" – Paularo

Der Name des Dorfes Paularo wird zum ersten Mal in einer Urkunde aus dem Jahr 1295 erwähnt; fast gleichzeitig gibt es die ersten Dokumente über die Kirche, die den Heiligen Vito, Modesto und Crescenzia gewidmet ist. Um 1533 wird die Existenz eines Taufbeckens und eines Friedhofs nachgewiesen; damit auch die

Gewissheit, dass der „Canale d'Incaroio", das Chiarsò-Tal, von der Mutterkirche San Floriano in Cesclans unabhängig geworden war. Ende des 16. Jahrhunderts wurde Giulio Urbanis mit der Freskendekoration der Kreuzgewölbe von San Vito in Paularo und der Kirche Santa Maria in Dierico beauftragt. Diese Fresken sind in der Kirche von Dierico wiederhergestellt und restauriert worden, während jene in der Kirche von San Vito in Paularo beim Abriss 1769 zerstört wurden. Mitte des 17. Jahrhunderts folgte der Bau des alten Hochaltars der Kirche von Paularo. Es handelte sich um einen vergoldeten Holzaltar mit acht Statuen, darunter die der Heiligen Vito, Modesto und Crescenzia.

Die Bevölkerung war schnell angewachsen, und die alte Kirche, mit Rissen in den Mauern durch die schrecklichen Erdbeben von 1511 und 1700, war nicht mehr in der Lage, die Bedürfnisse der Gläubigen zu erfüllen. Das alte Gebäude wurde 1769 abgerissen und durch einen Neubau – mit Unterstützung der Familie Linussio – bis 1785 nach Plänen von Domenico Schiavi ersetzt.

Seit dem 18. Jahrhundert verfügt die Kirche über eine Orgel. 1771 wurde diese vom karnischen Orgelbauer Giacomo Selenati aus Sutrio beim Abriss der Kirche demontiert und „in Kisten gelegt". Selenati starb, und erst gegen Ende des 18. Jahrhunderts griff Giovanni Battista De Corte aus der Familie der Orgelbauer aus Ovasta ein und baute sie im neuen Gebäude wieder auf. Von der Orgelempore aus kann man das Innere der Kirche San Vito bewundern und wird von der Pracht des großen rechteckigen Saals mit abgerundeten Ecken beeindruckt sein. Tiefe verleiht der Decke das Fresko von Antonio Schiavi von der heiligen Jungfrau unter den Schutzheiligen.

Die Fassade wurde wie die anderen Außenwände des Gebäudes kahl gelassen, mit einem einzigen dekorativen Element, das das zentrale Portal darstellt. Die monumentale Wirkung des Baus wurde durch eine Zugangstreppe verstärkt.

www.guidartefvg.it/elenco/le-chiese-di-paularo-carnia

„La Mozartina" – Villamezzo/Paularo

Das Museum im Palazzo Scala im Ortsteil Villamezzo an sich ist ja schon einen Besuch wert. Leider ist der Gründer des Museums – Maestro Giovanni Canciani – mittlerweile verstorben. Der Musikwissenschafter gab gern Kostproben seines Könnens an einem alten Flügel. Er hat sich mit dem „La Mozartina"-Museum einen großen Traum erfüllt. In 40 Jahren hat er viele alte Instrumente gesammelt und restauriert. Fast alle der 80 Tasten-, Zupf- und auch Blasinstrumente sind bespielbar und erzählen von ihrer langen Geschichte. Eines der für ihn teuersten Instrumente war ein transportables Orgelpositiv, das um 1650 in Rom gebaut wurde. Drei Jahre dauerte die Restaurierung. Viele Instrumente sind Geschenke, die er erhalten hat. Nun führt der künstlerische Leiter und Schüler Cancianis, Alessio Screm, die Museumstätigkeit mit großer Freude fort. Neben dem Cembalo, dem Klavier und einigen Zithern finden wir im Museum die Testa-Orgel, datiert um 1650. Es wird aufgrund der besonderen Positionierung der 320 Pfeifen, die an zwei geschlossene Vogelflügel erinnern, "Flügel" genannt. In der „Sala carnica" sind unter anderem ein seltenes Kaeferle-Tischklavier aus dem 19. Jahrhundert und das Kriegelstein-Klavier ausgestellt, das von erheblichem Wert ist. Im Obergeschoß des Museums spielte nicht selten der Maestro selbst im „kleinen Konzertsaal" auf einem Lipp-Klavier oder auf einem der Klaviere aus dem 17. oder 18. Jahrhundert. Im „Komponistenzimmer" steht ein Erard-Klavier, die Lieblingsmarke Beethovens. Drucke und Manuskripte von erheblichem Wert – wie etwa eine handschriftliche Partitur aus den Händen W. A. Mozarts – bereichern die Sammlung.

„La Mozartina", Tel. 0039/0433/70162 oder über das Carnia-Museum, Tel. 0039/0433/487779.

Paularo → Piano d'Arta

Diese Etappe ist die längste und wahrscheinlich anstrengendste. Der Begleiter auf den ersten zwei Dritteln ist der Wildbach Chiarsò. Der Anblick des Monte Sernio und seiner Gipfelkette verbindet sich mit der uns direkt umgebenden fast unberührten Natur. Die Felder, die teilweise restaurierten oder verfallenden Stavoli (Schutzhütten) und die Dörfer wie Trelli, Valle oder Cabia haben einen besonderen Charme und sind Zeugen des schwierigen Lebens anno dazumal. Höchster Punkt der Wanderung ist die Wallfahrtskirche „Madone dal Clap" auf knapp 1 100 Meter. In Cabia ist man oberhalb des Bût-Tals angekommen. [Karte Seite 216]

23,5 km | 9 Stunden | 1 159 hm bergauf, 1 341 hm bergab

Heute habe ich die längste Etappe vor mir, so starte ich bereits um 7.30 Uhr. Es gibt noch einen weiteren Grund, der mich veranlasst, so zeitig wegzugehen: Ich brauche eine Speicherkarte für meine Kamera. Ich versuche mein Glück entlang der Via Roma – ich gehe bereits Richtung Rathaus und Dierico – in fast jedem Geschäft: Lebensmittel-, Elektrogeschäfte, Tabak-Trafik, Papierladen ... fündig werde ich schließlich in der „Ditta Ferigo" bei Giuliana Moro. Sie hat „von allem etwas", wie sie sagt: Haushaltswaren, Geschirr, Pfannen, Gläser, Lampen, Schaufeln, Geschenke aller Art und ein Meer von bunten Plastikblumen.

Mit dem guten Gefühl, wieder nach Herzenslust den Auslöser drücken zu können, setze ich meinen Weg aus Paularo hinaus fort. Entlang des Chiarsò biege ich am Ende des Dorfes links ab und folge den Straßenschildern nach Dierico. Der Monte Sernio baut sich eindrucksvoll vor mir auf, und Wiesen voller blauer Wegwarten, in denen es summt, kreucht und fleucht, ziehen sich bis Dierico, das ich nach einem kurzen Anstieg erreiche.

Die Kirche „Chiesa di Santa Maria Maggiore" aus dem 14. Jahrhundert hat im Inneren wertvolle Kunstwerke zu bieten. Nach dem Besuch starte ich – auf der Suche nach meinem zweiten Cappuccino – ins Zentrum, um in der Bar „Al Tabacchino" in der Via Sartori Notaio einen solchen zu mir zu nehmen sowie ein Vollkorn-Brioche mit Marmelade. Weit bin ich zwar heute noch nicht gekommen, aber ein Kaffee und eine kleine Pause können nicht schaden, auch in Anbetracht der vor mir liegenden Etappe. Der Straße folgend verlasse ich Dierico danach rechts unterhalb der Kirche in Richtung Süden. Es geht am Friedhof vorbei bis zur Brücke über den Rio Muêia und später über den Chiarsò. Besonders von dieser zweiten Brücke aus lohnt der Blick zurück auf Dierico di Paularo.

Nach einem kurzen Stück auf der Provinzstraße bis zur Abzweigung nach Salino gehe ich einige hundert Meter nach rechts bergauf. Ein einfacher Brunnen am Straßenrand liefert frisches kühles Wasser. Es ist wieder ein heißer Sommertag, nur ein paar Wolken trüben den blauen Himmel. Es schadet nicht, Wasser zu tanken, denn die nächsten vier Kilometer bis zur Kirche „Madone dal Clap" führen stetig bergauf. Links vor mir liegt das Dorf Salino und gibt mit seiner Kirche ein idyllisches Postkartenmotiv ab. Kurz nach dem Ortsausgang von Tavella biege ich rechts Richtung Castoia ab. In der dritten Kehre verlasse ich die Hauptstraße und nehme rechts bei einem Holzschuppen den Forstweg. Dieser wurde vor etwa 25 Jahren gebaut, um den Wald „Bosco di Melês" zu sichern, wo ein Wirbelsturm einen großen Teil der Bäume entwurzelt hatte und die darunter liegenden Wiesen und Felder durch Erdrutsche gefährdet waren. Nach der vierten Kehre – bei einem Stavolo links – orientiere ich mich nach den Schildern „Al Santuario" und „Monte Castoia". Ich durchquere nun den „Bosco di Melês", in dem noch die Spuren des Orkans vom Herbst 2018 zu sehen sind. Viele Baumstämme und Stümpfe wurden aufgrund der Unwegsamkeit des Geländes nicht geborgen. Im schattigen Wald haben neben Buchen, Tannen, Lärchen und Ebereschen auch Feldahorne ihren Platz, in den sonnigeren Abschnitten finden sich zudem Hainbuchen und Kastanien.

Mich rechts haltend gehe ich weiterhin bergauf, gewinne an Höhe und passiere viele Hütten, die sich großteils in einem erbärmlichen Zustand befinden. Eine steht auf einer Lichtung mit wunderbarem Blick auf die Berge und stammt aus dem Jahr 1801 – das verrät der Schriftzug auf dem Stall. Mit dem nötigen Kleingeld wäre sie durchaus noch zu retten. Diesen Stavolo mit kleinem Stall passiere ich rechterhand bergauf – bis zur asphaltierten Straße, die von Trelli hinaufführt.

Die mich hier umgebenden Wiesen sind gut gepflegt und voller wilder Geranien, Gänseblümchen, Goldknopf und Orchideen. Nach ein paar Metern biege ich links ab, gehe an Wochenend-Häusern und der kleinen weißen Kapelle „Madonna della Neve" vorbei zur nahe gelegenen Kirche auf dem Ausläufer des Monte Castoia auf 1051 Meter. Sie ist wiederum der heiligen Muttergottes geweiht und wird „Madone dal Clap" oder auch „Madonna nel Sasso", genannt. Nun weisen mir die in den italienischen Farben – grün, weiß, rot – gehaltenen Bänder, die von einer etwa 15 Meter hohen Fichte bis zum Säulen-Entree der Kirche hängen, den Weg. Das weiße, pompös wirkende Gotteshaus ist ein Schmuckstück, das leider verschlossen ist. Durchs Fenster erhasche ich einen Blick auf den hellen einladenden Innenraum. Von hier genießt man auch eine Aussicht auf den Monte Sernio und die Creta di Mezzodi im Süden. Es ist kurz nach 11 Uhr, und eine kleine Jausenpause ist an diesem ruhigen Ort eine Wonne, umso mehr, weil ein Brunnen frisches Wasser dazu liefert.

Gerne würde ich die Siesta verlängern, doch vor mir liegen noch etwa 17 Kilometer Weg. So mache ich mich bald vom Kirchplatz aus hinunter zu einer schmalen Straße auf, die bergab bis ins Dorf Trelli führt. Meinen Weg säumen Hainbuchen, Lärchen, Fichten und einigen Waldkiefern. In der Nähe der ersten Häuser wechseln sich gepflegte Rasen- und Waldflächen ab.

Der Eingang zum Dorf Trelli ist ein kleiner alter Friedhof. Mit Blick auf die Bergwelt und die darunter liegende einfache Dorfkirche ist dieser Platz nicht nur für die Toten ein schöner Platz zum Verweilen. Vom Kirchplatz aus durchquere ich das charakteristische langgezogene Dorf, in dem Steinhäuser mit Bogengängen zu sehen sind. An einigen Hausmauern hängen historische große Fotografien von den Menschen des Dorfes: eine Fußballmannschaft aus 1973, Jäger mit erlegtem Hirsch, eine gutbürgerliche Familie, Blasmusiker oder ein Schnapsbrenner aus 1930.

Diese Fotos erzählen die Geschichte des Dorfes, aber noch besser kann das Ida De Toni. Ich lerne sie vor dem verlassenen Stall ihres Hauses kennen. Wir unterhalten uns blendend, und ich könnte ihren Erzählungen über frühere Zeiten noch viel länger lauschen. Doch die Zeit eilt, und mein Weg ist immer noch 15 Kilometer lang.

Gut gelaunt und glücklich setze ich meinen Weg bis zum Ende des Dorfes fort, danach biege ich rechts auf den schmalen Wiesenpfad (die gelben Pfeile beachtend) ein, auf dem ich kurz danach bei einer Kapelle aus 1966 und einem Hühnergehege vorbeikomme. Die zarten Henderl und ihr Hahn freuen sich über Büschel von Gras, die ich ihnen durchs Zaungitter drücke.

Nach dem Bächlein, das ich quere, halte ich mich an einer nahen Kreuzung rechts, um den kleinen Wald zu verlassen. Es geht weiter in leichtem Auf und Ab durch eine schöne Gegend, in der sich gemähte Wiesen, Äcker und Weiden befinden.

Bei einem Teich, der von Ziegen- und Schafzäunen begrenzt ist, beginnt der langsame Abstieg nach Molini di Valle. Wie der Name schon sagt, hat es hier bis zur Mitte des 20. Jahrhunderts einige Mühlen gegeben. Apropos: Am Ende des Abstiegs erwartet mich eine alte Mühle, die von Fichten und einigen Walnussbäumen, Linden, Weiden und Eschen umgeben ist.

Entlang des „Riu di Valle" erreiche ich eine hölzerne Brücke, über die ich auf die andere Seite des Bachs komme. Von hier aus sind es etwa 1,8 Kilometer und 200 Höhenmeter bergauf zur Pfarrkirche San Martino. Dann geht's gleich links steil auf schmalem Pfad in den Buchenwald hinein. Zwischen Felsen mit bezaubernden Formen, die sich an den kargen Boden klammern, finden sich Wacholder, Rhododendron, Heidekraut und Alpenveilchen. Unbewirtschaftete Wiesen wurden teilweise mit Bergahorn aufgeforstet.

Angelangt bei den ersten Häusern in Valle di Arta Terme auf 886 Meter Höhe genießt man einen Ausblick auf das Chiarsò-Tal und das Dorf Lovea auf der anderen Flussseite, dahinter die karnische Bergwelt. Inmitten des verschlafenen Bergdorfes fließt aus einem Brunnen mit einem in Stein gemeißelten Löwenkopf herrlich

Der Blick auf das Dorf Valle unterhalb der Chiesa di San Martino.

kaltes Wasser. Erst rechts, dann links haltend gehe ich durchs Dorf auf einer Asphaltstraße, komme zu einem Marterl aus dem Jahr 1837. Es wurde von den Bewohnern von Valle zum Dank errichtet, weil sie von einem bösartigen Fieber verschont geblieben waren. Kurz darauf erreiche ich die wunderschön gelegene Pfarrkirche San Martino mit einem Friedhof, über dem die italienische Flagge im lauen Lüfterl weht.

Der Kirchenuhr nach ist es 8.10 Uhr – in Wirklichkeit 14.42 Uhr: Zeit, diese Stille und Entrücktheit zu genießen und eine kleine Pause einzulegen, bevor ich die für heute letzten zehn Kilometer angehe.

Mein Weg führt vor der Kirche nach links Richtung Rivalpo. Die Straße ist temporär für den Kfz-Verkehr gesperrt, als Fußgängerin sehe ich in der Benutzung kein Problem. An der ersten Kreuzung halte ich mich rechts, durchquere das kleine Dorf, und der Abstieg nach Cabia kann beginnen. Am letzten Gebäude verlasse ich die Asphaltstraße, um nach rechts auf einem gut ausgeschilderten

Feldweg weiterzugehen und, einige Weggabelungen ignorierend, das Dorf Cabia im Schatten von Laub- und Nadelmischwäldern zu erreichen. Auch Buchen gibt es hier zuhauf; sie liefern Brennholz für die Bewohner der beiden benachbarten Weiler Rivalpo und Cabia. Zahlreiche verlassene Ställe und Hütten prägen auch hier das Bild, und auf den angrenzenden Wiesenflächen wachsen Haselnussstauden. Je weiter ich mich Cabia nähere, umso weiter öffnet sich der Blick auf das Bût-Tal mit Arta Terme, Zuglio und Cadunea.

Vorbei an der „Distilleria Casato dei Capitani", wo bereits gegen Ende des 16. Jahrhunderts Schnaps gebrannt wurde, gehe ich durchs Dorf, wobei ich mich rechts bergauf halte, bis ich zu einer „Strada privata", einer Privatstraße, komme. Bei der nächsten Weggabelung nehme ich den linken Forstweg. Bald erreiche ich eine weitere Kreuzung mit dem Schild „Mondiali 2001", wo der Abstieg in Richtung Piano di Arta Terme beginnt. Nach einem ersten kurzen Stück noch auf einer Schotterstraße folge ich geradeaus einem bequemen Saumpfad, der wild verwachsen und daher nicht gut sichtbar ist. Im Schatten eines Mischwaldes führt er mich abwärts, bis ich einen Wohnkomplex an der Gemeindestraße erreiche.

Links bergab auf der Via Gortani halte ich mich an einer nächsten Gabelung rechts, um die Provinzstraße 111 zu nehmen. Nun liegt Piano d'Arta vor mir, das ich über die Brücke über den Rio Radina um 18.45 Uhr erreiche. Nach einem Kurzbesuch in der Kirche „Chiesa di Santo Stefano" mit ihrem achteckigen Grundriss begebe ich mich erschöpft und hungrig in mein „Park Oasi Hotel" in der Viale delle Terme zu Mauro Löwenthal. Und verwöhnen lasse ich mich zum krönenden Abschluss des anstrengenden Wandertages mit „Tagliolini della casa" (hausgemachten Bandnudeln mit leichtem Berg-Radicchio-Pesto) seines Sohnes Giovanni. Mit vollem Bauch und voller neuer Eindrücke sinke ich zufrieden ins Bett in der ruhigen „Oase".

Chiesa di Santa Maria Maggiore – Dierico

Im unteren Teil des Dorfes steht die eindrucksvolle Kirche Santa Maria Maggiore. Sie stammt ursprünglich aus dem 14. Jahrhundert und wurde 1507 geweiht. In früheren Zeiten unterstand dieses Gotteshaus der Pfarrkirche von Illegio und blieb ihr bis 1772 unterstellt. Das Gebäude, das 1870 vergrößert, renoviert und um die heutige Struktur mit einem griechischen Kreuzsockel ergänzt wurde, bewahrt die Apsis, die 1598 von Giulio Urbanis aus San Daniele geschnitzt wurde, sowie einen bedeutenden Holzaltar von Antonio

Tironi, die der bekannte Bildhauer aus Bergamo zwischen 1522 und 1527 anfertigte. In den kostbaren goldenen Nischen des Altars stehen in drei Reihen die Statuen von 15 Heiligen, darunter die Madonna mit Kind, Johannes der Täufer, Michael und Petrus. Der oberste bemalte und vergoldete Altaraufsatz ist eines der vollständigsten und wichtigsten Werke, die Tironi je geschaffen hat. Der Altar selbst gehört zu den bedeutendsten Kunstwerken des 16. Jahrhunderts in Friaul. Oberhalb des Altars, im Rippengewölbe, sind die Fresken von Giulio Urbanis verteilt. Einige sind verloren, andere konnten mühsam restauriert werden, nachdem die wertvollen Fresken in den 1800er-Jahren mit Gips bedeckt wurden. Urbanis verwendete in Dierico sein traditionelles ikonographisches Schema, wie es in den Pievi von San Floriano, San Pietro und auch in der nahegelegenen Kirche von San Martino zu sehen ist.

Der Glockenturm, der mit der Kirche verbunden ist, wurde im Jahr 1573 errichtet und zeichnet sich durch seine hohe Spitze aus, die 1910 – aus Sicherheitsgründen – abgerissen wurde. Die Renovierung wurde 1969 abgeschlossen.

Kirche am Fuß des Monte Castoia „Madone dal Clap" – „Madonna nel Sasso"

Das kleine Kirchlein der „Madone dal Clap" ist noch heute das Ziel frommer Pilger der Bevölkerung des Chiarsò-Tals und der benachbarten Dörfer; insbesondere jährlich am 24. Mai, dem Jahrestag von Maria der Helferin und am 5. August (Madonna della Neve).

Wie bei anderen Wallfahrtsorten ist der Ursprung auf die wundersame Entdeckung eines Bildnisses zurückzuführen. 1810 entdeckte ein Einheimischer das Bildnis der Madonna mit Kind, das auf einem ein Meter hohen und 65 Zentimeter breiten Stein eingemeißelt war. Der Fels war bei Hochwasser vom Bach Malmedili vom Monte Tersadia nach Castoia hinabgeschwemmt worden. Der gläubige Dorfbewohner stellte den Steinbrocken auf einem Plateau in 1 100 Meter auf.

Von hier aus begann eine tiefe Verehrung seitens der lokalen Bevölkerung, die dem Bildnis einige wundersame Heilungen nachsagte. So wurde ein gewisser Daniele Lenassi aus Salino 1855 von Nasenkrebs geheilt, und ein anderer erlangte sein Augenlicht dank der „Madone dal Clap" wieder. 1878 beschlossen die Anhänger, die Nische durch eine echte Kirche zu erweitern. Das Gebäude wurde mit großen Opfern und der Hilfe der Menschen des Tals errichtet. Im Jahre 1924 wurde links vom Altar die Sakristei gebaut. Das kleine Gotteshaus, das den alten Stein auf dem Altar beibehält, wurde Maria der Helferin gewidmet. Von 1928 bis 1930 wurde auf Wunsch von Don Giuseppe Gubiani, Vikar der Pfarre von Salino, das äußere Atrium von Luciano Del Moro aus Salino errichtet, der Platz mit zwei Stützmauern vergrößert.

Im Jahr 1936 wurde das Atrium vorne in Beton gebaut, der Altar erneuert und die ganze Kirche unter dem Gesims gestrichen. Eine Straße, vom Dorf Castoia bis zur Kirche hinauf wurde gebaut. 1946 wurde die Kirche mit Gemälden von Giacomo Monai aus Nimis, Giovanni Pittino aus Billerio und Luigi Dereani aus Paularo geschmückt. Ab 1976 kümmerte sich der Pfarrer von Salino, Don Luigi Bordignon, um den Bau und die Fertigstellung der Ausfallstraße, die von Trelli zur Wallfahrtskirche führt.

Chiesa di San Martino – Rivalpo/Valle

Die Kirche, die sich in erhöhter Lage zwischen den Ortsteilen Rivalpo und Valle in der Gemeinde Arta Terme befindet, wird zum ersten Mal im Testament des Propstes der Mutterkirche von San Pietro in Zuglio aus dem Jahr 1327 erwähnt. Das heutige Gebäude, das auf das frühe 15. Jahrhundert zurückgeht, wurde 1515 geweiht, wie auf dem Stein über dem Haupteingang zu lesen ist. Es wurde im 17. Jahrhundert umgebaut und schließlich im 19. Jahrhundert umstrukturiert, um 1899 erneut geweiht zu werden.

Von der alten Kirche bleibt die Apsis mit Fresken von Giulio Urbanis aus dem 16. Jahrhundert erhalten, die um 1920 von dem Maler Giuseppe Barazzutti aus Gemona restauriert und teilweise neu bemalt wurden.

Im Jahr 1547 gewährte der Hochwürden Antonio Flumiani, Diakon von Tolmezzo und Regent des Propstes von San Pietro in Zuglio, der Gemeinde von Rivalpo und Valle das Recht, einen Priester zu wählen. 1780 schlug Osvaldo De Toni, ein Seidenhändler aus Rivalpo, der damals in Udine ansässig war, vor, den Hochaltar, der sich damals in einem sehr schlechten Zustand befand, neu zu gestalten und beauftragte den Altarbauer Francesco Lessano. Der Bildhauer realisierte das Tabernakel in Carrara-Marmor und vervollständigte den Altar mit ockergelben Steinstufen, die aus dem nahen Kärnten stammen. Um das Werk zu krönen, ließ sein Sohn Giacomo De Toni 1810 in Tirol zwei Holzstatuen anfertigen, die den heiligen Bischof Martin, Titular der Kirche, und die Jungfrau Maria, Beschützerin der Pfarrgemeinde, darstellen und 2005 restauriert wurden.

Chiesa di Santo Stefano – Piano d'Arta

Die Kirche Santo Stefano mit ihrer harmonischen achteckigen Form wurde nach dem Projekt der Architekten von Tolmezzo Domenico und Angelo Schiavi, Vater und Sohn, im Jahr 1782 erbaut, wie eine Tafel an der Fassade besagt. 1794 wurde sie geweiht. Im Inneren wird ein Freskenzyklus mit Szenen aus dem Alten und Neuen Testament aufbewahrt, der von Giovanni Battista Tosolini im Jahr 1785 gemalt wurde. Dieser Künstlerpriester hatte die Akademie von Venedig besucht. Im Jahr 1937 wurden weitere Fresken von Giovanni Moro ausgeführt.

Der Hauptaltar ist das Werk von Giuseppe Mattiussi aus 1777, während die Seitenaltäre aus Marmor von Giacomo Pischiutti aus Gemona stammen. Interessant ist auch das Taufbecken von Giovanni Vincenzo Comuzzo aus Gemona im Jahr 1649.

„Distilleria Casato dei Capitani"
Schnapsbrennerei der Familie Gortani – Cabia

Es gibt sie bereits seit Ende des 16. Jahrhunderts: die Schnapsbrennerei „Distilleria Casato dei Capitani" in Cabia. Heute wird sie von der vierten Generation der Familie Gortani geführt. „Die Überlieferung besagt, dass ein Hauptmann in der Armee der Senerissima (Venedig) in einer slawischen Ortschaft ein Destillationsverfahren beobachtete und es in unser kleines karnisches Dorf brachte", sagt Matteo Gortani. Cabia di Arta Terme wurde zur „kleinen Hauptstadt der Obstdestillate". 1901 gab es in Cabia zwölf Brennereien von insgesamt 16 in ganz Karnien. Heute ist in Cabia die einzige Brennerei, die diese alte karnisch-slawische Tradition fortsetzt, die Brennerei „Casato dei Capitani", die ihren Namen vom Gründer dieser Praxis, dem Hauptmann der Republik Venedig, hat.
Das Hauptprodukt ist der „Sliwowitz", ein Pflaumenschnaps, der die Geschichte und Tradition von Cabia repräsentiert. Neben Spirituosen werden hier auch Elixiere aus Heidelbeere, Himbeere, Kümmel, Waldbeeren, Erdbeeren und Brombeeren hergestellt.

Distilleria Casato Dei Capitani, Inh. Matteo Gortani, Via Cabia, 169, Arta Terme (UD),
Tel. 0039/0433/096 717

Ida De Toni – Trelli
Drei Kinder, zwei Kühe und ein Schaf

Sie hat einen Besen in der Hand, und in der geöffneten Stalltür steht ein mit Gras gefüllter Weidenkorb. So treffe ich auf Signora Ida De Toni mitten im schönen Bergdorf Trelli auf 800 Meter Seehöhe. Wir sind uns auf Anhieb sympathisch. Die 83-jährige Dorfbewohnerin ist wohl genauso neugierig wie ich und möchte wissen, wohin ich gehe und was ich so mache. Das Interesse ist auch von meiner Seite groß und ich frage sie, wie das Leben in Trelli früher so war.

Etwas wehmütig spricht sie von ihren zwei Kühen, die sie 1994 verkaufen musste, weil erst die Käserei in Trelli selbst, und dann auch jene in Paularo, der sie anfangs Milch lieferte, geschlossen wurden. Ich darf eintreten in den kleinen hellen Stall, der durch das große Fenster viel Licht in den Raum lässt. Dort, wo früher ein Schaf seinen Platz hatte, sind nun leere Kisten gestapelt. Gegenüber standen die Milchkühe. Heute lagert hier das Brennholz für den Winter. Nur zwei blecherne Melkgefäße und ein hölzerner Melkschemel, dem ein Fuß fehlt, sind Zeugen der Vergangenheit. „Zwei Mal am Tag habe ich die Kühe gemolken, im Sommer war ich auf der Alm. Die Milch kam in den Korb, den ich hinunter zur Käserei brachte", erzählt die freundliche Frau und deutet auf ein großes Gebäude weiter unten. „Fünf Laibe Käse wurden hier jeden Tag produziert", sagt sie.

Idas Mann war Maurer – er ist schon vor 17 Jahren verstorben – und war Jahr für Jahr von März bis Oktober in Luxemburg zum Arbeiten. Seine Frau kümmerte sich um die drei Kinder und die Landwirtschaft. So ist es den meisten Frauen im Dorf und überhaupt in ganz Karnien gegangen. Bis zu Beginn der 1990er-Jahre gab es hier 70 Kühe – und einen größeren Stall in der Nähe der Kirche. Auch zwei Mühlen arbeiteten im Gemeindegebiet.

Heute leben etwa 150 Personen in Trelli. Ida De Toni wohnt mit ihrem Sohn Simone in einem kleinen „funktionstüchtigen" Haus. Im Sommer ist mehr los, denn immer wieder „verirren" sich Touristen und Wanderer hierher, die Ruhe und unberührte Landschaft suchen.

Etappe 20

Piano d'Arta → Pieve di San Pietro → Imponzo

Etappe 20 ist die letzte des Cammino delle Pievi. Hier wartet der Höhepunkt des Weges auf die Wanderer: die Mutterkirche „Pieve di San Pietro" in Zuglio. Körperlich anstrengend ist lediglich der Aufstieg vom Thermalbad in Arta Terme zur Ebene „Plan da Vincule" am Fuß der Pfarrkirche. Der Weg, recht steil, steigt mit zahlreichen Serpentinen immer in einem kühlen Wald an. Der Abstieg nach Zuglio findet auf einem alten Saumpfad statt, der die Kehren der Straße abschneidet. In Zuglio ist der Besuch des Forum Romanum empfehlenswert. Und von hier aus geht es meist auf Asphalt bis zum Endpunkt in Imponzo: der Cjase Emmaus. [Karte Seite 216]

9,4 km | 3 Stunden | 335 hm bergauf, 400 hm bergab

Heute ist mein letzter Tag auf dem Cammino delle Pievi. Das stimmt mich etwas traurig, denn ein traumhafter „Cammino" nimmt heute sein Ende. Als Höhepunkt steht der Besuch der Mutterkirche – der Pieve di San Pietro in Zuglio – auf dem Programm. Doch erst gibt es bei Mauro Löwenthal im „Hotel Park Oasi" noch ein Frühstück vom Feinsten. Die Etappe heute ist nicht lang, darüber bin ich sehr froh, denn die gestrige hatte es in sich. Es bleibt also genug Zeit, die nahe Chiesa di Santo Spirito in Chiusini aus dem 15. Jahrhundert sowie die Kirche S. Nicolò in Alzeri zu besuchen.

Nach einem herzlichen Abschied von der Familie Löwenthal gehe ich vom Hotel in Piano d'Arta aus zur nahen SS 52, danach über die Brücke, die über den Rio Radina führt. Hier setze ich rechts hinunter, um die Thermalanlage, die Arta Terme den Namen gibt, zu erreichen. Das Thermalwasser entspringt der Pudia-Quelle mit einer Temperatur von 9 Grad Celsius. Diese Quelle verdankt ihren Namen den Römern. „fons putens" heißt so viel wie „stinkende Quelle". Das stark schwefelhaltige Wasser wirkt bei Leber-, Herz-Kreislauf-, Haut- und Atemwegserkrankungen.

Heute noch nicht außer Atem überquere ich den Parkplatz und gehe rechts den Weg zum Fußballplatz hinauf. Dort wo die Straße in Richtung der Umkleidekabinen abfällt, biege ich rechts in den Wanderweg CAI 162 ein. War es bis dahin „ein Spaziergang", so komme ich jetzt aber doch noch ins Schwitzen.

Der Pfad zur Pieve ist steil. Gut, dass er im schattigen Laubwald dahinführt. Hier stehen Eschen, Ulmen, Kastanien, Hainbuchen und Fichten; wo es kühler wird, sind auch einige Weißtannen dabei. Efeu klettert an den Baumstämmen hinauf, im Unterholz wachsen Farne, Alpenveilchen und Alpendost. Rechts vom Pfad fällt der Kegel des Rio Squasse ab, wo Schwarzkiefern und Lärchen wachsen.

Nach mehreren Kurven und etwa 800 Metern erreiche ich die Ebene „Plan da Vìncule" auf 730 Meter. Mächtig erhebt sich die Mutterkirche, die Pieve di San Pietro, vor mir auf dem gegenüberliegenden Hügel. Nur noch ein paar Minuten und Meter trennen mich von der Kirche. Sie steht vor einem atemberaubenden

Panorama – am besten sichtbar auf dem Weg zum „La Polse de Côugnes", dem ökumenischen Zentrum in Richtung Westen.

Schade, dass der Turm aufgrund von Restaurierungsarbeiten momentan eingerüstet ist. Doch umso schöner ist der Blick vom alten Friedhof der Pieve auf Arta Terme, Paluzza, das Bût-Tal und Cabia. Letztgenanntes Dorf steht erhöht auf der anderen Seite des Flusses; erst gestern bin ich dort gewesen. Und weiter im Süden sehe ich Cadunea und Imponzo. Dorthin werde ich heute noch marschieren.

Vor der Kirche erwarten mich drei sehr wichtige Persönlichkeiten des Cammino delle Pievi: der „geistige Vater" und Ideengeber des Weges Don Giordano Cracina, der Präsident der Erzbruderschaft vom Heiligen Geist „Pieres Vives", die den Cammino delle Pievi leitet, Giacomo Bonanni sowie Bruno Mongiat vom Alpenverein CAI. Er ist seit Anbeginn für die familiengerechte Streckenführung sowie für die Beschilderung des Cammino zuständig.

Der Priester Don Giordano Cracina lässt es sich nicht nehmen, mich höchstpersönlich in die Geschichte der einst wichtigsten

Kirche in Karnien einzuweihen. Das ist eine wahre Freude und Ehre. Die Stufen zur Pieve sind mit einem roten Streifen „verziert". Grund dafür ist, dass Kardinal Mario Zenari, Apostolischer Nuntius in Syrien und 17 Jahre Vorsteher der Pieve di San Pietro, beim Besuch der Pieve so schlimm stürzte, dass er sich den Arm brach. Und das Dach der Pieve, das nach dem Erdbeben 1976 eingestürzt war, ist nun ebenfalls rot. Das macht den Kirchenmann gar nicht glücklich, denn es war seit jeher (seit dem 17. Jahrhundert) mit den typischen grünen karnischen Ziegeln eingedeckt. Wie schön das einmal gewesen sein muss, kann man sich angesichts des antiken Ziegeldachs über dem rechten Eingangsportal sehr gut vorstellen.

Nach der eingehenden Führung in dem prächtigen Gotteshaus darf ich noch einen Blick ins Beinhaus wagen, das gleich angrenzend an den Friedhof steht. Fein säuberlich gestapelt sind Knochen und Schädel – teils in Schatullen mit Fenstern verstaut – in der alten Kapelle des heiligen Michael („Cappella di San Michele") aus dem 13. Jahrhundert zu sehen. Der Friedhof zeichnet sich einerseits durch diese wunderbare Lage oberhalb des Bût-Tals aus, andererseits durch die Ruhe und die liebevoll mit vielen echten Blumen geschmückten Gräber. Alle Toten des Bût-Tals wurden bis Mitte des 17. Jahrhunderts hier begraben, bevor in den Tälern die einzelnen Pfarren entstanden. Lediglich die Toten des Nachbardorfes Fielis fanden hier noch bis September 2007 ihre letzte Ruhestätte. Vor der Kirche lerne ich Daniela und Galdino aus Treviso kennen. Das Ehepaar hat wie ich heute glücklich den Cammino delle Pievi abgeschlossen. Sie haben lediglich 12 Tage gebraucht, bei mir waren es 17. Die geübten Fernwanderer schätzen an diesem Weg besonders die große Vielfalt der Landschaft, die Natur, die harten und rauen Anstiege.

Nach dem netten Gespräch unter Fernwanderern steht ein entspanntes Mittagessen im 300 Meter entfernten Restaurant „La Polse di Côugnes" auf dem Programm. Hier machten einst die Bewohner aus Fielis eine Rast – auch beim Transport ihrer Toten – vor dem letzten Anstieg zur Kirche. Auf dem Weg ist der Blick zurück zur Pieve vor der Bergwelt Karniens besonders eindrucksvoll.

Vorbei an einem Kreuzweg, der von Künstlern der Region aus Ton, Stein, Gips und Holz geschaffen wurde, betreten wir das Areal der „Polse". Im Innenhof hängt ein Riesenplakat mit der Karte des gesamten Cammino, darüber wehen Flaggen im Wind; auch die österreichische ist dabei. Das Essen auf der gemütlichen Terrasse ist traditionell karnisch: Gemüsesuppe, danach Frico und Polenta. Nach Kaffee und Kuchen, sowie einem Stamperl Kümmelschnaps kann meine letzte Etappe und somit mein Cammino delle Pievi beendet werden. Mit vielen Eindrücken und großer Dankbarkeit gegenüber den Machern des Weges absolviere ich nun die letzten sechs Kilometer dieser Fernwanderung.

Zurück am „Plan da Vìncule", wo jährlich zu Mariä Himmelfahrt der Brauch des „Kreuzkusses" gepflegt wird, folge ich links einem Saumpfad, um zur nahegelegenen Kirche Santa Maria in Monte abzusteigen. Der Wald ist aufgrund der Südlage des Hangs von wärmeliebenden Bäumen wie der Linde, Weiß- und Schwarzbuche, Feldahorn und Sträuchern wie Kornelkirsche und Haselnuss bewachsen. Etwas weiter, an einer Gabelung, gehe ich wieder links und folge den Hinweisen des „Tròi di S. Piéri", um nach Zuglio zu kommen.

Die heutige Siedlung von Zuglio ruht auf dem Gebiet der römischen Gemeinde „Iulium Carnicum" aus dem ersten vorchristlichen Jahrhundert. Ein Zeuge dafür ist das Forum Romanum, an dem mich mein Weg direkt vorbeiführt. Ein Teil des Forums ist freigelegt, ein anderer zu weiteren Ausgrabungszwecken mit einer Plane überdacht. Der einzig sichtbare archäologische Bereich war zur Römerzeiten Treffpunkt der Bevölkerung für kommerzielle und politische Aktivitäten, die Verwaltung der Justiz und die Ausübung religiöser Funktionen.

Ich versuche, mir das Leben vor 2000 Jahren vorzustellen, was mir angesichts der nur wenigen übrig gebliebenen Steinmauern und Mosaike nicht recht gelingen mag. Trotzdem ist es etwas Besonderes, auf so geschichtsträchtigem Boden zu wandeln.

Der Via del Foro entlang erreiche ich die Brücke über den Bût. Danach gehe ich rechts an der Hauptstraße SS 52 weiter bis Cedarchis und Cadunea. Ab dem Ortseingang dieses kleinen Dorfes empfiehlt es sich, die viel befahrene Straße zu verlassen und links durch den Ort zu marschieren. Am Ortsende quert man dann die Straße und folgt rechts der Via del Campo Sportivo dem Bût entlang.

Auf der Höhe von Imponzo kreuze ich nochmals die SS 52 und nehme die Via Mignezza geradeaus Richtung Zentrum, biege kurz darauf rechts in die Via Albino Candoni ein. Bei der nächsten Weggabelung bleibe ich rechts, kurz darauf nehme ich links die Via Asilo, die mich direkt zur Cjase Emmaus führt.

Dort erwartet mich Don Giordano Cracina in seinem Pilger-Büro. Vor dem Eingang hängt abermals die Karte mit dem gesamten Streckenverlauf des Cammino delle Pievi. 17 Tage habe ich für die knapp 268 Kilometer und über 11 700 Höhenmeter benötigt.

Nun ist der Weg zu Ende, doch all die Eindrücke und Begegnungen in diesem wunderschönen Karnien wirken noch lange nach. Viele Freundschaften habe ich hier geschlossen und bin dankbar und erleichtert, diesen Fernwanderweg ohne Schwierigkeiten gemeistert zu haben. Don Giordano sitzt im kleinen Raum inmitten von Kartenmaterial, Büchern, Stempelkissen und Stempeln auf seinem hölzernen Sessel vor dem einfachen Tisch. Gegenüber nehme ich Platz, und es ist fürwahr ein festlicher Akt, als mir Don Giordano mit Bedacht die fehlenden Stempel – es sind 14 von 20 – der besuchten Pievi und Kirchen in meinen Pilgerausweis drückt.

Pieve di San Pietro – Zuglio
„Die mächtigste von zehn Taufkirchen"

Wenn man durch das Bût-Tal geht, sticht einem die Pfarrkirche San Pietro ins Auge, die mit ihren eleganten gotischen Linien auf dem Hügel das Tal dominiert. Es ist wahrscheinlich, dass die Bewohner der antiken römischen Stadt Iulium Carnicum nach den Raubzügen der Slawen im 7. und 8. Jahrhundert oberhalb des Dorfes Zuflucht suchten, wo vielleicht schon im 5. und 6. Jahrhundert ein mit dem Bistum Zuglio verbundenes religiöses Gebäude stand. Von diesem mutmaßlichen bischöflichen Ursprung leitet sich der Titel der „Matrix"-Pfarre von Karnien ab, da sie eines der ersten Zentren der Verbreitung des Christentums war. In alten Zeiten wurde die Gemeinde von einem Kapitel von acht Kanonikern regiert, die neben dem Propst in eigens dafür errichteten Gebäuden in der Nähe der Mutterkirche auf der Spitze des Hügels wohnten. Zwei von ihnen wiederum stiegen werktags zur Seelsorge ins Tal hinab und kehrten sonntags nach San Pietro zurück, um die Gläubigen zur Messe zu führen.

Der Einfluss des Kapitels von San Pietro war groß, und zu seinen Besitztümern gehörten Ländereien nicht nur in Karnien, sondern auch in Friaul, die Lebensmittel und Geld einbrachten.

Diese uralte Institution wurde 1810 abgeschafft, aber der Pfarrer von Zuglio behält noch immer den Titel des Propstes. Die heutige Kirche im gotischen Stil aus dem Jahr 1312 wurde vom Propst Manno Mannini mithilfe des Patriarchen von Aquileia Ottobono erbaut; zu diesem Bau wurden später zahlreiche Umgestaltungen und Erweiterungen hinzugefügt.

Im äußeren Atrium gehören einige Zierelemente und das romanische Sprossenfenster zu den Vorgängerbauten; weitere antike Funde, die hier gemacht wurden, können im Archäologischen Stadtmuseum von Zuglio bewundert werden. Während der jüngsten Restaurierungsarbeiten nach dem Erdbeben von 1976 wurde die Existenz einer ersten kleinen Kirche mit einer einzigen rechteckigen Halle mit drei Altären und einer halbrunden Apsis nachgewiesen. Dieses

Gebäude wurde 1312 um eine neue Apsis und eine Sakristei auf der rechten Seite erweitert. Ende des 15. Jahrhunderts wurde die Renovierung der Kirche dem Bozner Baumeister Honz Stau Melz anvertraut, mit der Vergrößerung eines Seitenschiffs auf der rechten Seite der Kirche und der Rippendecke des neuen Gebäudes, das 1531 geweiht wurde. Das Schloss der Haupttür aus Schmiedeeisen trägt die Jahreszahl 1449 und die Unterschrift eines gewissen Nicolò, Schmied von Tolmezzo.

In früheren Zeiten war das Dach der Kirche mit Holzschindeln gedeckt, die 1705 durch einen Brand zerstört wurden; in diesem Jahrhundert erfuhr das Gebäude weitere Veränderungen. Im Inneren bewahrt die Pfarrkirche viele wertvolle Dinge. Besonders wichtig sind die hölzernen, bemalten und vergoldeten Relieftafeln von Domenico da Tolmezzo aus dem Jahr 1494, von denen nur der Originalrahmen in seiner wertvollen architektonischen Struktur erhalten geblieben ist. Die in drei Reihen angeordneten Statuen, die die Apostel, die Kirchenväter, die Jungfrau mit dem Kind sowie den heiligen Petrus darstellen, wurden im November 1981 gestohlen – das hat die Kirchengemeinde schwer getroffen – und werden derzeit durch wertvolle Kopien des Bildhauers Michele Moro aus Sutrio ersetzt.

In der Halle der Kirche befinden sich weitere Holzaltäre: einer aus dem Jahr 1550, vom Künstler Giandomenico dall'Occhio aus San Vito al Tagliamento. Die beiden Altäre, die der Madonna gewidmet sind, sind ein Werk Giovanni Antonio Agostinis aus 1590; ein weiterer stammt aus dem 18. Jahrhundert.

Das große hölzerne Kruzifix, fast zwei Meter hoch und im Hauptbogen platziert, stammt aus deutscher Produktion aus dem Jahr 1550. Unter den Gemälden kann man zwei große Leinwände bewundern: die Bekehrung des heiligen Paulus, ein Werk aus dem 16. bis 17. Jahrhundert, und die Übergabe der Schlüssel an den heiligen Petrus, gemalt von Francesco Pelizzotti aus Paularo im Jahr 1791. Bemerkenswert ist das Taufbecken aus dem 17. Jahrhundert mit hölzernem Tabernakel, geschnitzt von Gerolamo Comuzzo 1661 und die antike Orgel von 1772, die dem Orgelbaumeister

Giacomo Selenati aus Sutrio zugeschrieben wird. Ein besonderes Kleinod ist die obere Sakristei, zu der man über eine Nussbaumtreppe aus 1740 gelangt. Sie bewahrt einen interessanten Freskenzyklus des Malers Giulio Urbanis aus dem Jahr 1582, der auch in der Pfarrkirche San Floriano tätig war. Der Bilderzyklus stellt Evangelisten, Propheten, Sibyllen und einige Episoden aus dem

Leben Christi dar. Der Maler Venturi aus dem nahen Dorf Fielis restaurierte diese verfallenen Gemälde im Jahr 1730.

Die Ausführung des Chorgestühls 1734 geht auf das Konto von Antonio Leschiutta aus Zuglio. Neben der Kirche San Pietro, an den Glockenturm gelehnt, befindet sich die kleine Kapelle di San Michele, die seit dem 13. Jahrhundert dokumentiert ist und heute als Beinhaus genutzt wird.

In alten Zeiten hatte die Pfarrei das einzige Taufbecken und den einzigen Friedhof, auf dem die Toten aller Kirchen, die dem Kapitel von San Pietro unterstanden, begraben wurden. In der Antike war es der Friedhof der illustren und frommen Menschen vieler Städte in Karnien, sogar aus den benachbarten Tälern. Bis in die 1920er-Jahre wurde er für die sporadische Beisetzung von Talbewohnern oder nahen Verwandten derer, die bereits in der Gemeinde begraben waren, genutzt, die aus entfernten Orten kamen. Damals beschränkte man sich aus Platzmangel auf die Weiler der Gemeinde Zuglio, später nur noch auf das Dorf Fielis.

„Wenn sich Kreuze küssen"

Über die Jahrhunderte hinweg ist jedoch ein starkes Zusammengehörigkeitsgefühl der Gemeinden und das respektvolle Gedenken an die Mutterkirche San Pietro geblieben. Ein Zeugnis für die kultische Bedeutung der Pfarrkirche ist der Brauch des „Kreuzkusses", der jedes Jahr Mitte August zu Mariä Himmelfahrt auf der Ebene unterhalb der Pieve am „Plan di Vìncule" vollzogen wird.

Zum „Baci della croce" findet eine Prozession der Gläubigen des gesamten Tals statt. Hunderte Besucher strömen hierher, wobei aus jeder Pfarre ein Kreuz auf einer langen geschmückten Stange mitgetragen wird. Zur Verehrung der Mutterkirche sind alle Kreuze aufgerufen, das silberne Kreuz der Pieve di San Pietro aus der Florentiner Werkstatt aus dem 14. Jahrhundert symbolisch zu „küssen". Danach wird die Heilige Messe in Anwesenheit des Erzbischofs von Udine, zusammen mit dem Pfarrer von Zuglio und den Pfarrern des Bût-Tals, gefeiert.

Gegründet einige Jahrzehnte vor Christus am rechten Ufer des Bût, ist Zuglio, dessen Name ursprünglich Iulium Carnicum war, ein antikes römisches Zentrum. Es war die nördlichste römische Stadt in Italien, die strategisch günstig an der großen „Via Iulia Augusta" lag, die von Aquileia nach Aguntum (dem Zentrum des südlichen Noricum) führte. Das Zentrum entstand höchstwahrscheinlich während des Prokonsulats von Julius Caesar (59 bis 49 v. Chr.), heute ist Zuglio das wichtigste archäologische Zentrum Karniens.

Ausgrabungen in den Jahren 1937 und 1938 brachten den gesamten Komplex ans Licht, der aus den Überresten des römischen Forums einschließlich einer Basilika, eines Tempels und einer Arkade besteht. In den vergangenen Jahren hat sich die Gemeinde Zuglio mit der Wiederherstellung eines wichtigen privaten Wohngebäudes beschäftigt, das sich in unmittelbarer Nähe des Forums befindet. Außerdem sind viele vorrömische, römische und frühmittelalterliche Funde im Städtischen Archäologischen Museum Iulium Carnicum ausgestellt, das sich im Palazzo Tommasi Leschiutta in unmittelbarer Nähe des Forums befindet (Via Giulio Cesari, 19, Tel: 0039/0433/92 562).

In spätrömischer, gotischer und langobardischer Zeit war Zuglio Bischofssitz (4. bis 8. Jahrhundert). Dies war dem Willen des Bischofs Cromazio aus Aquileia geschuldet. Die Diözese erweiterte ihre Jurisdiktion auf ganz Karnien und das Cadore. Sie gewann zunehmend an Bedeutung, was auf ihre strategisch gute Lage zurückzuführen ist, die es erlaubte, die „Via Iulia Augusta" zu kontrollieren, die über den Plöckenpass in die norischen Gebiete führte.
Bei den Ausgrabungen wurden die Überreste eines großen Gebäudes, ein Teil eines Thermalkomplexes, ein Tempelbau, zahlreiche Spuren von Privatgebäuden und zwei frühchristliche Basiliken identifiziert. Frühmittelalterliche Skulpturen, die zu einer dritten Basilika gehören, wurden unter dem Fußboden der Pieve di San Pietro entdeckt und sind im Städtischen Archäologischen Museum ausgestellt.

La Polse de Côugnes
„Eine Pause bei Freunden"

Auf dem Platz, auf dem sich heute das Gebäude-Ensemble „La Polse de Côugnes" befindet, gab es einst einen Stavolo (eine Steinhütte mit Stall). Dieser gehörte zwei Brüdern aus dem Nachbardorf Fielis. Sie hegten keine Sympathie für die Kirche. So kam, als Don Giordano Cracina die beiden bat, ihr Land mit der Hütte kaufen zu können, lediglich eine trockene und entschiedene Absage. Ein paar Jahre später starb jedoch einer der beiden Brüder. Kurz darauf bot der andere Don Giordano den gesamten Besitz an. So konnte Anfang der 1990er-Jahre zwischen Brombeeren und Gestrüpp an diesem antiken Ort, der einst für eine Pause der Besucher der Pieve di San Pietro genutzt wurde, ein großes Projekt gestartet werden.

Bei der Errichtung der „Polse di Côugnes" halfen Menschen aus Karnien, ganz Friaul und aus Bergamo mit und machten es zu dem, was es heute ist. Der ehemalige Stall wurde zu einem Empfangsbereich für Besucher aus nah und fern; es entstand ein botanischer Garten, ein Pflanzen-Labor, eine Eremitage in einer alten Scheune, ein Glockenturm sowie ein Hotel-Restaurant mit Bibliothek, ökumenischer Kapelle und einem astronomischen Observatorium.

Dieses anspruchsvolle Projekt, etwa 300 Meter von der Pieve di San Pietro entfernt, wurde durch die Spenden und die freiwillige Arbeit vieler Wohltäter ermöglicht. Es ist auch der Sitz des Komitees des Cammino delle Pievi in Carnia, wie die Plakate im Innenhof des Gebäude-Ensembles vermuten lassen. Unter der Leitung des Stiftungspräsidenten Dr. Giordano Cracina der Erzbruderschaft „Pieres Vives" wird dieses Zentrum mit Leben gefüllt: Es finden Tagungen, Gemäldeausstellungen, Schulungen, Pfadfinderlager, Führungen, Beobachtungsabende, Konferenzen und vieles mehr hier statt.

Das Ökumenische Zentrum und seine Kapelle ist für alle Glaubensrichtungen da: So beten hier Katholiken, Protestanten und Orthodoxe gemeinsam. In der historischen Bibliothek sind über zehntausend historische Bände gesammelt. Und für Naturfreunde bietet der botanische Garten „Giardino dei semplici" – der „Garten des Einfachen", der 1996 angelegt wurde, über 1200 Pflanzenarten. Hier arbeiteten auch die Studenten der Universitäten von Udine mit. Das Restaurant und die Zimmervermietung übernahm 2019 das junge Paar Matteo Benato und Chiara Quaglia. „Unsere Zimmer sind gemütlich. Es gibt keine Fernseher, aber wir garantieren, dass Sie bei Polse immer jemanden finden, mit dem Sie sich unterhalten können", sagen sie. Ihre Küche ist regional, besonders die frischen, hausgemachten Nudeln und Gnocchi sind berühmt. Und dann gibt's noch Cjarsons mit Kräutern aus dem eigenen Garten, Gemüse- und Linsen-, Erbsen-, Bohnensuppen, Frico und Polenta, gegrilltes Fleisch oder Stockfisch nach Vicenza-Art.

Informationen: Matteo Benato und Chiara Quaglia, Tel. 0039/0433/92296, mobil: 0039/329/0662258 – 328/9759934, www.lapolse.wordpress.com

via Pieve di S. Pietro - 33020 Zuglio Carnico (UD)

Tel. 0433 92296

CJase Emmaus via dell'Asilo 13 33028 Imponzo di Tolmezzo (UD)

TEL.0433 929084

Carta del Pellegrino

Kaltenböck Birigt

....

(Cognome e Nome)

....

(Indirizzo)

Inizio Pellegrinaggio

Luogo ......*Tebouzo*......................

Giorno ......*17*...... Mese *06*

Anno *2020*

Fine Pellegrinaggio

Giorno ....

Mese ....

Anno ....

Schlussbemerkung

Italien ist meine große Liebe. Wenn immer möglich, verbringe ich Zeit in unserem Nachbarland – am liebsten zu Fuß auf Fernwander- oder Pilgerwegen, und das vorzugsweise alleine. Alles, was ich zu meinem Glück brauche, ist in meinem Rucksack verstaut; nicht zu vergessen meine Kamera, mit der ich alle Eindrücke fotografisch einfange.

Bisher war ich in Italien 700 Kilometer von Bologna nach Rom (Cammino di Sant'Antonio, Via di San Francesco und Via di Roma), 250 Kilometer von Ancona bis Orbetello (Coast to Coast) und 300 Kilometer vom Brenner nach Venedig unterwegs.

Auf den Taufkirchenweg bin ich im Internet gestoßen und habe in den vergangenen zwei Jahren zwei Mal je drei unterschiedliche Etappen davon gemacht. Karnien war mir zuvor fremd, ich kannte es nur von der Durchreise auf der Autobahn. Bei den Wanderungen hat mich dieser Teil von Friaul mit seinen landschaftlichen Reizen und kulturellen Schätzen sofort in den Bann gezogen. So habe ich mir vorgenommen, in meinem Sabbatical von Juli 2019 bis Juni 2020 alle 20 Etappen des Cammino delle Pievi in einem durch zu gehen – und darüber ein Buch zu schreiben.

Doch dann kam Corona. Mein Vorhaben wurde erst einmal über den Haufen geworfen. Die Grenzen waren geschlossen, ein Lockdown folgte dem anderen. Mitte Juni 2020 war es dann endlich so weit: Ich konnte meinen „Cammino delle Pievi in Carnia" gehen.

Was meinen 17-tägigen Weg ausmacht, sind nicht nur die wunderschönen Landschaften, die teils unberührte Natur und die Taufkirchen in Karnien. Nein, es sind zu einem Großteil die vielen Begegnungen mit den mit den offenen Menschen, die kein Hehl daraus machen, wie sehr sie ihre Heimat Karnien lieben. Viele von ihnen sind zu lieben Freunden geworden. Nun ist aus meinem Projekt „Wanderführer" über den Taufkirchenweg viel mehr geworden: die Beschreibung eines Pilgerweges in einer touristisch kaum erschlossenen Region mit den persönlichen Geschichten seiner Bewohnerinnen und Bewohner.

Ich wünsche allen Pilgerinnen und Pilgern „Buon cammino!" und viel Vergnügen mit meinem Buch!

Danksagung

Mein Dank gilt in erster Linie Don Giordano Cracina, Bruno Mongiat und Giacomo Bonanni, die mich stets herzlich und immer prompt unterstützten – sowohl während meines Weges und Aufenthaltes in Karnien als auch die Produktion dieses Buches betreffend.

Zudem bedanke ich mich bei meinem Lebenspartner Gregory Egger. Er hat mich von Beginn an motiviert, über den Cammino delle Pievi ein Buch zu schreiben. Er nahm sich die Zeit, mich in den Bergen zu begleiten und war mir eine große Unterstützung bei der Erstellung der Kartenausschnitte für dieses Buch.

Dankbar bin ich allen Menschen entlang des Weges in Karnien, die mir immer offen und freundlich begegneten und mir so viel von ihnen und ihrer Heimat erzählten.

Und zum Schluss ist es der Verlag Anton Pustet, bei dem ich mich für sein Vertrauen, für die gewissenhafte Arbeit von Martina Schneider (Lektorat) und Nadine Kaschnig-Löbel (Grafik) und für die Chance bedanke, mein erstes Buch zu veröffentlichen.

Literaturnachweis

Die meisten Informationen zu den Kirchen und Taufkirchen stammen aus dem italienischen Kirchenführer *Guida al Cammino – Pievi e Chiese tra Arte e Spiritualità (2017).* Weiteres Wissenswertes finden Interessierte außerdem im *Guida al Cammino delle Pievi in Carnia (2018) – Andrea Moro Editore.*

www.camminodellepievi.it
www.viaggioinfriuliveneziagiulia.it
https://it.wikivoyage.org/wiki/Pievi_della_Carnia
www.turismofvg.it
https://de.wikipedia.org/wiki/Karnien
www.commune.treppoligosullo.fvg.it (25.01.2020)
www.storiadellachiesa.it/glossary/pieve-e-la-chiesa-in-italia (30.1.2021)
Viaggio in Friuli Venezia Giulia | Ravascletto – Chiesa di San Matteo Apostolo (viaggioinfriuliveneziagiulia.it)
www.treppocarnico.org vom (25. 1.2021)
www.consorziocastelli.it vom (25.1.2021)
www.beniculturali.regione.fvg.it (25.1.2021)
www.treppocarnico.org (25.1.2021)
www.guidartefvg.it/elenco/le-chiese-di-paularo-carnia (30.1.2021)